古典文獻研究輯刊

十 編

潘美月・杜潔祥 主編

第 5 冊

陳振孫之文學及其《直齋書錄解題》集錄考證（四）

何廣棪 著

國家圖書館出版品預行編目資料

陳振孫之文學及其《直齋書錄解題》集錄考證（四）／何廣
棪　著─初版─台北縣永和市：花木蘭文化出版社，2010〔
民 99〕
220 面：19×26 公分
（古典文獻研究輯刊 十編：第 5 冊）
ISBN：978-986-254-143-2（精裝）
1.（宋）陳振孫　2.學術思想　3.中國文學　4.私藏目錄
5.研究考訂　6.南宋
018.8524　　　　　　　　　　　　　　　　　　99001855

ISBN - 978-986-254-143-2

古典文獻研究輯刊
十 編　第 五 冊
　　　　　　　　　　　　ISBN：978-986-254-143-2

陳振孫之文學及其《直齋書錄解題》集錄考證（四）

作　　者　何廣棪
主　　編　潘美月　杜潔祥
總 編 輯　杜潔祥
企劃出版　北京大學文化資源研究中心
出　　版　花木蘭文化出版社
發 行 所　花木蘭文化出版社
發 行 人　高小娟
聯絡地址　台北縣永和市中正路五九五號七樓之三
　　　　　電話：02-2923-1455／傳真：02-2923-1452
網　　址　http://www.huamulan.tw 信箱 sut81518@ms59.hinet.net
印　　刷　普羅文化出版廣告事業
初　　版　2010 年 3 月
定　　價　十編 20 冊（精裝）新台幣 31,000 元　　　　版權所有·請勿翻印

陳振孫之文學及其《直齋書錄解題》集錄考證（四）

何廣棪　著

轉庵集一卷

《轉庵集》一卷，閤門舍人永嘉潘檉德久撰。

廣棪案：此書〈宋志〉未著錄。潘檉，《宋史》無傳。《宋元學案補遺》卷十二〈濂溪學案補遺〉下〈濂溪私淑〉「進士潘先生文饒附從子檉」條載：「潘文饒字明則，永嘉人。與弟文孝、文禮，先後登紹興第。先生學本濂洛，尤爲多士所宗。從子檉字德久，以父任補右職。召試，爲閤門舍人，授福建兵馬鈐轄。喜爲詩，下筆立成，永嘉言唐詩自檉始。有《轉庵集》。《溫州府志》。」可參證。

王祕監集四卷

《王祕監集》四卷，永嘉王柟木叔撰。

廣棪案：此書〈宋志〉未著錄。王柟字木叔，號合齋，故順州人。《宋史翼》卷十四〈列傳〉第十四有傳。其〈傳〉謂柟「工於文，所著有《王祕監詩文集》共二十卷。《葉水心集》。」所載卷數與《解題》不同，《宋史翼》所載殆全集也。《宋詩紀事》卷五十三「王柟」條載：「柟字木叔，永嘉人。乾道二年進士，累官監進奏院，坐僞學罷。知江陰軍，遷大理丞，歷吏部郎中、祕書少監，知贛州。有《合齋集》。」柟號合齋，任祕書少監，故《王秘監集》即《合齋集》。

平庵悔藁十五卷、後編六卷

《平庵悔藁》十五卷、《後編》六卷，館臣案：《宋史・藝文志》作《丙辰悔藁》四十七卷。**太府卿松陽項安世平父撰。**

廣棪案：《宋史》卷二百八〈志〉第一百六十一〈藝文〉七〈別集類〉著錄：「項安世《丙辰悔藁》四十七卷。」與此著錄不同。安世字平父，其先括蒼人，後家江陵。寧宗時升太府卿。《宋史》卷三百九十七〈列傳〉第一百五十六有傳。

「悔藁」者，以語言得罪，悔不復為也。

案：《宋史》安世本傳載：「寧宗即位，詔求言。……時朱熹召至闕，未

幾予祠，安世率館職上書留之，言：『御筆除熹宮祠，不經宰執，不由給舍，徑使快行，直送熹家。竊揣聖意，必明知熹賢不當使去，宰相見之必執奏，給舍見之必繳駁，是以爲此駭異變常之舉也。夫人主患不知賢爾，明知其賢而明去之，是示天下以不復用賢也。人主患不聞公議爾，明知公議之不可而明犯之，是示天下以不復顧公議也。且朱熹本一庶官，在二千里外，陛下即位未數日，即加號召，畀以從官，俾侍經幄，天下皆以爲初政之美。供職甫四十日，即以內批逐之，舉朝驚愕，不知所措。臣願陛下謹守紀綱，毋忽公議，復留朱熹，使輔聖學，則人主無失，公議尚存。』不報。俄爲言者劾去，通判重慶府，未拜，以僞黨罷。」《解題》所謂「以語言得罪，悔不復爲」者，殆指此事。

〈自序〉當慶元丙辰，《後編》自丁巳終壬戌。

案：安世〈自序〉已佚。慶元丙辰爲二年 (1196)，丁巳爲三年 (1197)，壬戌爲嘉泰二年 (1202)。考阮元《揅經室外集》卷三〈四庫未收書提要〉著錄：「《平安悔稿》十二卷，宋項安世撰。安世有《周易玩辭》，《四庫全書》已著錄。案《文淵閣書目》日字號載《丙辰悔稿》十五冊；又月字號載《悔稿》三冊，又一部六冊；並殘缺之本。《宋史·藝文志》載《丙辰悔稿》四十七卷。近日傳本殊希。厲鶚《宋詩紀事》僅從《后村詩話》、《方輿勝覽》、《后村千家詩》蒐采數首。此則依舊鈔過錄，合前、後集，凡一千二百八十五首，分卷與〈宋志〉不合。即《后村詩話》所錄〈春日〉、〈堤上〉、〈吹帽臺〉、〈拋毬〉、〈糟蟹〉、〈永州〉諸作，皆未見于是編。卷六以下乃慶元丙辰謫居江陵後所作。缺佚雖多，然就存者觀之，固紹熙、嘉泰間一作者也。」可參考。惟阮元著錄此書作《平安悔稿》，「平安」實「平庵」之誤。

醒庵遺珠集十卷

《醒庵遺珠集》十卷，臨川俞國寶撰。淳熙前人。

廣棪案：此書〈宋志〉未著錄。國寶，《宋史》無傳。《宋詩紀事》卷五十六「俞國寶」條載：「國寶，臨川人。淳熙太學生。有《醒菴遺珠集》。」下引《武林舊事》：「淳熙閒，德壽三殿遊幸湖山。一日，御舟經斷橋，旁有小酒肆，頗雅潔，中飾素屏，書〈風入松〉一詞于上。光堯駐目稱

賞久之。宣問何人所作？乃太學生俞國寶醉筆也。其詞云：『一春長費賞花錢，日日醉湖邊。玉驄慣識西湖路，驕嘶過，沽酒樓前。紅杏香中歌舞，綠楊影裏鞦韆。東風十里麗人天，花壓鬢雲偏。畫船載取春歸去，餘情在湖水湖烟。明日再攜殘酒，來尋陌上花鈿。』上笑曰：『此調甚好，但末句未免儒酸。』因爲改定，云：『明日重扶殘醉。』則迥不同矣。即日命解褐。』」可參考。

東平集二十七卷

《東平集》二十七卷，_{廣棪案：盧校注：「《通攷》入〈別集〉。」}鞏豐仲至撰。淳熙甲辰進士。_{廣棪案：盧校本無「淳熙甲辰進士」句。校注曰：「《通攷》有。陳氏無此例。」}

　　廣棪案：此書〈宋志〉未著錄。豐，《宋史》無傳。《宋詩紀事》卷五十五「鞏豐」條載：「豐字仲至，號栗齋，其先鄆州須城人。渡江爲婺州武義人。少游呂東萊之門。淳熙十一年進士，嘗知臨安縣，稍遷提轄左藏庫，卒。有《東平集》。」豐，《宋史翼》卷二十八〈列傳〉第二十八〈文苑〉三有傳。淳熙甲辰，即淳熙十一年 (1184)。

白石丁藁一卷

《白石丁藁》一卷，三山黃景說巖老撰。淳熙辛丑進士。_{廣棪案：盧校本無此句。校注曰：「《通攷》此下云『淳熙辛丑進士』。」}

　　廣棪案：《宋史》卷二百八〈志〉第一百六十一〈藝文〉七〈別集類〉著錄：「黃景說《白石丁藁》一卷。」與此同。景說，《宋史》無傳。《宋詩紀事》卷五十三「黃景說」條載：「景說字巖老，號白石，閩人。乾道五年進士。嘉定中直秘閣，知靜江府。有《白石丁藁》。」所記中進士之年與《解題》不同。考曾耒《緣督集》卷十八〈序〉有〈白石叢藁序〉，曰：「吾邑令君三山黃巖老，隨牒效官二十有五年，公私之際，用力於詩。歲在乙巳，見遺一卷，與古容有未合者。至壬子，見遺一編，合矣。詩生于聲，聲生於氣，氣渾而夷，雅聲出焉。〈牛尾〉之歌是也。氣薰而洽，頌聲出焉。〈卿雲〉之歌是也。氣肅而沉，風聲出焉。〈麥秀〉之歌是也。

古詩有雅、頌、風，而雅、頌、風之名未立，其體未成也。一經孔子刪焉，朝廷之詩謂之雅，郊廟之詩謂之頌，鄉黨之詩謂之風。名於是始立。雅、頌多用賦，風多用比興，體於是始成。三代時，四夷類能詩，鄉飲、蜡祭之類，視其君之教化，參以國之風俗，節文而歌之，以相勞苦，以相酬酢，刪除釐爲十五國風，此鄉黨之詩也。君前後三泚邑，於古爲子男之國，所至隨土視氣，隨氣視聲，隨聲視律，其勢止及爲鄉黨之詩，故其體多風，其用多比興。進賢有徐孺子，來陽有杜少陵，吾邑有文忠歐陽公，故家餘韻猶存，君收而入於詩，不失爲思無邪者，要未免以土風爲風爾。邑家每歲常行，具饌勸耕，近乎蜡祭；張筵燕士，類乎鄉飲。繼茲行禮，其黜爾。俗主吾教，自爲詩歌之。君倡於上，氣出於道德而協，聲入於律呂而諧，士民和於下，諧聲鼓之，轉相動協，氣蒸之轉相化，詩至於此，吾知君以三代之風爲風，所謂止乎禮義者歟！古者，王人采詩，子男之國，有史。凡一詩出，王人采而上之，史錄而藏之，今亡是。故於《白石吟藁》序其概，詔民使傳焉。賜環去，朝廷須雅，郊廟須頌，章成，有太師氏刊協之。燕欲格人，饗欲格天，討論勿厭細，擴充勿厭大，禮成，有太史氏錄藏之。後藁不必序，自傳也。嚴老名景說云。」可參考。

復齋漫藁二卷

《復齋漫藁》二卷，知台州黃𧰼子耕撰。

　　廣棪案：《宋史》卷二百八〈志〉第一百六十一〈藝文〉七〈別集類〉著錄：「黃𧰼《復齋漫錄》二卷。」與此同。𧰼字子耕，隆興分寧人。嘗知台州，所著有《復齋集》。《宋史》卷四百二十三〈列傳〉第一百八十二有傳。

梅山詩藁六卷、續藁五卷

《梅山詩藁》六卷、《續藁》五卷 館臣案：《文獻通攷》，《續藁》作十五卷。 　廣棪案：盧校本同。**括蒼姜特立邦傑撰。**

　　廣棪案：此書〈宋志〉未著錄。特立字邦傑，麗水人。《宋史》卷四百七

十〈列傳〉第二百二十九〈佞幸〉有傳。《宋詩紀事》卷五十七「姜特立」
條載：「特立字邦傑，麗水人。靖康中，父綏死難，甫承信郎。孝宗召為
太子春坊。光宗即位，除知閣門事，累官浙東馬步軍副總管、慶遠軍節
度使。有《梅山藁》、《續藁》。」可參證。

以父死事得西班，累舉不第。晚為閣職，廣棪案：盧校本「閣」作「閒」。校
注曰：館本「閒」作「閣」，《通攷》作「閣」，是。**春坊攀附，己酉龍飛，恩至
節度使，周益公、留衞公皆為其所間。**

案：留衞公即留正，周益公即周必大。《宋史》特立本傳載：「姜特立字邦
傑，麗水人。以父綏恩，補承信郎。淳熙中，累遷福建路兵馬副都監。海
賊姜大獠寇泉南，特立以一舟先進，擒之。帥臣趙汝愚薦于朝，召見，獻
所為詩百篇，除閣門舍人，命充太子宮左右春坊兼皇孫平陽王伴讀，由是
得幸於太子。太子即位，除知閣門事，與譙熙載皆以春坊舊人用事，恃恩
無所忌憚，時人謂曾、龍再出。留正為右相，執政尚闕人，特立一日語正
曰：『帝以丞相在位久，欲遷左揆，就二尚書中擇一人執政，孰可者？』明
日，正論其招權納賄之狀，遂奪職與外祠。帝念之，復除浙東馬步軍副總
管，詔賜錢二千緡為行裝。正引唐憲宗召吐突承璀事，乞罷相，不許。正
復言：『臣與特立勢難兩立。』帝答曰：『成命已班，朕無反汗，卿宜自處。』
正待罪國門外，帝不復召，而特立亦不至。寧宗受禪，特立遷和州防禦使，
再奉祠，俄拜慶遠軍節度使，卒。」是特立與留正有間。考周必大《文忠
集》卷十四〈題跋‧家藏御書〉有〈御筆掌記跋〉，云：「上勤勞萬幾，每
臨朝，以方寸紙作掌記。微僂兩旁，而中摺之，置在御手。若內殿，則留
香案上。三省密院各奏事畢，即視所記，一一宣諭乃收之，率以為常。淳
熙十一年八月七日，後殿坐，親以此紙授臣，蓋記陳有功顯大，舉趙善誦
三人姓名，字畫頗類御筆，以小楷不能深辨。玉音云：『此是去年臣僚薦可
為奉使接送伴副使者，卿選擇誰可？』又問：『劉端仁、姜特立如何？』臣
奏皆其選也。退而寶藏于家，樞密使臣周某謹記。」是必大於特立有推薦
恩。至必大為特立所間，其事未可曉。

**特立詩亦矗佳，韓无咎、陸務觀皆愛之。本亦士人也，塗轍一異，儼然
縶御之態，豈其居使之然耶？**

案：韓无咎即韓元吉，其與特立往還，文獻不足徵。特立與務觀，則有

詩歌唱和。《宋詩紀事》卷五十七「姜特立」條收有〈和陸放翁見寄〉，云：「遙知三徑長荒苔，解組東歸亦快哉。津岸紛紛輩吏去，船頭衮衮好山來。平時佳客應相過，勝日清尊想屢開。若許詩篇數還往，直須共挽古風回。」又有〈和陸郎中放翁〉，云：「午庭風雨撼高槐，一洗城頭十丈埃。老子坐閒尋句好，故人門外寄詩來。勁鋒久服穿楊妙，鈍思深慚擊鉢催。清佩左符君未可，要聽吟思發春雷。」詩均粗佳也。

泠然齋集十二卷

《泠然齋集》十二卷，山陰蘇泂召叟撰。丞相子容四世孫，師德仁仲之孫。

廣棪案：此書〈宋志〉未著錄。泂，《宋史》無傳。《四庫全書總目》卷一百六十三〈集部〉十六〈別集類〉著錄：「《泠然齋集》八卷，《永樂大典》本。宋蘇泂撰。泂字召叟，山陰人。右僕射頌之四世孫。《宋史·頌傳》不詳列其後裔，故泂始末無可考。陳振孫《書錄解題》有泂《泠然齋集》二十卷，亦久亡佚。惟宋無名氏《詩家鼎臠》中尚存其二詩而已。今從《永樂大典》所載採輯排比，共得詩八百五十餘篇，釐爲八卷。即詩中所自紀參互考之，知泂少時即從其祖遊宦入蜀，長而落拓走四方，曾再入建康幕府。其〈書懷詩〉有云：『昨蒙宗公置牙齒，事下丞相當審覈。駑才不堪駕十乘，爝火或可繼殘夕。』則嘗以薦得官，而終偃蹇不遇以老。生平所與往來唱和者，如辛棄疾、劉過、王柟、潘檉、趙師秀、周文璞、姜夔、葛天民等，皆一時知名士。《集》中又有〈送陸游赴修史之命〉詩云：『弟子重先生，丱角以至斯。文章起嬰慕，德行隨蕭規。』是泂本從學於游，詩法流傳，淵源有自。故其所作，皆能鑱刻淬鍊，自出清新，在江湖詩派之中，可謂卓然特出。其〈金陵雜咏〉多至二百首，尤爲出奇無窮。周文璞爲作〈跋〉、以劉禹錫、杜牧、王安石比之。雖稱許不免過情，要其才力富贍，實亦一時之秀也。惜其原集久湮，錄宋詩者至不能舉其姓名。其〈輓姜夔〉一詩，元陸友仁《硯北雜志》引之，以爲蘇石所作。近時厲鶚作《宋詩紀事》，遂分蘇泂、蘇石爲兩人。今考是詩，猶在《泂集》中。殆必原書題作蘇召叟，傳寫者脫去叟字，又誤召爲石，遂致輾轉沿譌，莫能是正。倘非《集》本復出，竟無由訂定其

紕繆。則晦而復著，亦可云洞之至幸矣。」可參證。惟《四庫全書總目》謂「陳振孫《書錄解題》有洞《泠然齋集》二十卷」，實應作十二卷，其後《宋元學案補題》卷九十八〈荊公新學略補遺‧放翁門人〉「蘇先生洞」條沿其誤。丞相子容即蘇頌，《宋史》卷三百四十〈列傳〉第九十九有傳。哲宗元祐時爲相。師德字仁仲，《宋史翼》卷四〈列傳〉第四有傳。

曾紘父詩詞一卷

《曾紘父詩詞》一卷，知台州曾惇紘父撰。紘之子也，皆在台時所作。

　　廣棪案：《宋史》卷二百八〈志〉第一百六十一〈藝文〉七〈別集類〉著錄：「《曾惇詩》一卷。」應與此同。惇，《宋史》無傳。《宋詩紀事》卷四十六「曾惇」條載：「惇字宏父，紘之子。紹興中守台州、黃州。有《詩集》。」《宋人傳記資料索引》載：「曾惇字紘（宏）父，南豐人，紘子。紹興中歷知台州、黃州、鎮江、光州。曾以壽詞諛秦檜。有《曾紘父詩詞》一卷。」可參證。惇父紘，字公袞，號空青，曾布第四子。《宋史翼》卷二十六〈列傳〉第二十六〈文苑〉一有傳。是則惇亦布之孫。

瓦全居士詩詞二卷

《瓦全居士詩詞》二卷，太常博士寧海王澡身甫撰。初名津，字子知。

　　廣棪案：此書〈宋志〉未著錄。《嘉定赤城志》卷三十三〈人物門〉二〈本朝〉「紹熙元年余復榜」條載：「王澡，寧海人。字身甫，歷監進奏院，國子太常博士。今以朝散郎通判平江府。」《全宋詞》「王澡」條載：「澡字身甫，號瓦全。生於乾道二年（1166）。紹熙元年（1190）進士。嘉定十二年（1219），監都進奏院。十三年（1220），國子博士。《庶齋老學叢談》云：『澡，四明人，有《瓦全集》。』《文獻通考》：『王澡，寧海人。初名津，字子知。』」均可參證。

疎寮集三卷

《疎寮集》三卷，四明高似孫續古撰。

廣棪案：《宋史藝文志補・集部・別集類》著錄：「高似孫《疎寮集》一卷。」所著錄卷數不同。似孫字續古，《宋史翼》卷二十九〈列傳〉第二十九〈文苑〉四有傳。

少有俊聲，登甲辰科，不自愛重，為館職，上韓侂冑〈生日詩〉九首，皆暗用「錫」字，為時 _{廣棪案：《文獻通考》無「時」字。} 清議所不齒。晚知處州，貪酷尤甚。其讀書以隱僻為博，其作文以怪澀為奇，至有甚可笑者，就中詩猶可觀也。

案：《宋人傳記資料索引》載：「高似孫字續古，號疎寮，餘姚人，文虎子。淳熙十一年進士，歷官校書郎，徽州倅，處州守。少有俊聲，不自愛重，為館職，上韓侂冑〈生日詩〉九首，皆暗用錫字，寓九錫之意，為清議所不齒，知處州時尤多貪酷。其讀書以隱僻為博，其作文以怪澀為奇，詩猶可觀。有《疎寮小集》、《剡錄》、《子略》、《蟹略》、《騷略》、《緯略》、《硯箋》、《文苑英華鈔》、《文選句圖》。」可參證。似孫登甲辰科，即淳熙十一年（1184）進士。

徐照集三卷

《徐照集》三卷，永嘉徐照道暉撰。自號山民。 _{館臣案：《文獻通攷》「山民」作「天民」。 廣棪案：盧校本同。應誤。}

廣棪案：《宋史藝文志補・集部・別集類》著錄：「徐照《芳蘭軒詩》五卷，_{今一卷，字靈暉。}」卷數不同。照，《宋史翼》卷二十八〈列傳〉第二十八〈文苑〉三載：「徐照字道暉，永嘉人，自號山民。嗜苦茗，上下山水，穿幽透深，拾其勝會。有詩數百，靳思尤奇，皆橫絕欻起，冰懸雪跨，使讀者變踔慄慄，肯首吟歎不自已。發今人未悟之機，回百年已廢之學，使後復言唐詩自照始，亦一快也。_{葉適《徐照墓誌》。}」《宋詩紀事》卷六十三「徐照」條載：「照字道暉，一字靈暉，號山民，永嘉人。有《芳蘭軒集》。四靈之一。」可參證。考《四庫全書總目》卷一百六十二〈集部〉十五〈別集類〉十五著錄：「《芳蘭軒集》一卷，_{浙江鮑士恭家藏本。}宋徐照撰。照字道暉，一字靈暉，永嘉人。與徐璣、翁卷、趙師秀，號曰永嘉四靈。照即四靈之首也。嘗自號曰山民，故其集又曰《山民集》。趙師秀《清苑齋集》有〈哀山民詩〉，可以為證。陳振孫《書錄解題》獨稱

照自號天民，未知何據。當屬傳刻之譌也。葉適作照〈墓誌〉，稱其詩數百，琢思尤奇。皆橫絕欻起，冰懸雪跨，使讀者變掉惇慄，冐首吟歎，不能自已。然無異語，皆人所知也，人不能道耳。所以推獎之者甚至。而吳子良《荊溪林下偶談》則謂適雖不沒其所長，而亦終不滿之。故其跋劉潛夫詩卷，又有進乎古人而不已，何必四靈之語。後人不知，以爲水心宗晚唐者，誤也。蓋四靈之詩，雖鏤心鉥腎，刻意雕琢。而取徑太狹，終不免破碎尖酸之病。照在諸家中尤爲清瘦。如其〈寄翁靈舒詩〉中『樓高望見船』句，方回以爲眼前事，道著便新。又〈冬日書事詩〉中『梅遲思閏月，楓遠誤春花』，方回亦以爲思字誤字，當是推敲不一乃得之。是皆《集》中所稱佳句，要其清雋者在此，其卑靡者亦即在此。風會升降之際，固有不能自知者矣。照《集》原本三卷。此本祗一卷，不知何人所併。又從《瀛奎律髓》得詩六首，《東甌詩集》得詩二首，《東甌續集》得詩一首，併爲補遺，附之於後焉。」可參考。

道暉又字靈暉，致中又字靈淵

案：張宗泰《魯巖所學集》卷六〈跋陳振孫書錄解題〉云：「《徐照集》下，隋齋批注云『致中又字靈暉』，按《宋詩紀事》，徐璣字文淵，一字致中，非『又字靈暉』也。」

紫芝又字靈秀，翁卷又字靈舒，是為「四靈」。水心為選詩。隨齋批注。

徐璣集二卷

《徐璣集》二卷，徐璣致中撰。

廣棪案：《宋史》卷二百八〈志〉第一百六十一〈藝文〉七〈別集類〉著錄：「徐璣《泉山詩藁》一卷。」《宋史藝文志補·集部·別集類》著錄：「徐璣《二薇亭詩》四卷，今一卷，字靈淵。」著錄均與《解題》不同。璣，《宋史翼》卷二十八〈列傳〉第二十八〈文苑〉三載：「徐璣字致中，一字靈淵，仕長泰令，工詩，著有《山泉集》。」《宋詩紀事》卷六十三「徐璣」條載：「璣字文淵，一字致中，號靈淵，永嘉人。官長泰令。有《泉山集》、《二薇亭集》。四靈之二。」是璣所撰詩應名《泉山集》，《宋史翼》所載倒乙也。《四庫全書總目》卷一百六十二〈集部〉十五〈別集類〉十五著錄：「《二

薇亭集》一卷，_{浙江鮑士恭家藏本。}宋徐璣撰。璣字文淵，一字致中，號靈淵。《趙師秀集》作靈因。因字即古淵字，蓋偶以別體書之。永嘉四靈之二也。《宋元詩會》載：『璣官建安主簿，龍游丞，武當長泰令，嘉定七年卒，年五十九。』而陳振孫《書錄解題》則曰：『四人者惟師秀嘗登科改官。』意謂三人皆未嘗出仕。曹學佺亦謂二徐皆隱居不仕。今觀此卷中，璣有〈監造御茶〉五言古詩，蓋爲主簿時作。其〈贈趙師秀〉詩有『游宦歸來幾度春』之句，七言絕句又有〈移官南浦〉一首，則陳振孫所言偶然失考，學佺又誤因之也。《書錄解題》載《璣集》一卷，與此本相符。其名《二薇亭集》、則《通考》未載，或亦偶遺也。《集》後有補遺三首，從《瀛奎律髓》、《東甌詩集》、《東甌續集》中鈔出。厲鶚《宋詩紀事》載璣又有《泉山集》，今未之見。或《東甌詩集》所載爲《泉山集》中詩歟？」可參考。惟《解題》載《徐璣集》作二卷，《四庫全書總目》誤。

翁卷集一卷

《翁卷集》一卷，翁卷靈舒撰。

廣棪案：《宋史藝文志補‧集部‧別集類》著錄：「翁卷《葦碧軒詩》四卷，_{字靈舒。}」與此不同。《宋史翼》卷二十八〈列傳〉第二十八〈文苑〉三載：「翁卷字續古，一字靈舒，樂清人。著有《西巖集》，一名《葦碧軒集》。_{《溫州府志》。}」《宋詩紀事》卷六十三「翁卷」條載：「卷字續古，一字靈舒，永嘉人。有《西巖集》、《葦碧軒集》，四靈之三。」考《四庫全書總目》卷一百六十二〈集部〉十五〈別集類〉十五著錄：「《西巖集》一卷，_{浙江鮑士恭家藏本。}宋翁卷撰。卷字續古，一字靈舒。永嘉四靈之三也。嘗登淳祐癸卯鄉薦，終於布衣。葉適序其詩，稱爲『自吐性情，靡所依傍。』劉克莊《後村集》亦有〈贈卷詩〉云：『非止擅唐風，尤於選體工。有時千載事，祇在一聯中。』張端義《貴耳集》曰：『翁卷，四靈也。有〈曉對詩〉云：『梅花分地落，井氣隔簾生。』〈瀑布詩〉云：『千年流不盡，六月地長寒。』〈春日〉云：『一階春草碧，幾片落花輕。』〈游寺〉云：『分石同僧坐，看松見鶴來。』〈吾廬〉云：『移花連舊土，買石帶新苔。』其所取者，大抵尖新刻畫之詞。蓋一時風氣所趨，四靈如出一手也。』卷別有《葦碧軒集》，今未見其本。厲鶚《宋詩紀事》載卷詩四首，皆註出《葦碧軒集》。以校此

《集》，惟〈寄遠〉一首不載，餘皆相同，可知二《集》之詩，實互相出入。至張端義所舉五聯，鶚但列之逸句中，不能得其全篇。是又在《葦碧軒集》之外，殆當時所刊原非一本，尚不止此二《集》歟？」是則《西巖集》與《葦碧軒集》非同一書，《宋史翼》誤。

趙師秀集二卷、別本《天樂堂集》一卷

《趙師秀集》二卷、別本《天樂堂集》一卷，趙師秀紫芝撰。四人者，號「永嘉四靈」，皆為 _{廣校案：《文獻通考》無「為」字。} 晚唐體者也。惟師秀嘗登科改官，亦不顯。

> 廣校案：《宋史藝文志補·集部·別集類》著錄：「趙師秀《清苑齋詩》四卷，_{字靈秀。}」又〈總集類〉著錄：「趙師秀《眾妙集》一卷。」與此不同。《宋史翼》卷二十八〈列傳〉第二十八〈文苑〉三載：「趙師秀字紫芝，永嘉人。登紹興第，浮沈州縣，僅一改秩而卒。自乾、淳來，濂洛之學方行，諸儒類以窮經相尚。詩或言志，取足而止，固不暇如昔人體驗聲病，律呂相宣也。潘檉出，始創為唐詩，而師秀與徐照、翁卷、徐璣，繹尋遺緒，日鍛月鍊，一字不苟下，由是唐體盛行，著有《天樂集》。_{《兩浙名賢錄》。}」《宋詩紀事》卷八十五「師秀」條載：「師秀字紫芝，號靈秀，永嘉人。太祖八世孫。紹熙庚戌進士，浮沈州縣，改秩而卒。有《天樂堂集》、《清苑齋集》。四靈之四。」可參證。《四庫全書總目》卷一百六十二〈集部〉十五〈別集類〉十五著錄：「《清苑齋集》一卷，_{浙江鮑士恭家藏本。}宋趙師秀撰。師秀字紫芝，號靈秀，永嘉人。太祖八世孫。紹熙元年進士。浮沈州縣，終於高安推官。永嘉四靈之四也。其詩亦學晚唐。然大抵多得於武功一派，專以鍊句為工，而句法又以鍊字為要。如《詩人玉屑》載師秀〈冷泉夜坐〉詩『樓鐘晴更響，池水夜知深』一聯，後改更字為聽字，改知字為觀字。〈病起詩〉『朝客偶知承送藥，野僧相保為持經』一聯，後改承字為親字，為字為密字。可以知其門徑矣。又《梅磵詩話》：『杜小山問句法於師秀。答曰：「但能飽喫梅花數斗，胸次玲瓏，自能作詩」云云。』故其詩主於野逸清瘦，以矯江西之失，而開寶遺風，則不復沿溯也。陳振孫《書錄解題》載《師秀集》二卷，別本《天樂堂集》一卷，今皆未見。此本僅一卷，而題曰《清苑齋集》，未審為即《天樂堂集》之別名否？趙與虤《娛書堂詩話》

載〈送謝耘游淮詩〉二句，又《東甌續集》載師秀詩五首，《瀛奎律髓》載師秀詩四首，今竝附錄《集》末，題曰《拾遺》。似乎別有《天樂堂集》，而《詩人玉屑》所論〈冷泉夜坐〉及〈病起〉二首稱曰〈天樂〉者，今皆載此《集》中，似乎又即《天樂堂集》。今未能盡睹其全，莫之詳也。厲鶚《宋詩紀事》稱師秀有《清苑齋集》、有《天樂堂集》，分爲二種。而所錄皆此《集》之詩，則鶚亦未見《天樂堂集》矣。古書散佚，闕所不知可也。」可參考。永嘉四靈，即徐照靈暉、徐璣靈淵、翁卷靈舒、趙師秀靈秀四人也。

李孟達集一卷

《李孟達集》一卷，宗正丞宣城李兼孟達撰。唐末李咸用《披沙集》者，即其遠祖也。嘗知台州，時稱善士。

廣棪案：此書〈宋志〉未著錄。兼，《宋史》無傳。《宋元學案補遺》卷三十五〈陳鄒諸儒學案補遺‧韓氏門人〉「知州李先生兼」條載：「李兼字口口，宣城人。朝請宏之孫。謹厚好學，從韓子雲游，嘗官迪功郎，進監縣丞。《南澗甲乙稿》。梓材謹案：《台州府志》載先生云：『博學工詩，楊萬里推許之。知台州，簡重有清操。既卒，民為菴哭罷市。』又載其〈跋陳古靈勸學文〉，言『為州之二年，始克以斯文鏤板，傳示學者』云云。則先生亦古靈續傳也。」《宋詩紀事補遺》卷之六十二「李兼」條載：「字孟達，甯國人。孝先曾孫。博學工詩，楊萬里推許之。開禧三年，以朝請郎出知台州。居官有守。明年九月除宗正丞，未行卒。所著有《雪巖集》。」是則此書又名《雪巖集》。至李咸用，兩《唐書》無傳。《全唐詩》卷六百四十四「李咸用」條載：「李咸用，與來鵬同時，工詩。嘗應辟爲推官，有《披沙集》六卷，今編爲三卷。」考《解題》卷十九〈詩集類〉上著錄：「《李推官披沙集》六卷，唐李咸用撰。其八世孫兼孟達居宛陵，亦能詩，嘗爲台州，出其《家集》，求楊誠齋作〈序〉。」可參證。

柯東海集十五卷

《柯東海集》十五卷，莆田柯夢得東海撰。嘗試春官不第。廣棪案：盧校

本無此句。校注曰：「《通攷》與館本同。」

　　廣棪案：《宋史》卷二百八〈志〉第一百六十一〈藝文〉七〈別集類〉著
錄：「柯夢得《抱甕集》十五卷。」應同屬一書。夢得，《宋史》無傳。《宋
詩紀事》卷六十「柯夢得」條載：「夢得字東海，莆陽人，屢上春官不第。
後以特科入仕。有《抱甕集》。」可參證。

山中集一卷

《山中集》一卷，莆田趙庚夫仲白撰。兩上春官不第，以取應得右選，
不得志而沒。劉潛夫志其墓，擇其詩百篇，屬趙南塘序而傳之。

　　廣棪案：此書〈宋志〉未著錄。庚夫，《宋史》無傳。《宋詩紀事》卷八
十五「庚夫」條載：「庚夫字仲白，寓居興化軍，魏王八世孫。舉進士不
第，以宗子取，應得右選。趙紫芝為晚唐詩，名冠四靈，而仲白亞紫芝。
劉後村擇百篇為《山中集》，并誌其墓。」可參證。劉潛夫即克莊，《後
村集》卷三十七〈墓誌銘〉有〈趙仲白墓誌銘〉，曰：「仲白諱庚夫，宗
室潁川郡王之後。曾大夫某，知鄂州。大父某，父某，始為閩人。仲白
少玉立，風度如仙。書一覽，默記盡卷，不脫一字。為文章神速，兩試
禮部不中第用取，應補官，久之不調。畿漕辟嘉興府海鹽縣。酒務府公
王舍人介，椷榷青龍鎮，勢家或為大商，地匿稅鉅萬。仲白捕治之急，
勢家誣訴於外臺，下吏鍛鍊成其罪，坐停官。王舍人抗論力爭於朝，不
報。仲白既廢，杜門苦學，貫穿百氏，特邃於《老》、《易》。喜緯書，坐
一榻，下籌布著不已。以為世道隆替，人事成敗，皆繫乎數。從方氏受
水丹心，獨神其術。談禪尤高，朋友莫能詰難。其平生志業無所洩，一
寓之詩。叢藁如山，和平沖淡之語，可咀而味；憤懣悲壯之詞，可愕而
怒；流離顛沛之作，可怨而泣也。會中朝有知仲白前事冤者，得復元官。
於是淮蜀交辟，而仲白死矣。仲白性不妄交，與潘檉、趙師秀論詩，曾
極論《參同契》，輒暗合。遇貴公張鎡，廣座命題，眾賓方嚬呻營度，仲
白已飛筆滿軸，神色自得。蓋其所挾高，未嘗靳壓人，而每出人上。故
愛仲白者寖少，嚴而忌之者眾矣。仲白家貧，不屑治生，烏帽唐衣，自
號山中翁。所居隙地纔丈許，而花竹水石之翫皆備。古梅一株，終日吟
嘯其下。其歸自海鹽也，新脫酷吏手，行李蕩失，妻子奔踣藍縷，猶以

兩夫舁一鶴自隨。晚客京城，聞鶴死，惋惜不食，賦詩甚哀，其情致風味如此。嗚呼！斯人不可復見矣。予觀昔之文人，若相如、李白，世稱薄命。然所爲文，親蒙天子賞識，給札捧硯之事，極一時之榮焉。近世林逋、魏野，皆以匹夫，名字流入禁中，數下詔書徵聘。仲白才追昔人，會開禧、嘉定間，天下多事，三邊用武，君相所急多才健功名之士，而山林特起之禮，其廢已久。由是仲白阨窮終身，其文不達於天子，徒爲閒人、退士、衲僧、羽客誦詠歎息之具而已。仲白卒於嘉定己卯二月壬戌，年四十七。十一月庚申，葬於城西七里甘露山。配顧氏，國子博士杞女，有高才，與仲白如賓友。男時願，女二人。時願哭謂予：『子幸銘吾先人。』念昔與仲白遊二十年，嘗約歲晚入山讀書。仲白棄予而夭，行而無所詣也，疑而無所訂也，瑕而莫予攻也，怠而莫予鞭也。嗚呼悲夫！仲白既明數前知，死日訪其友寺丞方公信孺求棺，及死，方公捐美櫝殮之。仲白詩最多，自刪取五百首。所著有《周易老子注》、《山中客語》、《青裳集》。予早知仲白，顧今學退才盡，銘其墓有愧色。至於拊其家，教其孤，行其文字於世，方公責也。銘曰：萬山四圍，君藏於斯。所埋者骨，不埋者詩。後千百年，陵谷或夷。讀君《集》者，必封崇之。」可參證。趙南塘即汝談，所撰〈序〉已佚。

磬沼集一卷

《磬沼集》一卷，崇仁羅鑑正仲撰。樞密春伯之從弟。「磬沼」者爲池，因地曲折如磬然。

　　廣棪案：此書及撰人均不可考。春伯，羅點字，撫州崇仁人。寧宗時拜端明殿學士，簽書樞密院事。《宋史》卷三百九十三〈列傳〉第一百五十二有傳。

茅齋集二卷

《茅齋集》二卷，南城鄧繼祖撰。

　　廣棪案：此書及撰人均不可考。

梔林集十卷

《梔林集》十卷，吳郡沈繼祖撰。慶元初有為察官者，家富川，豈即其人耶？廣棪案：《文獻通考》無「耶」字。人廣棪案：《文獻通考》脫「人」字。固不足道，詩亦無可觀者。廣棪案：盧校本無「人固不足道，詩亦無可觀者」二句。

　　廣棪案：此書〈宋志〉未著錄。繼祖，《宋史》無傳。《宋元學案》卷九十七〈慶元黨案·附攻慶元僞學者〉載：「沈繼祖字□□，興國人。監察御史。以胡紘奏稿劾晦庵。」《宋詩紀事》卷五十九「沈繼祖」條載：「繼祖，富川人。慶元中御史，有《梔林集》。」考《宋詩紀事小傳補正》卷四載：「沈繼祖字述之，興國軍永興人。乾道五年進士，知富陽縣。《平菴悔稿》有〈送沈述之知當陽詩〉。」恐非同一人。

花翁集一卷

《花翁集》一卷，開封孫惟信季蕃撰。在江湖中頗有標致，多見前輩，多聞舊事，善雅談，長短句尤工。嘗有官，棄去不仕。

　　廣棪案：《宋史藝文志補·集部·詞曲類》著錄：「孫惟信《花翁詞》一卷，字季蕃。」恐非同一書。《宋史翼》卷三十六〈列傳〉第三十六〈隱逸〉載：「孫惟信字季蕃，婺人。工詩，喜談謔。嘉定初，嘗於大雪中登盧阜絕頂，盡得其景物之詳，作〈記游卷〉，棄官不仕，隱居武林湖山間，自號花翁。淳祐三年卒。安撫使趙與籌葬之湖上。《兩浙名賢錄》。」《宋詩紀事》卷五十八「孫惟信」條載：「惟信字季蕃，號花翁，開封人，居婺州。光宗時，棄官隱西湖，有《集》。」後附劉後村〈花翁墓誌〉曰：「季蕃貫開封，少受祖澤，調監當不樂，棄去。始昏于婺，後去婺游，寓蘇杭最久。一榻之外無長物，躬爨而食，書無〈乞米〉之帖，文無〈逐貧〉之賦，終其身如此。名重江浙，公卿閒聞花翁至，爭倒屣。所談非山水風月，一不挂口。長身縕袍，意度疎曠，見者疑爲俠客異人。其倚聲度曲，公瑾之妙；散髮橫笛，野王之逸；奮袖起舞，越石之壯也。」均可參證。

惠崇集十卷

《惠崇集》十卷，淮南僧惠崇撰。與潘閬同時，在九僧之數，亦善畫。

廣枝案：《宋史》卷二百八〈志〉第一百六十一〈藝文〉七〈別集類〉
著錄：「《僧惠崇詩》三卷。」卷數不同。惠崇，《宋史》無傳。《宋詩紀
事》卷九十一「惠崇」條載：「惠崇，淮南人。一作建陽人。九僧之七，
有《集》。」《宋人傳記資料索引》載：「釋惠崇，建陽僧，一作淮南人，
九僧之七，善詩，工畫。有〈百句圖〉，刊石於長安。」可參證。潘閬，
《宋史》無傳。《宋詩紀事》卷五「潘閬」條載：「閬字逍遙，大名人。
嘗居錢塘，太宗召對，賜進士第。王繼恩與之善，繼恩下獄，捕閬弗得。
咸平初來京，尹收繫之。真宗釋其罪，以爲滁州參軍。後卒于泗上。小
說中謂閬坐盧多遜黨追捕，非也。有《詩集》。」是則惠崇亦太宗、眞
宗時人。

天竺靈苑集三卷、採遺一卷

《天竺靈苑集》三卷、《採遺》一卷，錢塘僧遵式撰。所謂「式懺主」
者也。廣枝案：盧校本無「所謂『式懺主』者也」句。校注曰：「《通攷》同館本。」
廣枝案：此書〈宋志〉未著錄。遵式，《宋史》無傳。明河《補續高僧傳》
卷第二〈義解篇〉有〈慈雲懺主遵式傳〉。《宋詩紀事》卷九十一「遵式」
條載：「遵式字知白，天台葉氏子。居下天竺寺，著《淨土懺法金光明觀
音諸本懺儀》行世，號慈雲懺主。天聖中滅度。紹興中，賜號懺主禪慧
大法師。有《天竺靈苑集》。」可參證。

渚宮集三卷

《渚宮集》三卷，錢塘僧文瑩道溫撰。及識蘇子美，嘗題其詩後，欲挽
致於歐陽永叔，而瑩辭不往，老於荊州之金鑾。鄭毅爲作〈序〉。
廣枝案：《宋史》卷二百八〈志〉第一百六十一〈藝文〉七〈別集類〉
著錄：「鄭準《渚宮集》四卷。」非同一人、同一書。《解題》卷十一〈小
說家類〉著錄文瑩撰《玉壺清話》十卷。瑩，《宋史》無傳，檢《郡齋
讀書志》卷第十三〈小說類〉著錄：「《湘山野錄》四卷。右皇朝熙寧中
僧文瑩撰，記國朝故事。」同卷同類又著錄：「《玉壺清話》十卷。右皇
朝僧文瑩元豐中撰。〈自序〉云：「文瑩收國初至熙寧中文集數千卷。其

間神道、墓誌、行狀、實錄、奏議之類，輯其事成一家言。玉壺者，其隱居之潭也。」則瑩乃神宗時人。《宋詩紀事》卷九十一「文瑩」條載：「文瑩字道溫，錢塘僧。及識蘇子美，欲挽致于歐陽公，瑩辭不往，老于荊州之金鑾寺。有《湘山野錄》、《玉壺清話》、《渚宮集》。」可參證。蘇子美，即蘇舜欽，《宋史》卷四百四十二〈列傳〉第二百一〈文苑〉四有傳。仁宗時為集賢校理。鄭毅，《宋史》無傳，生平不可知。至所撰〈序〉，亦不可考。

揀金集一卷

《揀金集》一卷，螺江僧可尚撰。有送徐鉉詩，蓋國初人。

　　廣棪案：《宋史》卷二百八〈志〉第一百六十一〈藝文〉七〈別集類〉著錄：「僧可尚《揀金集》九卷。」卷數不同。此書撰人不可考。徐鉉字鼎臣，揚州廣陵人。仕南唐，後隨李後主歸宋。《宋史》卷四百四十一〈列傳〉第二百〈文苑〉三有傳。

螺江集一卷

《螺江集》一卷，僧有朋撰。號困山禪師，廣棪案：盧校本此解題至「困山禪師」止。校注曰：「《通攷》此下云『族陳氏，閩帥巖六世孫。』」族陳氏，閩帥巖廣棪案：《文獻通考》作「嚴」，誤。六世孫。

　　廣棪案：此書〈宋志〉未著錄。有朋，《宋史》無傳。《宋詩紀事》卷九十二「有朋」條載：「有朋，閩帥陳巖六世孫，號困山禪師，有《螺江集》。」可參證。巖，《宋史》無傳。《水心集》卷十三〈墓誌銘〉有〈陳君墓誌銘〉，曰：「平陽陳巖字仲石，自其成童，智之所開，師友問學而已。年進志立，識通性明，服所知於家，而宗族慕焉。信所行於里，而鄉黨賓焉。意愈高，力愈下，督責其身，不使一日縱於慢游也；奉持其心，不使一思慮雜於邪妄也。訓於經，講於禮者，必欲周於事，達於物。不計事之異同，時之先後也。其可見者若此。嗚呼巖也！父之鉅子，弟之任兄，師之傳人，出而從宦，國之脩士也。夫如木升而為材可掄，如玉琢而為器可繅藉也。夫不幸，年三十有五，淳熙十五年十二月四日卒。明

年三月，葬於安仁。其弟崇，致其父及師之請曰：『願有銘。』夫悲哀其志意之不及於成就，此師友之所以為君痛也。道喪久矣，士不修其實職，而皆以必用為貴，偶不獲用為憾，志意之卓，祗重累焉。三代之時，道嘗行矣，彼家淑其道，人有其善，孰從而盡用之。然則壽夭一也，用捨一也，君子自得以正其命，宜有人之所不及知者。銘曰：卹爾婦，撫爾子，父母之力止矣。止而弗止，斯石紀之。」可參考。

參寥集十二卷

《參寥集》十二卷，僧道潛撰。唐人舊有號參寥子者，用《莊子》語也。

廣棪案：此書《新唐書·藝文志》未著錄。道潛，《十國春秋》第八十九〈吳越〉十三〈列傳·僧道潛〉載：「僧道潛，河中人也。本姓武氏。少詣臨川僧淨慧，一見以為法器。曰：『吾道東矣。』已又謁法眼禪師文益，文益曰：『子向後有五百毳徒，為王侯所重。』尋結廬衢州古寺，閱《大藏經》。顯德初，忠懿王迎入西府受菩薩戒，賜號慈化定慧禪師，居慧日永明院。道潛常欲從忠懿王求羅漢銅容，未白也。王忽夢十八巨人隨行，《五燈會元》作十六尊者。明日，道潛以請，王奇而許之。仍於道潛賜號中加『應真』二字，以表異焉。道潛坐永明時，登堂問法者恆五百人。文益之言，至是遂驗。」贊寧《大宋高僧傳》卷第十三〈習禪篇〉第三之六〈周廬山佛手巖行因傳〉亦附道潛傳。參寥子，道潛號，用《莊子·大宗師》「玄冥聞之參寥，參寥聞之疑始」語。考《四庫全書總目》卷一百五十四〈集部〉七〈別集類〉七著錄：「《參寥子集》十二卷，兵部侍郎紀昀家藏本。宋僧道潛撰。道潛，於潛人。蘇軾守杭州，卜智果精舍居之。《墨莊漫錄》載其本名曇潛，軾為改曰道潛。軾南遷，坐得罪，返初服。建中靖國初，詔復祝髮。崇寧末，歸老江湖，嘗賜號妙總大師。國朝吳之振《宋詩鈔》云：『《參寥集》，杭本多誤，採他詩未及與析。今所傳者凡二本。一題三學院法嗣廣宵寫訂，智果院法嗣海惠閱錄。前有參寥子小影，即海惠所臨。首載陳師道〈餞參寥禪師東歸序〉。次載宋濂、黃諫、喬時敏、張睿卿四〈序〉。鈔寫頗工。一本題法嗣法穎編。卷帙俱同，而敘次迥異，未知孰為杭本。按《集》中詩有同法穎韻者，則法穎本授受有緒，當得其真。惟所載陳師道〈序〉，題曰〈高僧參寥集序〉，與〈序〉語頗相乖剌，豈傳寫者所妄改歟？《冷齋夜話》稱：

『參寥性褊，僧凡子如讐。』今觀其詩，如〈湖上〉二首之類，頗嫌語少含蓄，足爲傲僻寡合之驗。然其落落不俗，亦由於此。吳可《藏海詩話》曰：『參寥〈細雨〉云：「細憐池上見，清愛竹間聞。」荊公改憐作宜。又「詩成暮雨邊。」秦少游曰：「雨中雨旁皆不好，只雨邊最妙。」又云：「流水聲中弄扇行。」俞清老極愛之。此老詩風流醖藉，諸詩僧皆不及。』韓子蒼云：『若看參寥詩，則惠洪詩不堪看也』云云。蓋當時極推重之。曹學佺《石倉歷代詩選》惟錄其〈游鶴林寺〉詩一首、〈夏日龍井書事詩〉一首，以當北宋一家。殆從他書採摭，未見此本歟？』」是則道潛與蘇軾、陳師道等同時。

物外集三卷

《物外集》三卷，僧德洪覺範撰。

廣棪案：《宋史》卷二百八〈志〉第一百六十一〈藝文〉七〈別集類〉著錄：「僧惠洪《物外集》三卷。」卷數不同。德洪又名惠洪，《宋詩紀事》卷九十二「惠洪」條載：「惠洪字覺範，俗姓彭。筠州人。以醫識張天覺。大觀中入京，乞得祠部牒爲僧。又往來郭天信之門。政和元年，張、郭得罪，覺範決配朱崖，有《石門文字禪》、《筠溪集》、《天廚禁臠》、《冷齋夜話》。」可參證。

瀑泉集十二卷

《瀑泉集》十二卷，僧祖可正平撰。蘇養直之弟，有惡疾，號癩可。

廣棪案：《宋史》卷二百八〈志〉第一百六十一〈藝文〉七〈別集類〉著錄：「《僧祖可詩》十三卷。」卷數不同。《宋詩紀事》卷九十二「祖可」條載：「祖可字正平，丹陽人。蘇伯固之子，養直之弟。住廬山，被惡疾，人號癩可。詩入江西派，有《東溪集》、《瀑泉集》。」可參證。養直，蘇庠字。庠，《宋史》卷四百五十九附〈王忠民〉，載：「時又有蘇庠者，丹陽人，紳之後，頌之族也。少能詩，蘇軾見其〈清江曲〉，大愛之，由是知名。徐俯薦其賢，上特召之，固辭；又命守臣以禮津遣，庠辭疾不至，以壽終。」可參考。

真隱集三卷

《真隱集》三卷，僧善權巽中撰。靖安人。落魄嗜酒。

　　廣棪案：此書〈宋志〉未著錄。善權，《宋史》無傳。《宋詩紀事》卷九
十二「善權」條載：「善權字巽中，靖安高氏子。人物清癯，人目爲瘦權。
落魄嗜酒，入江西派。有《眞隱集》。」可參證。靖安，今江西南昌。

化庵湖海集二卷

《化庵湖海集》二卷，僧法具圓復撰。吳興人。

　　廣棪案：此書〈宋志〉未著錄。法具，《宋史》無傳。《宋詩紀事》卷九
十二「法具」條載：「法具字圓復，吳興僧。後寂于毘陵馬跡山，有《化
庵湖海集》。」

浯溪集二十一卷

《浯溪集》二十一卷，僧顯萬撰。洪景盧作〈序〉。廣棪案：盧校本此解題
至「作序」止。校注曰：「《通攷》此下與館本同。」前二卷為賦，餘皆詩也。

　　廣棪案：此書〈宋志〉未著錄。顯萬，《宋史》無傳。《宋詩紀事》卷九
十二「顯萬」條載：「顯萬字致一，浯溪僧。嘗參呂居仁，有《浯溪集》。」
可參證。洪景盧即洪邁，號容齋，《宋史》卷三百七十三〈列傳〉第一百
三十二附其父〈洪皓〉。所撰〈序〉，疑佚。

女郎謝希孟集二卷

《女郎謝希孟集》二卷，閩人謝景山之妹，嫁陳安國，年三十三而死。
其詩甚可觀，歐公為之〈序〉，言有古淑女幽閒之風雅，非特婦人之言
也。廣棪案：《文獻通考》「言」上有「能」字。

　　廣棪案：《宋史》卷二百八〈志〉第一百六十一〈藝文〉七〈別集類〉著
錄：「《謝希孟詩》二卷。」與此同。希孟，《宋史》無傳。《宋詩紀事》
卷八十七「謝希孟」條載：「希孟字母儀，晉江人。景山之妹，嫁陳安國，
早卒。」《宋人傳記資料索引》載：「謝希孟字母儀，晉江人，伯初妹，

進士陳安國妻。與兄並工詩賦，歐陽修稱其隱約深厚，守禮不釋，有古幽閑淑女之風。卒年二十四。（一云卒年三十三）」可參證。歐陽修撰〈謝氏詩序〉，見《居士集》卷四十二。其〈序〉云：「天聖七年，予始遊京師。得吾友謝景山，景山少以進士中甲科，以善歌詩知名。其後，予於他所，又得今舍人宋公所爲景山母夫人之〈墓銘〉，言夫人好學通經，自教其子。乃知景山出於甌閩數千里之外，負其藝於大眾之中，一賈而售，遂以名知於人者，繫其母之賢也。今年，予自夷陵至許昌，景山出其女弟希孟所爲詩百餘篇，然後又知景山之母，不獨成其子之名，而又以其餘遺其女也。景山嘗學杜甫、杜牧之文，以雄健高逸自喜。希孟之言，尤隱約深厚，守禮而不自放，有古幽閑淑女之風，非特婦人之能言者也。然景山嘗從今世賢豪者遊，故得聞於當時；而希孟不幸爲女子，莫自章顯於世。昔衞莊姜、許穆夫人，錄於仲尼而列之〈國風〉。今有傑然巨人，能輕重時人而取信後世者，一爲希孟重之，其不泯沒矣，予固力不足者，復何爲哉！復何爲哉！希孟嫁進士陳安國，卒時年二十四。景祐四年八月一日，守峽州夷陵縣令歐陽修序。」可參考。景山，伯初字，《宋史》無傳。《宋詩紀事》卷十一「謝伯初」條載：「伯初字景山，晉江人。天聖二年進士，許州法曹。」安國，陳輔字，《宋史》亦無傳。《宋元學案補遺》卷三〈高平學案補遺·劉氏師承〉「縣令陳先生輔父大雅」條載：「陳輔字安國，象山人。父大雅。天性明敏，工於詩。趙清獻深器重焉。先生幼承庭訓，家貧力學，夜置足水中以警寐。嘉祐進士，歷知武康、安吉。先生少受知東明劉溫，溫使其子槩師焉。後槩試禮部第一，名益重。丞相呂大防、范純仁薦於朝，以疾卒。《寧波府志》。」《宋人傳記資料索引》載：「陳輔（？～1089），字安國，明州象山人，大雅子。嘉祐二年進士，歷濱州司理，遷義烏令，屢遷著作佐郎，知安吉縣，卹貧賑饑，有古循吏稱。使者交薦，遷太常博士，終知邛州。旋以疾致仕，元祐四年卒。」可參考。

景山者，按歐陽《詩話》，言廣棪案：《文獻通考》無「言」字。**「謝伯初字景山，當天聖、景祐間，以詩知名。余謫夷陵，景山方爲許州法曹，以長韻見寄，頗多佳句。仕不偶，困窮以卒，詩亦不見於世。」**

案：《六一詩話》載：「閩人有謝伯初者，字景山。當天聖、景祐之間，以詩知名。余謫夷陵時，景山方爲許州法曹，以長韻見寄，頗多佳句。

有云：『長官衫色江波綠，學士文華蜀錦張。』余答云：『參軍春思亂如雲，白髮題詩愁送春。』蓋景山詩有『多情未老已白髮，野思到春如亂雲』之句，故余以此戲之也。景山詩頗多，如『自種黃花添野景，旋移高竹聽秋聲』、『園作換葉梅初熟，池館無人燕學飛』之類，皆無媿於唐賢。而仕宦不偶，終以困窮而卒。其詩今已不見於世，其家亦流落不知所在。其寄余詩，殆今三十五年矣，余猶爲誦之。蓋其人不幸既可哀，其詩淪棄亦可惜，因錄於此。詩曰：『江流無險似瞿唐，滿峽猿聲斷旅腸。萬里可堪人謫宦，經年應合鬢成霜。長官衫色江波綠，學士文華蜀錦張。異域化爲儒雅俗，遠民爭識校讎郎。才如夢得多爲累，情似安仁久悼亡。下國難留金馬客，新詩傳與竹枝娘。典辭懸待修青史，諫草當來集皁囊。莫爲明時暫遷謫，便將纓足濯滄浪。』」可參證。

此〈序〉又言景山少以進士一舉甲科。攷《登科記》，天聖二年甲科但有謝伯景，而謝伯初者乃在寶元元年。公謫夷陵，當景祐三年，景山已爲法曹，則非寶元登第者。名字差齟如此，未可攷也。

　　案：歐陽修〈謝氏詩序〉云：「天聖七年，予始遊京師，得吾友謝景山。景山少以進士中甲科，以善歌詩知名。」《解題》殆據此而言。天聖，仁宗年號。二年（1024），歲次甲子。寶元，仁宗年號。元年（1038），歲次戊寅。景祐，仁宗年號。三年（1036），歲次丙子。是景山「非寶元登第」者，《登科記》誤。

處士女王安之集一卷

《處士女王安之集》廣棪案：《通考》作「《處女王安之集》」。盧校本同。盧校注曰：「舊《通考》無『女』字，新《通考》與此同。」一卷，簡池王亢子倉之女尚恭，字安之，年二十，未嫁而死，乾道戊子也。亢自志其墓。有任公鼎者，爲作〈集序〉，援歐公所序謝希孟爲比，而稱其詩不傳。今余家有之，任蓋未之見也。

　　廣棪案：《宋史》卷二百八〈志〉第一百六十一〈藝文〉七〈別集類〉著錄：「《王尚恭詩》一卷，王亢女。」即此書。尚恭及其父亢，《宋史》均無傳。《宋會要輯稿》第一百一冊、卷三千八百九十一、〈職官〉七二之二一載：「（淳熙五年）閏六月七日，知懷安軍宇文紹寅放罷；以本路帥臣王

亢按其性資憸巧，不謹庶隅，屢逐所部見任官，而以親舊充塡窠闕，用爲腹心，以侵漁百姓，故有是命。」是亢乃孝宗時人，嘗任懷安軍帥。同書第一百十五冊、卷一萬三千二百五十、〈選舉〉二一之一載：「（淳熙四年）是歲四川類試，命潼川府路提點刑獄公事何耕監試，知漢州杜民表考試，知利州黃鈞別試所監試，知嘉州王亢考試。」是亢於帥懷安軍前又嘗知嘉州。至《解題》之「乾道戊子」，即四年（1168）。亢所撰〈墓志〉不可得見。任公鼎及其所作〈集序〉，亦不可考。

英華集三卷

《英華集》三卷，李季萼死後為鬼仙事，見《夷堅志・縉雲人傳》。其《集》亦怪矣。

廣棪案：《宋史》卷二百八〈志〉第一百六十一〈藝文〉七〈別集類〉著錄：「趙世逢《英華集》十卷。」卷數與此不同。考洪邁《夷堅甲志》卷第十二〈縉雲鬼仙〉載：「處州縉雲鬼仙名英華，姿色絕艷，肌膚綽約，如神仙中人。居主簿廨中。建炎間，主簿王傳表弟齊生者與之相好，交歡如夫婦。簿家亦時見之，以詰齊，齊笑不答。一日與英偶坐，而簿至，英急入帳中。簿求見甚力，英曰：『吾容色迥出世人，若見我，必有惑志。子有室家，恐嫌隙遂成，非令弟比，決不可得見也。』居無何，簿妻病心痛，瀕死，更數醫莫能療。英以藥一劑授齊生云：『以飲爾嫂，當有瘳。世間百藥不能起其疾，若不吾信，則死矣。』齊先以白簿，簿曰：『人有疾而服鬼藥，何邪？』妻雖病困，然微聞其言，亟攘藥服之。少頃即甦。明日而履地，舉室大感異之。踰年，齊辭歸，英送至臨安城外，曰：『帝城多神明，不可入。』將告別，英泣曰：『相從之久，不忍語離。觀子異日必死於兵，吾授子一炷香，願謹藏去，脫有難，焚之。吾聞香煙，即來救子。但天數已定，恐不可免爾。』既別，而齊生從張王俊軍淮上，與李成戰，竟死。久之，他盜犯縉雲，吏民奔竄，及盜去堂，吏某中奉者據主簿官舍，簿乃居山間。英至山間，問簿妻何以未反邑。具以告。英曰：『吾能去之。』盛飾造中奉宅，自稱主簿侍兒，厲聲譙責，忽不見。中奉大恐，急徙出。嘗有部使者至邑，威嚴凜然。官吏重足正坐廳事，一婦人緩行廡下，歷階戺而升，訝之。以詢從吏，皆不敢對。會邑官白事，語之曰：『諸君婢媵，不為隄防，乃令得

至此。』眾以英為解，懼甚，即日治行。後轉之丞廳。丞為所染，沿檄桉行經界，英亦同塗。丞未幾死，邑令趙道之欲去其害，齋戒數日，將奉章上帝。英已知之，語令曰：『吾非下鬼比也，若我何？』俄齋室振動，令家大小皆病，遂不敢奏，至今猶存。闇邱寧、孫叔永說。」可參證。

歌詞類廣棪案：校本作卷五十五〈歌詞類〉。校注曰：「有元本。」

花間集十卷

《花間集》十卷，蜀歐陽炯作〈序〉，稱衞尉少卿字宏基廣棪案：《文獻通考》作「弘基」。者所集，未詳何人。廣棪案：張宗泰《魯巖所學集》卷六〈三跋書錄解題〉曰：「按趙崇祚字宏基，蜀人。」

廣棪案：此書〈宋志〉未著錄。歐陽炯所撰〈花間集序〉云：「鏤玉雕瓊，擬化工而迥巧；裁花剪葉，奪春艷以爭鮮。是以唱雲謠則金母詞清，挹霞醴則穆王心醉。名高白雲，聲聲而自合鸞歌；響遏青雲，字字而偏諧鳳律。楊柳大堤之句，樂府相傳；芙蓉曲渚之篇，豪家自製。莫不爭高門下，三千玳瑁之簪；競富尊前，數十珊瑚之樹。則有綺筵公子、繡幌佳人，遞葉葉之花牋，文抽麗錦；舉纖纖之玉指，拍按香檀。不無清絕之辭，用助嬌妖之態。自南朝之宮體，扇北里之倡風，何止言之不文，所謂秀而不實。有唐已降，率士之濱，家家之香徑春風，寧尋越艷？處處之紅樓夜月，自鎖嫦娥。在明邇朝，則有李太白應制〈清平樂〉詞四首，近代溫飛卿復有《金筌集》，皇來作者，無愧前人。今衞尉少卿字弘基，以拾翠洲邊，自得羽毛之異；織綃泉底，獨殊機杼之功。廣會眾賓，時延佳論。因集近來詩客曲子詞五百首，分為十卷，以炯知音，辱請命題，仍為〈序引〉。昔郢人有歌〈陽春〉者，號為絕唱，乃命之為《花間集》，庶以陽春之甲。將使西園英哲，用資羽蓋之歡；南國嬋娟，休唱蓮舟之引。時大蜀廣政三年夏四月日序。」〈序〉前署稱「武德軍節度判官歐陽炯撰」。考《四庫全書總目》卷一百九十九〈集部〉五十二〈詞曲類〉二著錄：「《花間集》十卷，甘蘇

_{巡撫採進本}。後蜀趙崇祚編。崇祚字宏基，事孟昶，爲衛尉少卿，而不詳其里貫。《十國春秋》亦無傳。案蜀有趙崇韜爲中書令廷隱之子。崇祚疑即其兄弟行也。」可參證。

其詞自溫飛卿而下十八人，凡五百首，此近世倚聲填詞之祖也。

案：《四庫全書總目》同條曰：「詩餘體變自唐，而盛行於五代。自宋以後，體製益繁，選錄益眾，而溯源星宿，當以此《集》爲最古。唐末名家詞曲，俱賴以僅存。其中〈漁父詞〉、〈楊柳枝〉、〈浪淘沙〉諸調，唐人仍載入詩集，蓋詩與詞之轉變在此數調故也。於作者不題名而題官，蓋即《文選》書字之遺意。惟一人之詞時割數首入前後卷，以就每卷五十首之數，則體例爲古所未有耳。陳振孫謂所錄自溫庭筠而下十八人，凡五百首，今逸其二。坊刻妄有增加，殊失其舊。此爲明毛晉重刊宋本，猶爲精審。前有蜀翰林學士、中書舍人歐陽炯〈序〉，作於孟昶之廣政三年，乃晉高祖之天福五年也。」可參證。

詩至晚唐、五季，氣格卑陋，千人一律，而長短句獨精巧高麗，後世莫及，此事之不可曉者，放翁陸務觀之言云爾。

案：陸游《渭南文集》卷第三十〈跋花間集〉云：「《花間集》皆唐末五代時人作。方斯時，天下岌岌，生民救死不暇，士大夫乃流宕如此，可歎也哉！或者亦出於無聊故邪？笠澤翁書。」笠澤翁即陸游。又云：「唐自大中後，詩家日趣淺淺。其間傑出者，亦不復有前輩閎妙渾厚之作，久而自厭。然梏於俗尚不能拔出。會有倚聲作詞者，本欲酒間易曉，頗擺落故態，適與六朝跌宕意氣差近。此《集》所載是也。故歷唐季五代，詩愈卑，而倚聲者輒簡古可愛。蓋天寶以後，詩人常恨文不迨；大中以後，詩衰而倚聲作。使諸人以其所長，格力施於所短，則後世孰得而議。筆墨馳騁，則一能此不能彼，未易以理推也。開禧元年十二月乙卯，務觀東籬書。」《解題》謂「放翁陸務觀之言云爾」，殆據此。考《四庫全書總目》此條云：「後有陸游二〈跋〉。其一稱斯時天下岌岌，士大夫乃流宕如此，或者出於無聊。不知惟士大夫流宕如此，天下所以岌岌，游未反思其本耳。其二稱唐季五代，詩愈卑而倚聲者輒簡古可愛，能此不能彼，未易以理推也。不知文之體格有高卑，人之學力有強弱。學力不足副其體格，則舉之不足。學力足以副其體格，則舉之有餘。律詩降於

古詩，故中晚唐古詩多不工，而律詩則時有佳作。詞又降於律詩，故五季人詩不及唐，詞乃獨勝。此猶能舉七十斤者舉百斤則蹶，舉五十斤則運掉自如，有何不可理推乎？」所論或可釋放翁、直齋之疑矣！

南唐二主詞一卷

《南唐二主詞》一卷，中主李璟、後主李煜撰。

　　廣棪案：《郡齋讀書志》卷第十八〈別集類〉中著錄：「《李煜集》十卷。右偽唐主李煜重光也，璟之子。少聰悟，喜讀書屬文，工書畫，知音律。建隆三年嗣偽位。開寶八年，王師克金陵，封違命侯。太平興國三年，終隴西郡公，贈吳王。江鄰幾《雜志》云爲秦王廷美所毒而卒。」《宋史》卷二百八〈志〉第一百六十一〈藝文〉七〈別集類〉著錄：「南唐《李後主集》十卷。」與此非同一書。明人吳訥編《唐宋名賢百家詞》有《南唐二主詞》，與此應同屬一書。璟，初名景通，李昇長子，昇卒襲位。《舊五代史》卷一百三十四〈僭偽列傳〉第一、《新五代史》卷六十二〈南唐世家〉第二附〈李昇〉。煜字重光，初名從嘉，璟第六子。璟卒襲位。《新五代史》卷六十二〈南唐世家〉第二附〈李昇〉。

卷首四闋，〈應天長〉、〈望遠行〉各一，〈浣溪沙〉二，中主所作，重光嘗書之，墨迹在盱江晁氏，題廣棪案：《文獻通考》「題」作「趙」，誤。云：「先皇御製歌詞。」余嘗見之，於麥光紙上作撥鐙書，有晁景迂題字，今不知何在矣。餘詞皆重光作。

　　案：《南唐二主詞》有〈應天長〉「一鉤初月臨粧鏡」一闋、〈望遠行〉「碧砌花光飾繡明」一闋、〈浣溪沙〉「手卷眞珠上玉鈎」、「菡萏香銷翠葉殘」二闋，皆中主作。其後有〈虞美人〉「春花秋月何時了」，至〈浪淘沙〉「簾外雨潺潺」，凡三十四闋，後主作。晁景迂，即晁說之，《宋元學案》卷二十二〈景迂學案〉有傳。

陽春錄一卷

《陽春錄》一卷，南唐馮延巳撰。

　　廣棪案：《宋史》卷二百八〈志〉第一百六十一〈藝文〉七〈別集類〉著

錄：「馮延巳《陽春錄》一卷。」與此同。延巳一名延嗣，字正中，廣陵
人。馬令《南唐書》卷二十一、陸游《南唐書》卷八、吳任臣《十國春
秋》卷二十六〈南唐〉十二〈列傳〉均有傳。

高郵崔公度伯易題其後，稱其家所藏最為詳確，而《尊前》、《花間》諸
集，往往謬其姓氏，近傳歐陽永叔詞亦多有之，皆失其真也。

案：公度字伯易，高郵人，《宋史》卷三百五十三〈列傳〉第一百一十
二有傳。其〈傳〉曰：「公度起布衣，無所持守，惟知媚附安石，晝夜
造請，雖踞廁見之，不屑也。嘗從後執其帶尾，安石反顧，公度笑曰：
『相公帶有垢，敬以袍拭去之爾。』見者皆笑，亦恬不為恥。請知海州。
元祐、紹聖之間，歷兵禮部郎中、國子司業，除祕書少監、起居郎，皆
辭不受。知穎、潤、宣、通四州，以直龍圖閣卒。」則其人固不足取。
王鵬運《四印齋所刻詞·陽春集跋》云：「右馮正中《陽寅彙》一卷，
宋嘉祐戊戌陳世脩輯。陳振孫《書錄解題》云：『《陽寅錄》』一卷，崔
公度〈跋〉偁其家所臧最為詳确，《尊寿》、《彎閒》崔崔謬其姓氏。近
傳歐陽永朩彙亦多有之，皆失其眞也。」此本編于嘉祐，既去南唐不遠，
且异正中為戚屬，其所編錄自可依據，益見崔〈跋〉之不謬。」余疑直
齋所藏者亦嘉祐陳世修所輯本。龍榆生《唐宋名家詞選》「馮延巳」載：
「陳世修序其《陽春集》云：『公以金陵盛時，內外無事，朋僚親舊，
或當燕集，多運藻思為樂府新詞，俾歌者倚絲竹而歌之，所以娛賓而遣
興也。日月寖久，錄而成編。觀其思深辭麗，均律調新，眞清奇飄逸之
才也。』又云：『公薨之後，吳王（李煜）納土，舊帙散失，十無一二。
今采獲所存，勒成一帙，藏之于家云。』世修於延巳為外孫，嘉祐戊戌
（1058），輯成此《集》。清末王鵬運始從彭文勤（元瑞）傳鈔《汲古閣未
刻詞》錄出，刊入《四印齋所刻詞》中。其中亦有別見五代、北宋其他
詞家集中者，尤以〈鵲踏枝〉「誰道閑情」、「幾日行雲」、「庭院深深」、
「六曲闌干」諸闋，為最傑出之作，而世傳出歐陽修手。陳振孫云：「《陽
春錄》一卷，南唐馮延巳撰，高郵崔公度伯易題其後，稱其家所藏最為
詳确，而《尊前》、《花間》諸集，往往謬其姓氏，近傳歐陽永叔詞，亦
多有之，皆失其眞也。」』（《直齋書錄解題》卷二十一）據此，則馮《集》混
入他家之作，由來久矣。」可參考。

世言「風乍起」為延巳所作，或云成幼文也。今此《集》無有，當是幼文作，長沙本以實此《集》中，殆非也。

　　案：鵬運〈陽春集跋〉曰：「《書錄》又云：『風乍起』一闋，當是成幼文作。長沙本目實馮《蕖》中。』此《蕖》適載此闋，殆即長沙本也。」是《四印齋所刻詞》本《陽春集》乃據長沙本。「風乍起」一闋，見四印齋本《陽春集》，其《謁金門》闋云：「風乍起，吹縐一池春水。閑引鴛鴦香徑裏，手挼紅杏蕊。　　鬭鴨闌干獨倚，碧玉搔頭斜墜。終日望君君不至，舉頭聞鵲喜。」此詞直齋以為成幼文作，然馬令《南唐書》卷二十一已載曰：「元宗（即李璟）樂府辭云：『小樓吹徹玉笙寒』，延巳有『風乍起，吹縐一池春水』之句，皆為警策。元宗嘗戲延巳曰：『「吹縐一池春水」，干卿何事？』延巳曰：『未如陛下「小樓吹徹玉笙寒」。』」是此詞應為延巳撰。吳訥《唐宋名賢百家詞《陽春集》亦收此詞，詞後小注：「《蘭畹集》誤作牛希濟。」則此詞撰人多有異說。成幼文，生平無可考。

家宴集五卷

《家宴集》五卷，〈序〉稱子起，失其姓氏。_{廣校案：《通考》作「姓名」。}雍熙丙戌歲也。所集皆唐末五代人樂府，視《花間》不及也。末有〈清和樂〉十八章，為其可以侑觴，故名「家宴」也。

　　廣校案：此書〈宋志〉未著錄，不可多考。雍熙，宋太宗年號，丙戌為三年（986），是子起乃北宋初人。

珠玉集一卷

《珠玉集》一卷，晏元獻公殊撰。其子幾道嘗言：「先公為詞，未嘗作婦人語。」以今攷之，信然。

　　廣校案：此書〈宋志〉未著錄。殊字同叔，撫州臨川人。《宋史》卷三百一十一〈列傳〉第七十有傳，卒諡元獻。幾道，《宋史》無傳。《宋詩紀事》卷二十五「晏幾道」條云：「幾道字叔原，號小山，殊幼子。監潁昌許田鎮，能文章，尤工樂府，有臨淄公風。」毛晉《宋六十名家詞‧珠玉詞跋》曰：「（殊）為文贍麗，應用不窮，尤工風雅。間作小詞，其

暮子幾道云：『先公爲詞，未嘗作婦人語也。』」所言殆據《解題》。《四庫全書總目》卷一百九十八〈集部〉五十一〈詞曲類〉一著錄，「《珠玉詞》一卷，<small>江蘇巡撫採進本</small>。宋晏殊撰。殊有《類要》，已著錄。陳振孫《書錄解題》載殊詞有《珠玉集》一卷。此本爲毛晉所刻，與陳氏所記合，蓋猶舊本。《名臣錄》稱殊詞名《珠玉集》，張子野爲之〈序〉。子野，張先字也。今卷首無先〈序〉，蓋傳寫佚之矣。殊賦性剛峻，而詞語特婉麗。故劉攽《中山詩話》謂：『元獻喜馮延巳歌詞，其所自作，亦不減延巳。』趙與峕《賓退錄》記殊幼子幾道，嘗稱殊詞不作婦人語。今觀其《集》，綺豔之詞不少。蓋幾道欲重其父名，故作是言，非確論也。《集》中〈浣溪沙〉、〈春恨詞〉『無可奈何花落去，似曾相識燕歸來』二句，乃殊示張寺丞、王校勘七言律中腹聯，《復齋漫錄》嘗述之。今復塡入詞內，豈自愛其造語之工，故不嫌複用耶？考唐《許渾集》中『一尊酒盡青山暮，千里書同碧樹秋』二句，亦前後兩見，知古人原有此例矣。」可參考。

張子野詞一卷

《張子野詞》一卷，都官郎中吳興張先子野撰。

　　廣棪案：此書〈宋志〉未著錄。先字子野，烏程人，仕至都官郎中。《宋史翼》卷二十六〈列傳〉第二十六〈文苑〉有傳。《唐宋名賢百家詞》有《張子野詞》。

李常公擇爲六客堂，子野與焉。所賦詞卒章云「也應傍有老人星」，蓋以自謂，是時年八十餘矣。

　　案：《宋史翼》先本傳載：「李公擇守吳興，招先及楊元素、陳令舉，與蘇子瞻、劉孝叔，集於郡圃，號六客。<small>《談志》</small>。先作〈一叢花〉詞，云：『沈思細恨，不如桃杏，猶解嫁東風。』一時盛傳，歐陽永叔尤愛之，恨未識其人。先至都，謁永叔，閽者以通，永叔倒屣迎之，曰：『此乃桃杏嫁東風郎中。』子瞻守杭，先尙在，嘗預宴席，有〈南鄉子詞〉，<small>《過庭錄》</small>。卒章云：『也應旁有老人星。』蓋以自謂，是時年八十餘矣。」考先所撰者乃〈定風波令〉，詞有〈小序〉，曰：「霅溪席上，同會者六人：楊元素侍讀，劉寧叔吏部，子瞻、公擇二學士，陳金舉賢良。」其詞云：「西閣

名臣奉詔行，南牀吏部錦衣榮。中有瀛仙賓與主，相遇，平津選首更神清。　溪上玉樓同宴喜，歡醉，對隄杯葉惜秋英。盡道賢人聚吳分，試問：也應傍有老人星。」《宋史翼》以爲〈南鄉子詞〉，誤也。常字公擇，南康建昌人。《宋史》卷三百四十四〈列傳〉第一百三有傳。

東坡倅杭，數與唱酬，聞其買妾，為之賦詩，首末皆用張姓事。

案：《宋史翼》先本傳載：「子瞻數與倡酬，聞其買妾，爲之賦詩，皆用張姓事。《書錄解題》〇東坡詩云：『詩人老去鶯鶯在，公子歸來燕燕忙。』詩人謂張籍，公子謂張祐。見《侯鯖錄》。」可參證。

《吳興志》稱其晚年漁釣自適，至今號張釣魚灣，死葬并山廣棪案：《通考》作「弁山」。**下，在今多寶寺。**

案：《宋史翼》先本傳載：「晚歲優游鄉里，常泛扁舟垂釣爲樂，至今號張公釣魚灣，仕至都官郎。案張先曾知虢州、渝州、鹿邑，見《梅宛陵詩集》。卒年八十九，葬卞山多寶寺之右。有《文集》一百卷，唯樂府傳於世。《談志》。」可參證。《解題》所言之《吳興志》，即談〈志〉。談即談鑰，字元時，有《吳興志》二十卷，《解題》卷八〈地理類〉著錄。并山應作卞山。直齋有〈張氏十詠圖跋〉，云：「子野之墓在卞山多寶寺，今其後影響不存矣。」或并、卞二字音近而誤也。

案：《歐陽集》有〈張子野墓誌〉，死於寶元中者，乃博州人，名姓字偶皆同，非吳中之子野也。廣棪案：盧校本此下有「別又有詩集」五字。校注曰：「末五字《通攷》無。」

案：直齋〈張氏十詠圖跋〉曰：「本朝有兩張先，皆字子野。其一博州人，天聖三年進士，歐陽公爲作〈墓志〉；其一天聖八年進士，則吾州人也。二人名姓字偶皆同，而又適同時，不可不知也。」可參證。歐陽修所撰〈張子野墓誌銘〉，見《居士集》卷二十七，中云：「子野家聯后姻，世久貴仕，而被服操履，甚於寒儒。好學自力，善筆札，天聖二年舉進士。歷漢陽軍司理參軍、開封府咸平主簿、河南法曹參軍。王文康公、錢思公、謝希深，與今參知政事宋公咸薦其能，改著作佐郎，監鄭州酒稅，知閬州閬中縣，就拜祕書丞。秩滿，知亳州鹿邑縣。寶元二年二月丁未，以疾卒于官，享年四十有八。」又云：「子野諱先，其上世博州高堂人。自曾祖已來，家京師而葬開封，今爲開封人也。」則此人乃博州張先，

與吳興張先分屬兩人。

杜壽域詞一卷

《杜壽域詞》一卷，京兆杜安世壽域撰。未詳其人。詞亦不工。

　　廣栬案：此書〈宋志〉未著錄。安世，《宋史》無傳。《全宋詞》「杜安世」
　　條曰：「安石字壽域，京兆（今西安）人。《全芳備祖》稱杜安石爲杜郎中。
　　有《詞》一卷。」可參考。

六一詞一卷

《六一詞》一卷，歐陽文忠公修撰。

　　廣栬案：此書〈宋志〉未著錄。《唐宋名賢百家詞》有《六一詞》三卷，
　　《宋六十名家詞》有《六一詞》一卷。修字永叔，號醉翁，晚更號六一
　　居士，廬陵人。卒諡文忠。《宋史》卷三百一十九〈列傳〉第七十八有傳。

其間多有與《花間》、《陽春》相混者，亦有鄙褻之語一二厠其中，當是
仇人無名子所爲也。

　　案：羅泌〈六一詞跋〉云：「情動於中而形於言，人之常也。《詩》三首
　　篇，如俟城隅，望復關，摽梅實，贈芍藥之類，聖人未嘗刪焉。陶淵明
　　〈閑情〉一賦，豈害其爲達，而梁昭明以爲白玉微瑕，何也？公性至剛，
　　而與物有情，蓋嘗致意於《詩》，爲之《本義》，溫柔寬厚，所得深矣。
　　吟詠之餘，溢爲歌詞，有《平山集》，盛傳於世，曾慥《雅詞》不盡收也。
　　今定爲四卷，且載〈樂語〉于首，其甚淺近者，前輩多謂劉輝僞作，故
　　削之。元豐中，崔公度跋馮延巳《陽春錄》，謂皆延巳親筆，其間有誤入
　　《六一詞》者。近世《桐汭志》、《新安志》亦記其事，今觀延巳之詞，
　　往往自與唐《花間集》、《尊前集》相混，而柳三變詞亦雜《平山集》中，
　　則此三卷，或其浮豔者，殆非公之少作，疑以傳疑可也。郡人羅泌校正。」
　　毛晉〈六一詞跋〉亦云：「廬陵舊刻三卷，且載〈樂語〉于首，今刪〈樂
　　語〉，匯爲一卷。凡他稿誤入，如〈清商怨〉類，一一削去。誤入他稿，
　　如〈歸自謠〉類，一一注明。然《集》中更有浮艷傷雅不似公筆者，先
　　輩云疑以傳疑可也。古虞毛晉記。」可參證。

樂章集九卷

《樂章集》九卷，柳三變耆卿撰。景祐元年進士，官至屯田員外郎，世號柳屯田。初磨勘及格，昭陵以其浮薄罷之，後乃更名永。其詞格固不高，而音律諧婉，語意妥帖，承平氣象形容曲盡，尤工於羈旅行役。若其人則不足道也。

廣棪案：此書〈宋志〉未著錄。三變，《宋史》無傳。《宋詩紀事》卷十三「柳永」條云：「永字耆卿，初名三變，崇安人。景祐元年進士，為屯田員外郎，以樂章擅名。有兄三復、三接，皆工文，號柳氏三絕。」《文獻通考》引《解題》此條下引《藝苑雌黃》：「柳之樂章，人多稱之。然大槩非羈旅窮愁之詞，則閨門淫媟之語，若以歐陽永叔、蘇子瞻、黃魯直、張子野、秦少游輩較之，萬萬相遼。彼其所以傳名者，直以言多近俗，俗子易曉故也。」《宋六十名家詞‧樂章集跋》云：「耆卿初名三變，後更名永，官至屯田員外郎，世號柳屯田。所製樂章，音調諧婉，尤工于羈旅悲怨之辭，閨帷淫媟之語。東坡拈出『霜風淒緊，關河冷落，殘照當樓』，謂唐人佳處不過如此。一日，東坡問一優人曰：『吾詞何如柳耆卿？』對曰：『柳屯田宜十七、十八女郎按紅牙拍，唱「楊柳岸，曉風殘月」；學士詞須銅將軍、鐵綽板，唱「大江東去」。』言外褒彈，優人固是解人。古虞毛晉記。」《四庫全書總目》卷一百九十八〈集部〉五十一〈詞曲類〉著錄：「《樂章集》一卷，_{江蘇巡撫採進本}。宋柳永撰。永初名三變，字耆卿，崇安人。景祐元年進士。官至屯田員外郎，故世號柳屯田。葉夢得《避暑錄話》曰：『柳永為舉子時，多游狹斜，善為歌詞。教坊樂工，每得新腔，必求永為詞，始行於世。余仕丹徒，嘗見一西夏歸朝官云：「凡有井水飲處，即能歌柳詞。」言其傳之廣也。』張端義《貴耳集》亦曰：『項平齋言詩當學杜詩，詞當學柳詞。杜詩、柳詞皆無表德，只是實說』云云。蓋詞本管絃冶蕩之音，而永所作旖旎近情，故使人易入。雖頗以俗為病，然好之者終不絕也。陳振孫《書錄解題》載其《樂章集》三卷，今止一卷，蓋毛晉刊本所合併也。」均可參考。惟《四庫全書總目》謂《解題》著錄《樂章集》作三卷，則誤。此書《解題》著錄作九卷，館臣未細察也。

東坡詞二卷

《東坡詞》二卷，蘇文忠公軾撰。

　　廣棪案：《宋史》卷二百七〈志〉第一百六十一〈藝文〉七〈別集類〉
　　著錄：「蘇軾《詞》一卷。」卷數不同。軾字子瞻，眉州眉山人。《宋史》
　　卷三百三十八〈列傳〉第九十七有傳。建中靖國元年卒，年六十六。高
　　宗即位，贈太師，諡文忠。

《集》中〈戚氏〉，敘穆天子、西王母事，世不知所謂，李端叔〈跋〉
詳之。蓋在中山燕席間有歌此闋者，坐客言調美而詞不典，以請於公。
公方觀《山海經》，即敘其事為題，使妓再歌之，隨其聲填寫，歌竟篇
就，纔點定五六字而已。端叔時在幕府目擊，必不誣，或言非坡作，豈
不見此〈跋〉耶？

　　案：東坡所填〈戚氏〉，《全宋詞》本有小序，云：「此詞始終指意，言周
　　穆王賓於西王母事。」其詞曰：「玉龜山。東皇靈媲統羣仙。絳闕岧嶢，
　　翠房深迥，倚霏煙。幽閒。志蕭然。金城千里鎖嬋娟。當時穆滿妄狩，
　　翠華曾到海西邊。風露明霽，鯨波極目，勢浮輿蓋方圓。正迢迢麗日，
　　玄圃清寂，瓊草芊緜。　　爭解繡勒香韉。鸞輅駐蹕，八馬戲芝田。瑤
　　池近、畫樓隱隱，翠鳥翩翩。肆華筵。間作脆管鳴絃。宛若帝所鈞天。
　　稚顏皓齒，綠髮方瞳，圓極恬淡高妍。　　盡倒瓊壺酒，獻金鼎藥，固
　　大椿年。縹緲飛瓊妙舞，命雙成、奏曲醉留連。雲璈韻響瀉寒泉。浩歌
　　暢飲，斜月低河漢。漸漸綺霞、天際紅深淺。動歸思、迴首塵寰。爛漫
　　遊、玉輦東還。杏花風、數里響鳴鞭。望長安路，依稀柳色，翠點春妍。」
　　《宋六十名家詞》本考證云：「此詞詳敘穆天子、西王母事，世不知所謂，
　　遂謂非東坡作。李端叔〈跋〉云：『東坡在山中燕席間，有歌〈戚氏〉調
　　者，坐客言調美而詞不典，以請于公。公方觀《山海經》，即敘其事為題，
　　使妓再歌之，隨其聲填寫。歌竟篇就，纔點定五六字而已。』」可參證。
　　李端叔即李之儀，號姑溪居士。《宋史》卷三百四十四〈列傳〉第一百三
　　附〈李之純〉。其〈傳〉曰：「之儀字端叔。登第幾三十年，乃從蘇軾於
　　定州幕府。歷樞密院編修官，通判原州。元符中，監內香藥庫。御史石
　　豫言其嘗從蘇軾辟，不可以任京官，詔勒停。徽宗初，提舉河東常平。
　　坐為范純仁遺表，作〈行狀〉，編管太平，遂居姑熟，久之，徙唐州，終

朝請大夫。之儀能爲文，尤工尺牘，軾謂入刀筆三昧。」可參考。《宋六十名家詞》「中山」作「山中」，誤。

今坡詞多有刊去此篇者。廣棪案：盧校本此解題至「豈不見此跋耶」止。校注曰：「館本此下有『今坡詞多有刊去此篇者』一句。元本及《通攷》皆無之。」

案：陸游《老學庵筆記》卷九云：「東坡先生在中山作〈戚氏〉樂府詞最得意，幕客李端叔〈跋〉三百四十餘字，敍述甚備。欲刻石傳後，爲定武盛事，會譎去，不果，今乃不載《集》中。至有立論排詆，以爲非公作者，識眞之難如此哉！」是放翁所見蘇《集》亦有刊去〈戚氏〉者。惟今見《唐宋名賢百家詞》、《四印齋所刻詞》、《全宋詞》諸本皆收此闋。

山谷詞一卷

《山谷詞》一卷，黃太史庭堅撰。

廣棪案：《宋史》卷二百六〈志〉第一百六十一〈藝文〉七〈別集類〉著錄：「《黃庭堅集》三十卷、《樂府》二卷、《外集》十四卷、《書尺》十五卷。」樂府即詞也，所著錄卷數不同。庭堅字魯直，洪州分寧人。哲宗時，遷著作佐郎，故稱太史。《宋史》卷四百四十四〈列傳〉第二百三〈文苑〉六有傳。《四庫全書總目》卷一百九十八〈集部〉五十一〈詞曲類〉一著錄：「《山谷詞》一卷，江蘇巡撫採進本。宋黃庭堅撰。庭堅有《山谷集》，已著錄。此其別行之本也。《宋史·藝文志》載庭堅《樂府》二卷。《書錄解題》則載《山谷詞》一卷，蓋宋代傳刻已合併之矣。陳振孫於《晁无咎詞》調下引補之語曰：『今代詞手，惟秦七、黃九。他人不能及也。』於此《集》條下又引補之語曰：『魯直開作小詞固高妙，然不是當行家語，自是著腔子唱好詩。』二說自相矛盾。考秦七、黃九語在《後山詩話》中，乃陳師道語，殆振孫誤記歟？」可參考。考《解題》此條下並未引晁補之語，《文獻通考》此條下有「晁無咎言：『魯直間作小詞固高妙，然不是當家語，自是著腔子唱好詩。』」凡二十七字，《四庫全書總目》偶誤記。

淮海集一卷

《淮海集》廣棪案：盧校本作《淮海詞集》。校注曰：「『集』疑衍。《通攷》作《淮

海集》，非是。」一卷，秦觀撰。

廣棪案：此書〈宋志〉未著錄。秦觀字少游，一字太虛，揚州高郵人。《宋史》卷四百四十四〈列傳〉第二百三〈文苑〉六有傳。《四庫全書總目》卷一百九十八〈集部〉五十一〈詞曲類〉一著錄：「《淮海詞》一卷，浙江巡撫採進本。宋秦觀撰。觀有《淮海集》，已著錄。《書錄解題》載《淮海詞》一卷，而傳本俱稱三卷。此本爲毛晉所刻，僅八十七調，袤爲一卷。乃雜採諸書而成，非其舊帙。其總目註原本三卷，特姑存舊數云爾。晉〈跋〉雖稱訂譌搜遺，而校讎尚多疏漏。如《集》內〈長相思〉『鐵甕城高』一闋，乃用賀鑄韻，尾句作『鴛鴦未老否。』《詞匯》所載則作『鴛鴦未老綢繆。』考當時楊无咎亦有此調，與觀同賦，註云『用方回韻。』其尾句乃『佳期未卜綢繆』，知《詞匯》爲是矣。又〈河傳〉一闋，尾句作『悶損人天不管』。考黃庭堅亦有此調，尾句作『好殺人天不管』。自註云：『因少游詞，戲以好字易瘦字。』是觀原詞當是『瘦殺人天不管』，『悶損』二字爲後人妄改也。至『喚起一聲人悄』一闋，乃在黃州咏海棠作，調名〈醉鄉春〉，詳見《冷齋夜話》。此本乃闕其題，但以三方空記之，亦爲失考。今竝釐正，稍還其舊。觀詩格不及蘇、黃，而詞則情韻兼勝，在蘇、黃之上。流傳雖少，要爲倚聲家一作手。宋葉夢得《避暑錄話》曰：『秦少游亦善爲樂府，語工而入律，知樂者謂之作家歌。』蔡條《鐵圍山叢談》亦記觀壻范溫常預貴人家會。貴人有侍兒喜歌秦少游長短句，坐閒略不顧溫。酒酣懽洽，始問此郎何人。溫遽起义手對曰：『某乃山抹微雲女壻也。』聞者絕倒云云。夢得，蔡京客。條，蔡京子。而所言如是，則觀詞爲當時所重可知矣。」可參考。《文獻通考》此條下有「晁無咎言：『少游詞，如「斜陽外，寒鴉數點，流水遶孤村」。雖不識字人，亦知是天生好言語。』」凡三十三字，可參證。

晁无咎詞一卷

《晁无咎詞》一卷，晁補之撰。晁嘗云：「今代詞手惟秦七、黃九，他人不能及也。」然二公之詞，亦自有不同者，若晁无咎佳者，固未多遜也。

廣棪案：此書〈宋志〉未著錄。晁補之字無咎，濟州鉅野人。《宋史》卷

四百四十四〈列傳〉第二百三〈文苑〉六有傳。考陳師道《後山詩話》云:「退之以文爲詩,子瞻以詩爲詞,如教坊雷大使之舞,雖極天下之工,要非本色。今代詞手,唯秦七、黃九爾,唐諸人不迨也。」是秦七、黃九語,見《後山詩話》,乃陳師道語,直齋誤記也。《四庫全書總目》卷一百九十八〈集部〉五十一〈詞曲類〉一著錄:「《晁无咎詞》六卷,_{江蘇巡撫採進本}。宋晁補之撰。……是《集》《書錄解題》作一卷,但稱《晁无咎詞》。……此本爲毛晉所刊,題曰《琴趣外篇》。其〈跋〉語稱詩餘不入《集》中,故名《外篇》。又分六卷,與《書錄解題》皆不合,未詳何故?……補之爲蘇門四學士之一,《集》中如〈洞仙歌〉第二首塡盧仝詩之類,未免效蘇軾檃括〈歸去來詞〉之釁。然其詞神姿高秀,與軾實可肩隨。陳振孫於《淮海詞》下記補之之言曰:『少游詞如「斜陽外,寒鴉數點,流水繞孤村」,雖不識字人,亦知天生好言語。』觀所品題,知補之於此事特深,不但詩文之擅長矣!」可參證。惟《淮海詞》下引晁補之評少游詞之語,見《文獻通考》,非陳振孫《解題》所記,《四庫全書總目》誤。

后山詞一卷

《后山詞》一卷,陳師道撰。

　　廣棪案:此書〈宋志〉未著錄。吳訥《唐宋名賢百家詞》收有《後山居士詞》一卷。陳師道字履常,一字無己,彭城人。《宋史》卷四百四十四〈列傳〉第二百三〈文苑〉六有傳。

閒適集一卷

《閒適集》一卷,晁端禮次膺撰。熙寧六年進士。兩為縣令,忤上官,坐保甲事,中以危法廢徙,晚乃以承事郎為大晟府協律,三閱月而卒。

　　廣棪案:此書〈宋志〉未著錄。端禮,《宋史》無傳。《宋詩紀事》卷二十五「晁端禮」條載:「端禮字次膺,熙寧六年進士。兩爲縣令,忤上官,坐廢。晚以承事郎爲大晟府協律,有《閑適集》。」可參證。考《全宋詞》收有端禮詞。唐圭璋云:「《晁端禮詞》一百三十八首,據汲古閣抄本《閑

齋琴趣外篇》，卷六殘缺，僅賸五首半，趙萬里從趙輯寧星鳳閣抄本補二十一首半。據目錄，卷末尚有新填徵調各首，計〈聖壽齊天歌〉(逐唱)一首、又一首、〈中腔〉一首、又一首(與前腔不同)、〈踏歌〉一首、又一首(與前腔不同)、〈候新恩〉一首、〈醉桃源〉一首，汲古閣、星鳳閣抄本俱佚。」可參考。

其從姪說之志其墓。

案：晁說之《晁迂生集》卷十九〈宋故平恩府君晁公墓表〉曰：「晁氏東眷舒州郎中，元配公孫氏第三子，其字次膺。生而俊氣干雲霄直上，與先生長者語，無難事也。識與不識，見之曰：『是諸公卿之選巳。』學辭賦于諸兄間，日一再作而佳矣。京師秋賦，而時方以理財為新政主文，劉貢父、李公擇、王忠甫，皆與丞相論不同。試節以制度，不傷財賦，公選甚高。禮部不奏名，既而廢詩賦，用新經義，公曰：『人各有才智而喜異也，是不待一再作者。主王氏詩，猶雜以毛公詩。』登熙寧六年進士科，注單州成武縣主簿。時初遣察訪使出按郡國不法，遠邇震恐。其使京東者，少年新進未更仕任，恃恃其兄參知政事，與丞相方睦，一路有幾人可免不坐，是人方仰公氣象，而不得不聽其言。於是京東有寬政莫知其自，公出而人被賜矣。以瀛州防禦推官，知洺州平恩縣。縣濱河，公與眾樂遊，而獨色憂，曰：『河不決今年，則明年乃舒以調度，民知無征，而不知有儲也。』後有小吳之役，一道遠邇病矣。而平恩之民因以嘆公神明之政，德之，今不忘也。代還，格礙不得改官，以泰寧軍節度推官，知大名府莘縣事。民相慶曰：『平恩之父母也，肯獨不以吾屬為莘人之子手？』公於莘，得上下之欣喜，而譽益遠。在平恩時，上位居官如故，而待公猶故舊朋友也。置不舉屬吏禮數，而轉運使李楚老猶不平，陰以怒提舉保甲狄諮，按刺公以保甲法，時保甲法密秋荼也，孰非保甲法之罪人哉！前日以公為才，而蕭給異功狀者，為今私不奉法，而於時政有向背矣。獄具，除仕籍，居楚州；大赦，居兗州，漸以還濟州，公裕然不以欣戚於去來。曰：『舌不在，不得自致其身也邪？』公初以濟貧甚，何心於吾富哉？人術甚踈，而殆天有以富之也。乃知天命祐之而行者，君子也。公於是居閒將十年，猶一日也；視一世之進退窮達，須臾歌笑慼慼，塗上多平生故人，曰：『孰能為我往謝之。』嗟夫！公能貧而富，窮以達，使用其才於朝，宜何如哉？元祐初有理訴所，

公亦未忍自棄於茲時也。彼在位者，乃不得特恩洗滌公，必欲以散官論如常法。公去顧曰：『知命乃為君子邪！』議者謂元豐多失士，而元祐之失士亦不少也。其在公持不仁者顧，豈不有一哉？一林之木，異質先伐之材，風雨既先摧之，孰肯出力以培之，此君子之困幽谷，所以不覿三年也。或終身幽谷，而與株木處矣。雖然，使公之官於朝也，亦幾何時留哉？識者謂使朝廷之棄公，不若公初自郡國棄之也。聞者悲之。公閒居，何以發揮其伊鬱侘傺之感哉？自念〈離騷〉之變〈國風〉，宋玉、景差之徒，殆不知有〈國風〉者，非忘之也。其後以宮商為樂府者，又自一〈離騷〉也。以故公於是辭有律呂矣，其傳浸遠，上達於六宮。會新作大晟府，起黃鍾於上躬之中指，棄塞古今諸儒異同之論，坐取三代以來鐘鼎罄鎛鏞銑之屬，毀而碎之，示不復用。昭陵留心，躬以封緘之，品度亦不可存矣。師臣末為此媚上之術，鼓舞天下，要得天下咸知其不可起而仕者，必為我出也。公乃被迅召入大晟府，奉旨作為一時瑞物之辭，乃還公承事郎，大晟府按協聲律。咸曰：『徹乎其眾望也。』蓋公於語言酬酢之初，失師臣之微矣。是行也，不知公者謂公喜之；知公者謂公恥之。嗚呼！前謂公仕於朝而達也，亦能久而待其才之輸乎？彼李固、杜喬輩，於漢祚三絕、人君殘昏失道之時，能為其次，而不能為其上。五王黜，周后反唐帝，斂天下之情，而一日身之，敏矣！然能勇決于臨事，而遲疑於來事。二者相望於千歲，而不保其躬，卒貽後世紛紜之大患則一也。公有以當斯任也，必見功烈之出非常，而不終日矣。其他脂韋之厚薄，尚敢為公陳哉！有以樂府辭為公稱者，重可悲乎？公政和三年七月二十三日，以疾卒於昭德外第，實至京之踰月也。娶梁氏，男三人：益之、觀之、同之；女三人。婿曰滕伯奇、翟光弼、馬承休。以其年九月十九日，葬魚山世墓之次。後十有三年，說之避地海陵，乃得論次表公之墓如上。建炎二年戊申九月甲申，從姪具官說之撰。」可悉端禮生平。

晁叔用詞一卷

《晁叔用詞》一卷，晁沖之撰。

廣棪案：《宋史》卷二百九〈志〉第一百六十二〈藝文〉八〈總集類〉

著錄:「《晁新詞》一卷，晁端禮、晁沖之所撰。」恐非同一書。沖之，《宋史》無傳。《宋詩紀事》卷三十三「晁沖之」條載:「沖之字叔用，濟北人。說之從弟。在臺從中獨不第，授承務郎。紹聖以來，黨禍既作，超然獨往，有《具茨集》。」可參證。

壓卷〈漢宮春·梅〉詞行於世，或云李漢老作，非也。

案:沖之〈漢宮春〉詞曰:「黯黯離懷，向東門繫馬，南浦移舟。薰風亂飛燕子，時下輕鷗。無情渭水，問誰教、日日東流。常是送、行人去後，煙波一向離愁。 回首舊遊如夢，記踏青殢飲，拾翠狂遊。無端綵雲易散，覆水難收。風流未老，拚千金、重入揚州。應又是、當年載酒，依前名占青樓。」考唐圭璋《宋詞互見考》「李邴與晁沖之〈漢宮春〉」條云:「案此詞《樂府雅詞》、《花庵詞選》、《梅苑》、《全芳備祖》均作李漢老詞。《玉照新志》亦云漢老少日作。惟宋本《草堂詩餘》題為晁叔用作。又《苕溪漁隱叢話》云:『端伯所編《樂府雅詞》中，有〈漢宮春·梅詞〉，云是李漢老作，非也。乃晁沖之叔用作，政和間作此詞獻蔡攸，……除大晟府丞。』據此，當從《草堂詩餘》作晁沖之為是。《直齋書錄解題》亦云晁沖之壓卷〈漢宮春·梅詞〉行于世。」可參證。邴字漢老，濟州任城縣人。《宋史》卷三百七十五〈列傳〉第一百三十四有傳。

小山集一卷

《小山集》一卷，晏幾道叔原撰。其詞在諸名勝中，獨可追逼《花間》，高處或過之。其為人雖縱弛不羈，而不苟求進，尚氣磊落，未可貶也。

廣梭案:此書〈宋志〉未著錄。《唐宋名賢百家詞》、《宋六十名家詞》皆收有《小山詞》。幾道，《宋史》無傳。《宋詩紀事》卷二十五「晏幾道」條載:「幾道字叔原，號小山。殊幼子。監潁昌許田鎮，能文章，尤工樂府，有臨淄公風。」黃庭堅〈小山詞序〉曰:「晏叔原，臨淄公之暮子也。磊隗權奇，疏於顧忌，文章翰墨，自立規摹，常欲軒輊人，而不受世之輕重。諸公雖稱愛之，而又以小謹望之，遂陸沈於下位。平生潛心六藝，玩思百家，持論甚高，未嘗以沽世。余嘗怪而問焉。曰:『我槃跚勃窣，猶獲罪於諸公，憤而吐之，是唾人面也。』乃獨嬉弄於樂府之餘，而寓

以詩人之句法，清壯頓挫，能動搖人心。士大夫傳之，以爲有臨淄之風耳，罕能味其言也。余嘗論叔原，固人英也，其癡亦自絕人，愛叔原者皆慍而問其目。曰：『仕宦連蹇，而不能一傍貴人之門，是一癡也。論文自有體，不肯一作新進士語，此又一癡也。費資千百萬，家人寒飢而面有孺子之色，此又一癡也。人百負之而不恨，已信人終不疑其欺己，此又一癡也。』乃共以爲然。雖若此，至其樂府可謂狎邪之大雅、豪士之鼓吹，其合者〈高唐〉、〈洛神〉之流，其下者豈減〈桃葉〉、〈團扇〉哉！余少時間作樂府，以使酒玩世，道人法秀獨罪余以筆墨勸淫，於我法中當下犁舌之獄，特未見叔原之作耶？雖然，彼富貴得意，室有倩盼慧女，而主人好文，必當市致千金家求善本。曰獨不得與叔原同時耶！若乃妙年美士，近知酒色之虞；苦節臞儒，晚悟裙裾之樂，鼓之舞之，使宴安酖毒而不悔，是則叔原之罪也哉！山谷道人序。」毛晉〈小山詞跋〉曰：「諸名勝詞集刪選相半，獨《小山集》直逼《花間》，字字娉娉嫋嫋，如攬嬙、施之袂，恨不能起蓮鴻、蘋雲按紅牙板唱和一過。晏氏父子真足配李氏父子云。古虞毛晉記。」均可參證。

清真詞二卷、後集一卷

《清真詞》<small>廣棪案：《通考》作「《靖真詞》」，誤。</small>二卷、《後集》一卷，周邦彥美成撰。

> 廣棪案：此書〈宋志〉未著錄。《唐宋名賢百家詞》有《片玉集》，《宋六十名家詞》有《片玉詞》。邦彥，《宋史》卷四百四十四〈列傳〉第二百三〈文苑〉六載：「周邦彥字美成，錢塘人。疏雋少檢，不爲州里推重，而博涉百家之書。元豐初，游京師，獻〈汴都賦〉餘萬言，神宗異之，命侍臣讀於邇英閣，召赴政事堂，自太學諸生一命爲正，居五歲不遷，益盡力於辭章。出教授廬州，知溧水縣，還爲國子主簿。哲宗召對，使誦前賦，除祕書省正字。歷校書郎，考功員外郎，衞尉、宗正少卿，兼議禮局檢討，以直龍圖閣知河中府，徽宗欲使畢禮書，復留之。踰年乃知隆德府，徙明州，入拜祕書監，進徽猷閣待制、提舉大晟府。未幾，知順昌府，徙處州。卒，年六十六，贈宣奉大夫。」可參考。

多用唐人詩語檃括入律，渾然天成。長調尤善鋪敘，富豔精工，詞人之

甲乙也。

案：《宋史》邦彥本傳載：「邦彥好音樂，能自度曲，製樂府長短句，詞韻清蔚，傳於世。」陳元龍〈集注本片玉集序〉引劉肅曰：「周美成以旁搜遠紹之才，寄情長短句，縝密典麗，流風可仰。其徵辭引類，推古誇今，或借字用意，言言皆有來歷，真足冠冕詞林，歡筵歌席，率知崇愛。」王國維〈清真先生遺事〉曰：「讀先生之詞，於文字之外，更須味其音律。今其聲雖亡，讀其詞者，猶覺拗怒之中自饒和婉，曼聲促節，繁會相宣，清濁抑揚，轆轤交往。兩宋之間，一人而已。」均足資參證。

東山寓聲樂府三卷

《東山寓聲樂府》三卷，賀鑄方回撰。

廣棪案：此書〈宋志〉未著錄。《四印齋所刻詞》收有《東山寓聲樂府》一卷。鑄，《宋史》卷四百四十三〈列傳〉第二百二〈文苑〉五有傳，謂：「賀鑄字方回，衞州人，孝惠皇后之族孫。」又謂：「鑄所為詞章，往往傳播在人口。建中靖國時，黃庭堅自黔中還，得其『江南梅子』之句，以為似謝玄暉。其所與交，終始厚者，惟信安程俱。鑄自裒歌詞，名《東山樂府》，俱為序之。嘗自言唐諫議大夫知章之後，且推本其初，出王子慶忌，以慶為姓，居越之湖澤所謂鏡湖者，本慶湖也，避漢安帝父清河王諱，改為賀氏，慶湖亦轉為鏡。當時不知何所據。故鑄自號慶湖遺老，有《慶湖遺老集》二十卷。」可參考。

以舊譜填新詞，而別為名以易之，故曰「寓聲」。

案：王鵬運〈東山寓聲樂府跋〉云：「右賀方回《東山寓聲樂府》一卷，按：《四庫全書總目》載方回《慶湖遺老集》十卷，偁其詞勝於詩。此《集》則未經著錄。《文獻通攷》引陳氏曰：『以舊調填新詞，而易其名以別之，故曰寓聲。』即周益公《近體樂府》、元遺山《新樂府》之類，所以別於古也。此本由毛鈔錄出，闕佚二十餘闋，據宋以來選本校之，僅補〈小梅花〉一調，知是書殘損久矣。至諸家誃錄並云：『《東山寓聲樂府》三卷。』此合百六十九首為一，題曰《東山詞》毛氏傳鈔每變元書體例，不獨此《集》為然。茲改從舊名，若分卷則無由臆斷，姑仍毛氏焉。」可參證。

東堂詞一卷

《東堂詞》一卷，毛滂澤民撰。

廣校案：《宋史》卷二百六〈志〉第一百六十一〈藝文〉七〈別集類〉
著錄：「《毛滂集》十五。」此乃滂之全集，非詞集，《東堂詞》或在其
中。《唐宋名賢百家詞》、《宋六十名家詞》均收有《東堂詞》。滂，《宋
史翼》卷二十七〈列傳〉第二十七〈文苑〉二有傳。其〈傳〉載：「毛
滂字澤民，江山人。元祐中爲杭州法曹，東坡爲守，滂秩滿去。會有歌
贈別小詞，東坡問誰作？以毛法曹對。坡語客曰：『郡僚有詞人而不及
知，某之罪也。』翼日折簡追還，留連數月，滂因此得名。官至祠部員
外郎，知秀州。有《東堂集》。《衢州》府志。」可參考。

本以「斷魂分付潮回去」見賞東坡得名，而他詞雖工，未有能及此者。

案：周煇《清波雜志》卷第九〈郴州詞〉云：「秦少游發郴州，反顧有
所屬，其詞曰：『霧失樓臺，月迷津渡。桃源望斷無尋處。可堪孤館閉
春寒，杜鵑聲裏斜陽暮。　　驛寄梅花，魚傳尺素，砌成此恨無重數。
郴江幸自繞郴山，爲誰流下瀟湘去？』山谷云：『語意極似劉夢得楚、
蜀間語。』『淚濕闌干花著露，愁到眉峰碧聚。闌干，淚臉也，見〈鄞侯家傳〉。
「愁到眉峰碧聚」，乃張泌〈思越人詞〉：「黛眉愁聚春碧。」此恨平分取，更無言
語空相覷。　　斷雨殘雲無意緒，寂寞朝朝暮暮。今夜山深處，斷魂分
付潮迴去。』毛澤民元祐間罷杭州法曹，至富陽所作〈贈別〉也。因是
受知東坡。語盡而意不盡，意盡而情不盡，何酷似少游也！乾道間，舅
氏張仁仲宰武康，煇往，見留三日，徧覽東堂之勝。蓋澤民嘗宰是邑，
於彼老士人家見別語墨蹟。」《文獻通考》著錄此條下引〈百家詩序〉
云：「元祐中，東坡守杭，澤民爲法曹椽，公以眾人遇之，秩滿辭去。
是夕宴客，有籍妓歌贈別小詞，卒章云：『今夜山深處，斷魂分付潮回
去。』坡問誰所作，妓以毛法曹對。公語坐客曰：『郡僚有詞人不及知，
某之罪也。』翼日折簡追還，留連數月，澤民由此知名。」毛晉〈東堂
詞跋〉云：「澤民自敍少時喜筆硯淺事，徒能誦古人紙上語。嘗知武康
縣，改盡心堂爲東堂。簿書獄訟之暇，輒觴咏自娛，託其聲于〈驀山溪〉，
如圖畫然。凡詩文、書簡、樂府，總名《東堂集》，盛行于世。昔人謂
因贈瓊芳一詞見賞東坡得名，果爾爾耶？古虞毛晉記。」可參證。考澤

民此詞，調作〈惜分飛〉，小序云：「富陽僧舍作別語，贈妓瓊芳。」可與毛晉所記參證。

溪堂詞一卷

《溪堂詞》一卷，謝逸無逸撰。

　　廣栈案：《宋史》卷二百六〈志〉第一百六十一〈藝文〉七〈別集類〉著錄：「《謝逸集》二十卷，又《溪堂詩》五卷。」而未著錄其詞。《宋六十名家詞》、《四庫全書》均收有《溪堂詞》。逸，《宋史翼》卷二十六〈列傳〉第二十六〈文苑〉一載：「謝逸字無逸，臨川人。自號溪堂。少孤，博學工文辭，操履峻潔。再舉進士不第，黃庭堅嘗曰：『使斯人在館閣，當不減晁、張。』李商老謂：『其文步趨劉向、韓愈。』所著書有《春秋廣微》、《樵談》、《溪堂集》。其他詩、啓、碑志、雜論數百篇。淳熙中，繪像祠於郡學。《江西通志》。」可參考。

竹友詞一卷

《竹友詞》一卷，謝薖幼槃撰。

　　廣栈案：《宋史》卷二百六〈志〉第一百六十一〈藝文〉七〈別集類〉著錄：「《謝薖集》十卷。」非此書。朱孝臧《彊邨叢書》收有此書。薖，《宋史翼》卷二十六〈列傳〉第二十六〈文苑〉一載：「逸弟薖字幼槃，自號竹友。嘗爲漕司首薦，省闈報罷。以琴奕詩酒自娛，詩文不亞其兄，時稱二謝。呂本中云：『無逸似康樂，幼槃似元暉。』又云：『二謝修身勵行，在崇、觀間無所汙染，不獨以文見稱。』著有《竹友集》十卷。《江西通志》。」可參考。

冠柳集一卷

《冠柳集》一卷，王觀通叟撰。

　　廣栈案：此書〈宋志〉未著錄。趙萬里《校輯宋金元人詞》收有此〈集〉。觀，《宋史》無傳。《宋詩紀事》卷二十二「王觀」條載：「觀字通叟，高

郵人，一作如皐人。嘉祐二年進士，累遷大理丞，知江都縣。嘗著〈揚州賦〉及《芍藥譜》。」《宋元學案補遺》卷一〈安定學案補遺〉「寺丞王先生觀」條載：「王觀，海陵人。安定在太學，人物之盛，稱先生及其從弟覿有高才，力學而文，相繼舉進士中第。先生官寺丞。《秦淮海集》。」可參考。

號王逐客。

案：王灼《碧雞漫志》卷第二〈各家詞短長〉云：「王逐客才豪，其新麗處與輕狂處，皆足驚人。」是觀號逐客。

世傳「霜瓦鴛鴦」，其作也。

案：觀〈天香〉詞云：「霜瓦鴛鴦，風簾翡翠，今年早是寒少。矮釘明窗，側開朱戶，斷莫亂教人到。重陰未解，雲共雪、商量不了。青帳垂氈要密，紅爐收圍宜小。　　呵梅弄妝試巧。繡羅衣、瑞雲芝草。伴我語時同語，笑時同笑。已被金尊勸倒。又唱箇新詞故相惱。盡道窮冬，元來恁好。」考《四部叢刊》本《樂府雅詞》錄此首，無撰人姓氏。《類編草堂詩餘》卷三誤作王充詞。

詞格不高，以「冠柳」自名，則可見矣。

案：黃昇《唐宋諸賢絕妙詞選》卷五評觀〈慶清朝慢〉「調雨為酥」詞云：「風流楚楚，詞林中之佳公子也。世謂柳耆卿工為浮艷之詞，方之此作，蔑矣。詞名『冠柳』，豈偶然哉！」可參證。

姑溪集一卷

《姑溪集》一卷，李之儀端叔撰。

廣梭案：《宋史》卷二百六〈志〉第一百六十一〈藝文〉七〈別集類〉著錄：「李端叔《姑溪集》五十卷，又《後集》二十卷。」皆非此書。《宋六十名家詞》收有《姑溪詞》。之儀，之純從弟，《宋史》卷三百四十四〈列傳〉第一百三附〈李之純〉，載：「之儀字端叔。登第幾三十年，乃從蘇軾於定州幕府。歷樞密院編修官，通判原州。元符中，監內香藥庫。御史石豫言其嘗從蘇軾辟，不可以任京官，詔勒停。徽宗初，提舉河東常平。坐為范純仁遺表，作〈行狀〉，編管太平，遂居姑熟，久之，徙唐

州，終朝請大夫。之儀能爲文，尤工尺牘，軾謂入刀筆三昧。」可參考。

聊復集一卷

《聊復集》一卷，安定郡王趙令畤德麟撰。

　　廣校案：《宋史》卷二百六〈志〉第一百六十一〈藝文〉七〈別集類〉著錄：「趙令畤《安樂集》三十卷。」非此書。《校輯宋金元人詞》收此《集》。令畤字德麟，燕懿王玄孫，早以才敏聞。嘗遷洪州觀察使，襲封安定郡王。《宋史》卷二百四十四〈列傳〉第三〈宗室〉一有傳。

後湖詞一卷

《後湖詞》一卷，蘇庠養直撰。

　　廣校案：《宋史》卷二百六〈志〉第一百六十一〈藝文〉七〈別集類〉著錄：「《蘇庠集》三十卷。」非此書。易大厂輯《北宋三家詞》收此書。庠，《宋史》卷四百五十九〈列傳〉第二百一十八〈隱逸〉下附〈王忠民〉。《宋元學案補遺》卷九十九〈伯固家學〉「隱君蘇後湖先生庠」載：「蘇庠字養直，丹陽人，丞相頌之族也。卜築廬山。少工詩，東坡見其〈清江曲〉，大愛之。嘗爲銘其硯。先生氣節俊逸，不慕榮利。徐師川俯薦之朝，特召不至。命守臣以禮津遣，又固辭。後徙太湖馬迹山。《廬山志》。

　　梓材謹案：《湖南通志》載先生云：『初以病目，號眚翁。後徙居丹陽之後湖，更號後湖病民。卒年八十餘。』」可參考。

大聲集五卷

《大聲集》五卷，万俟雅言撰。嘗遊上庠不第，後爲大晟府製撰。周美成、田不伐皆爲作〈序〉。

　　廣校案：此書〈宋志〉未著錄。《校輯宋金元人詞》有《大聲集》一卷。雅言名詠，《宋史》無傳。《全宋詞》「万俟詠」條載：「詠字雅言，自號詞隱。遊上庠不第。充大晟府製撰。紹興五年（1120）補下州文學。有《大聲集》五卷，不傳。周、田〈序〉未見。周邦彥字美成，錢塘人。徽宗時提舉大

晟府。《宋史》卷四百四十四〈列傳〉第二百三〈文苑〉六有傳。田爲字不伐，《宋史》無傳。《全宋詞》「田爲」條載：「爲字不伐。善琵琶，無行。政和末，充大晟府典樂。宣和元年（1119），罷典樂，爲大晟府樂令。有《洋嘔集》，趙萬里輯本。」可參考。

石林詞一卷

《石林詞》一卷，葉夢得少蘊撰。

廣棪案：《宋史》卷二百六〈志〉第一百六十一〈藝文〉七〈別集類〉著錄：「葉夢得《石林集》一百卷。」非此書。《宋六十名家詞》有《石林詞》。書首載關注〈題石林詞〉曰：「右丞葉公以經術、文章爲世宗儒，翰墨之餘，作爲歌詞，亦妙天下。元符中，予兄聖功爲鎮江掾，公爲丹徒尉，得其小詞爲多。是時妙齡氣豪，未能忘懷也。味其詞婉麗，綽有溫、李之風。晚歲落其華而實之，能於簡淡時出雄傑，合處不減靖節、東坡之妙，豈近世樂府之流哉！陳德昭始得，喜甚，出以示余，揮汗而書，不知暑氣之去也。《詩》云：『誰能執熱，逝不以濯。』公詞之能慰人心蓋如此。紹興十七年七月九日東廡關注書。」可參考。夢得字少蘊，蘇州吳縣人。《宋史》卷四百四十五〈列傳〉第二百四〈文苑〉七有傳。

蘆川詞一卷

《蘆川詞》一卷，三山張元幹仲宗撰。坐送胡邦衡詞得罪秦相者也。

廣棪案：《宋史》卷二百六〈志〉第一百六十一〈藝文〉七〈別集類〉著錄：「張元幹《蘆川詞》二卷。」卷數不同。《宋史藝文志補・集部・詞曲類》著錄：「張元幹《蘆川詞》一卷，字仲宗，長樂人。」與此同。元幹，《宋史》無傳。《宋史翼》卷七〈列傳〉第七載：「張元幹字仲宗，長樂人。自號蘆川居士。在政、宣間以樂府擅名。銓貶新州，元幹作〈賀新郎〉一闋送之，詞極悲憤，坐是除名。《閩書》參《八閩通志》。」可參證。三山，福建省城之名。考元幹所撰〈賀新郎〉送胡邦衡待制云：「夢繞神州路。悵秋風、連營畫角，故宮離黍。底事崑崙傾砥柱。九地黃流亂注。聚萬落、千村狐兔。天意從來高難問，況人情、老易悲如許。更南浦，

送君去。　　涼生岸柳催殘暑。耿斜河、疏星淡月，斷雲微度。萬里江山知何處。回首對牀夜語。雁不到、書成誰與。目盡青天懷今古，肯兒曹、恩怨相爾汝。舉大白，聽〈金縷〉。」可參考。

赤城詞一卷

《赤城詞》一卷，陳克子高撰。詞格頗高麗，晏、周之流亞也。

　　廣棪案：此書〈宋志〉未著錄。《校輯宋金元人詞》有《赤城詞》一卷。克，《宋史》無傳。《宋詩紀事》卷四十六「陳克」條載：「克字子高，臨海人。紹興中爲敕令所刪定官，自號赤城居士。僑居金陵，有《天台集》。」後附李庚〈跋〉云：「刪定，余鄉人也。詩多情致，詞尤工。」可參證。

簡齋詞一卷

《簡齋詞》一卷，陳與義撰。

　　廣棪案：此書〈宋志〉未著錄。《唐宋名賢百家詞》有《簡齋詞》一卷。《宋六十名家詞》亦收與義《無住詞》一卷，即此編。與義字去非，號簡齋，《宋史》卷四百四十五〈文苑〉七有傳。

劉行簡詞一卷

《劉行簡詞》一卷，劉一止撰。

　　廣棪案：《宋史》卷二百六〈志〉第一百六十一〈藝文〉七〈別集類〉著錄：「劉一止《苕溪集》五十五卷。」又著錄：「《劉一止集》五十卷，《苕溪集》多五卷。張攀《書目》以此本爲《非齋類稿》。」均非此書。《唐宋名賢百家詞》有《苕溪詞》一卷。應即此書。一止字行簡，湖州歸安人。《宋史》卷三百七十八〈列傳〉第一百三十七有傳。

嘗爲〈曉行〉詞，盛傳於京師，號劉曉行。

　　案：《苕溪詞》有一止〈喜遷鶯曉行〉詞云：「曉光催角。聽宿鳥未驚，鄰雞先覺。迤邐煙村，馬嘶人起，殘月尚穿林薄。淚痕帶霜微凝，酒力衝寒猶弱。歎倦客，悄不禁，重染風塵京洛。　　追念，人別後，心事萬

重，難覓孤鴻託。翠幄嬌深，曲屏香暖，爭念歲寒飄泊。怨月恨花煩惱，不是不曾經著。這情味，望一成消減，新來還惡。」可參考。

順庵樂府五卷

《順庵樂府》五卷，康與之伯可撰。

廣棪案：《宋史藝文志補・集部・詞曲類》著錄：「康與之《順庵樂府》五卷，字伯可，以詞受知宋高宗，官郎中。」與此同。與之，《宋史》無傳，《宋史翼》卷二十七〈列傳〉第二十七〈文苑〉二有傳。

與之父倬惟章詭誕不檢，事見《揮麈錄》。

案：王明清《揮麈餘話》卷二「康倬詭易姓名」條載：「康倬字為章，元祐名將之子。少日不拘細行，游京師，生計既蕩析，遂偶一娼。始來，即詭其姓名曰李宣德，情意既洽，婦人者亦戀戀不忍捨。為章謂曰：『吾既無室家，汝肯從我南下，為偕老之計乎？』娼大然之，橐中所有甚富，分其半以遺姥，指天誓日，不相棄背。買舟出都門，沿汴行裁數里，相與登岸，小酌旗亭，伺娼之醉，為章解纜亟發。娼拗怒，戟手於河滸，為章弗顧也。娼既為其所紿，倉黃還家。後數年，為章再到京師，過其門，娼母子即呼街卒錄之，為章畧無憚色。時李孝壽尹開封，威令凜然。既至府，為章自言：『平時未嘗至都下，無由識此曹，恐有貌相肖者，願試詢之。』尹以問娼，娼曰：『宣德郎李某也。』為章遽云己即右班殿直康倬也。尹曰：『誠倬也，取文書來。』為章探懷中，取吏部告示文字以呈之。尹撫案大怒曰：『信知浩穰之地，奸欺之徒，何所不有。』命重杖娼之母子，令眾通衢慰勞為章而遣之。李尹自以謂益顯神明之政矣。為章自此折節讀書，易文資，有名於世。後來事浸露，李尹聞之，嘗以語外祖曰：『僕為京兆，而康為章能作此奇事，可謂大膽矣！』與之，其子也。宏父舅云。」可參證。惟章，《揮麈錄》作為章。

與之又甚焉，嘗挾吳下妓趙芷以遁。與蘇師德仁仲有隙，遂與 廣棪案：《通考》「與」作「興」。蘇玭訓直之獄。玭，仁仲之子，而常同子正之壻也。與之受知於子正，一朝背之，士論不齒。周仲南嘗作〈傳〉，道其實如此。

案：周仲南《山房集》卷四〈傳〉有〈康伯可傳〉，載：「康與之字伯可，家宛丘，與常子正相隣又相好也。方全盛時，洛陽左王屋，右嵩山，巖岫互出，若列庭戶。水竹花木，天下鮮儷，故賢士大夫多居之。其後居者眾而物益貴，歐陽公既得謝始去，而之潁上焉。宛丘介乎潁、洛之間，當崇、觀間，嵩山晃以道四丈方間居，伯可嘗往學焉。又嘗從澗上丈人遊，澗上，陽翟陳怙叔易也。兩公名行尊，所謂中朝之遺民，伯可操几杖，侍談塵，固嘗親聞正始之音一二矣。尤強記熟誦《左氏》千言，不遺一字，子正絕愛之。是時天子方粉飾太平，大慶醻燕，非時臨幸。四時奇麗之觀不絕，貴游勳戚，乘堅策肥，游目騁意，不惟都人為然，而近京人士習慣亦不能免。方時殷富家設義漿於闠外，看羞名醞皆取具於道路。宛丘距都門不數舍，午夜燈火相望，伯可馳騎，信宿往返，扭於承平年少之習。其後兵火飄轉，方相與求生於草莽之中，而溺於舊染，至於中傷善類，興蘇玭之獄，卒為名論所廢。是知風俗之移人，可畏也已，因具錄之，以為世戒云。初伯可監杭州太和樓酒，盜庫錢，飾翠羽，為妓金盼履，坐免官，落魄無所與歸。會子正自中司出守吳，與伯可固通家子弟也。又嘗偕行入廣，遂奉夫人氏以往。子正創檢察御書，月賦緡錢三萬，伯可費輒隨手盡，不及甘旨供也。其後子正將去郡，探取數月，輦致其夫人氏所，伯可心不樂也。則去而之姑蘇，依周彥恭。彥恭。東平人，雖法家而北客，例收岫南來舊族，解帶換衣，待之如骨肉。然伯可又挾秦氏子弟為重，請得出樂妓趙芷籍携去，彥恭未有以顯拒之也。倅蘇仁仲嘗監奏邸，兼官密院計議，與胡澹庵有寮之契。仁仲間白事造堂中，秦丞相驟問銓書有斬檜語，信乎？仁仲實未見書，衝口以不聞對，檜疑以為黨，銜之。其後請外，得知廣德軍，復論罷之。久之，起丞郡姑蘇，彥恭迫伯可請不已，因相與諶之。仁仲，丹陽魏公孫子正女婿也，頗能道子正愛賞伯可語，謂是舉也，且為伯可終身累，果愛之則如勿與。仁仲非特難一妓也，實愛惜伯可，然不知伯可已携妓去而之松江矣。彥恭尋亦悔，因追還之，具道貳車相愛語。伯可溺一婦人，不得則無聊，因惘悵失緒，日夜求所以逞憾於仁仲者，未得也。未幾，子正卒於海鹽，遂誣彥恭賻子正錢二百萬，且屬仁仲為文以祭，有『奸人在位，公棄而死』之語。當路震怒，立命中丞俞堯弼核彥恭鐫職，且罷其郡丞，命提舉浙西茶鹽事。王珏鞫之，於是仁仲與其子玭之獄起矣。獄上，卒無驗，坐玭將遣祭，持紙入其家，顯為文有實而已。於是削仁仲籍，

投臨汀；玭亦停官，竄吏十餘輩。子正妻方氏，務德經略女弟也，子弟尚
幼，傳聞禍且及己，將錄其家，遂盡鬻所有，一簪不留，竊載旅櫬之，聚
塴黃氏葵之水濱，歸以待南荒之命，實紹興庚午事也。其後當柄者死，諸
嘗告密與羅織之獄者次第論罪，伯可仕於閩，過其帥李如岡座。責命至，
如岡固匿之，且問前事，猶謾辭以對。如岡叱起之，後還三衢，或云竟取
芷為儷云。伯可初以小詞行世，號康伯可，故不著其名。論曰：自太史公
傳佞倖，後世因之。蓋嫉夫盜言之孔甘，而至於亂國也。而讒誣為尤甚，
迹甚中傷汙衊，如蝮蝎然，至使忠善受誣，君子無措足之所，而史氏不表
出之，何哉？予錄汪召錫、陸升之、莫汲。姚眰諸嘗告密者，為〈讒夫傳〉，
以著小人咀毒起穢之因，以補史氏之闕遺焉。嗚呼！當秦氏之末年，道路
以目相視，而杯酒失意者，輒肆其忿恨以起大獄，原其端則自康伯可肇之
也。嗚呼！若伯可者，又可勝誅哉？」可參證。

**世所傳康伯可詞鄙褻之甚，此《集》頗多佳語，陶定安世為之〈序〉，
王性之、蘇養直皆稱之，而其人不自愛如此，不足道也。**

案：《宋史翼》與之傳載：「與之善為詞曲，世比柳耆卿，著有《順庵樂
府》。」是其詞鄙褻可知。陶定，《宋史》無傳。周必大《周文忠公集》
卷一百有〈陶定除湖南提刑制〉。《宋人傳記資料索引》載：「陶定，吳興
人，瓶子。歷知潭州善化縣，累官湖南提刑。」所為〈序〉已佚。王性
之，即王銍，《宋史翼》卷二十七〈列傳〉第二十七〈文苑〉二有傳。蘇
養直，即蘇庠，《宋史》卷四百五十九〈列傳〉第二百一十七〈隱逸〉下
附〈王忠民〉。

樵歌一卷

《樵歌》一卷，朱敦儒希真撰。

廣棪案：《宋史藝文志補‧集部‧詞曲類》著錄：「朱敦儒《樵歌》三卷，
字希真，洛陽人，居嘉禾。」卷數不同。敦儒字希真，河南人。《宋史》卷四
百四十五〈列傳〉第二百四〈文苑〉七有傳。其〈傳〉云：「敦儒素工詩
及樂府，婉麗清暢。時秦檜當國，喜獎用騷人墨客以文太平，檜子熺亦
好詩，於是先用敦儒子為刪定官，復除敦儒鴻臚少卿。檜死，敦儒亦廢。
談者謂敦儒老懷舐犢之愛，而畏避竄逐，故其節不終云。」可參考。

初寮集一卷

《初寮詞》一卷，王安中撰。

　　廣校案：《宋史》卷二百六〈志〉第一百六十一〈藝文〉七〈別集類〉著錄：「《王安中集》二十卷。」非此書。《宋六十名家詞》收有《初寮詞》。安中字履道，中山陽曲人。《宋史》卷三百五十二〈列傳〉第一百一十一有傳。其〈傳〉曰：「安中爲文豐潤敏拔，尤工四六之製。徽宗嘗宴睿謨殿，命安中賦詩百韻以紀其事。詩成，賞歎不已，命大書于殿屏，凡侍臣皆以副本賜之。其見重如此。有《初寮集》七十六卷，傳于世。」可參考。

丹陽詞一卷

《丹陽詞》一卷，葛勝仲撰。

　　廣校案：《宋史》卷二百六〈志〉第一百六十一〈藝文〉七〈別集類〉著錄：「《葛勝仲集》八十卷。」非此書。《宋六十名家詞》第五集收《丹陽詞》一卷。勝仲字魯卿，丹陽人。《宋史》卷四百四十五〈列傳〉第二百四〈文苑〉七有傳。

酒邊集一卷

《酒邊集》一卷，戶部侍郎向子諲伯恭撰。自號薌林。

　　廣校案：此書〈宋志〉未著錄。《唐宋名賢百家詞》上冊有《酒邊集》。書首有胡寅〈酒邊集序〉，云：「詞曲者，古樂府之末造也。古樂府者，詩之旁行也。詩出于〈離騷〉、《楚詞》，而〈騷〉、《詞》者，變風變雅之怨，而迫哀而傷者也。其發乎情則同，而止乎禮義則異，名曰曲，以其曲盡人情耳。方之曲藝，猶不逮焉，其去〈曲禮〉，則益遠矣。然文章豪放之士，鮮不寄意於此者，隨亦自掃其跡，曰：謔浪遊戲而已也。唐人爲之最工，柳耆卿後出，掩眾製而盡其妙，好之者以謂不可復加。及眉山蘇氏，一洗綺羅香澤之態，擺脫綢繆宛轉之度，使人登高望遠，舉首高歌，而逸懷浩氣，超然乎塵垢之外，於是《花間》爲皂隸，而柳氏爲輿臺矣。薌林居士步趨蘇堂，而嚌其胾者也。觀其退江北所作於後，而進江南所作於前，以枯木之心，幻出葩華，酌元酒之尊，而棄醇味。非染而不色，安能及此。余得

其《全集》於公之外孫汶上劉荀子卿，反復厭飫，復以歸之，因題其後。公宏才偉績，精忠大節，在人耳目，固史載之矣。後之人味其平生，而聽其餘韻，亦猶讀〈梅花賦〉而未知宋廣平歟？武夷胡寅題。」可參考。《宋六十名家詞》第二集有《酒邊詞》二卷。《影刊宋金元明本詞四十種》有《酒邊集》一卷。子諲字伯恭，臨江人，敏中玄孫，欽聖憲肅皇后再從侄也。高宗紹興時除戶部侍郎。忤秦檜意，乃致仕。退閒十五年，號所居曰「藘林」。《宋史》卷三百七十七〈列傳〉第一百三十六有傳。

漱玉集一卷

《漱玉集》一卷，易安居士李氏清照撰。元祐名士廣棪案：《文獻通考》「元祐名士」下有「李」字。格非文叔之女，嫁東武趙明誠德甫。晚歲頗失節。廣棪案：盧校注：「此亦誤信流傳之訛。」別本分五卷。

廣棪案：《郡齋讀書志》卷第十九〈別集類〉下著錄：「《李易安集》十二卷。右皇朝李格非之女。幼有才藻名。先嫁趙誠之，其舅正夫相徽宗朝，李氏嘗獻詩曰：『炙手可熱心可寒。』然無檢操，後適張汝舟，不終晚節。流落江湖間，以卒。」《宋史》卷二百六〈志〉第一百六十一〈藝文〉七〈別集類〉著錄：《易安居士文集》七卷，宋李格非女撰。又《易安詞》六卷。」是宋時清照《集》分七卷、十二卷本，而其詞又有一卷、五卷、六卷之別。清照晚歲更嫁，宋人著述中多有記載之者，胡仔《苕溪漁隱叢話》前集卷六十載：「易安再適張汝舟，未幾反目，有〈啟〉與綦處厚云：『猥以桑榆之晚景，配茲駔儈之下材。』傳者無不笑之。」王灼《碧雞漫志》卷第二「易安居士詞」條云：「易安居士，京東路提刑李格非文叔之女，建康守趙明誠德甫之妻。自少年便有詩名，才力華贍，逼近前輩，在士大夫中已不多得。若本朝婦人，當推詞采第一。趙死，再嫁某氏，訟而離之，晚節流蕩無歸。」洪适《隸釋》卷二十四「跋趙明誠金石錄」條云：「《金石錄》，紹興中，其妻易安居士表上於朝。趙君無嗣，李又更嫁。」李心傳《建炎以來繫年要錄》卷五十八載：「（紹興二年九月戊子朔）右承奉郎監諸軍審計司張汝舟屬吏，以汝舟妻李氏訟其妄增舉數入官也。其後有司當汝舟私罪，徒，詔除名，柳州編管。十月己酉行遣。李氏，格非女，能為歌詞，自號易安居士。」是則《解題》謂易安「晚歲頗失

節」，殆可無疑。余撰有《李清照研究》，又編撰有《李易安集繫年校箋》、《李清照改嫁問題資料彙編》諸書，可參考。

得全詞一卷

《得全詞》一卷，趙忠簡鼎元鎮撰。

　　廣棪案：《宋史》卷二百六〈志〉第一百六十一〈藝文〉七〈別集類〉著錄：「《得全居士詞》一卷，不知名。《考證》，臣開鼎按：得全居士，趙鼎謫後號也，即本卷中亦有趙鼎《得全居士集》二卷，『不知名』，三字衍。」考《宋史藝文志補・集部・詞曲類》著錄：「趙鼎《得全居士詞》一卷。」與《解題》同。鼎字元鎮，解州聞喜人，孝宗時卒，諡忠簡。《宋史》卷三百六十〈列傳〉第一百一十九有傳。

焦尾集一卷

《焦尾集》一卷，韓元吉撰。

　　廣棪案：《宋史藝文志補・集部・詞曲類》著錄：「韓元吉《南澗詩餘》一卷，字無咎，許昌人。」疑爲同一書。《彊邨叢書》收有《南澗詩餘》一卷。元吉字無咎，開封雍邱人。《宋史翼》卷十四〈列傳〉第十四有傳。

放翁詞一卷

《放翁詞》一卷，陸游撰。

　　廣棪案：此書〈宋志〉未著錄。《影刊宋金元明本詞四十種》有《渭南文集詞》二卷。一九八九年上海古籍出版社刊有陳長明點校本《放翁詞》。游字務觀，越州山陰人。范成大帥蜀，游爲參議官，以文字交，不拘禮法，人譏其頹放，因自號放翁。《宋史》卷三百九十五〈列傳〉第一百五十四有傳。

石湖詞一卷

《石湖詞》一卷，范成大撰。

廣棪案：此書〈宋志〉未著錄。《知不足齋叢書》第十一集有《石湖詞》
一卷、《補遺》一卷。成大字致能，吳郡人。《宋史》卷三百八十六〈列
傳〉第一百四十五有傳。

友古詞一卷

《友古詞》一卷，左中大夫莆田蔡伸伸道撰。自號友古居士。君謨之孫。

　　廣棪案：此書〈宋志〉未著錄。《宋六十名家詞》第四集有《友古詞》一
卷。毛晉〈跋〉曰：「伸道，莆田人。別號友古居士，忠惠公之孫也。其
居距城不及五里，舍宇矮欲壓頭，猶是伊祖舊物。劉後村過而詠之，曰：
『廟院蜂房居。』想羨其《同居》古風歟？但據忠惠公《荔子譜》云：『玉
堂紅一種佳絕。』正產其地，伸道從無一語詠之，何邪？其和向伯恭〈木
犀〉諸闋，亦遜《酒邊集》三舍矣。古虞毛晉識。」伸字申道，官至左
中大夫。祖襄字君謨，謚忠惠。伸，《宋史翼》卷九〈列傳〉第九有傳。

相山詞一卷

《相山詞》一卷，王之道彥猷撰。

　　廣棪案：《宋史》卷二百六〈志〉第一百六十一〈藝文〉七〈別集類〉著
錄：「王之道《相山居士文集》二十五卷，又《相山長短句》二卷。」今
《彊村叢書》有《相山居士詞》一卷。之道字彥猷，無爲軍人。《宋史翼》
卷十〈列傳〉第十有傳。

浩歌集一卷

《浩歌集》一卷，蔡楠堅老撰。

　　廣棪案：《宋史》卷二百八〈志〉第一百六十一〈藝文〉七〈別集類〉著
錄：「蔡楠《浩歌集》一卷。」與此同。楠，《宋史》無傳。《宋詩紀事》
卷四十一載：「楠字堅老，南城人。嘗爲宜春別駕。宣和以前人，歿于乾
道庚寅，曾公卷、呂居仁輩皆與倡和，有《雲壑隱居集》、《浩歌集》。」
乾道庚寅，爲六年（1170）。

于湖詞一卷

《于湖詞》一卷，張孝祥安國撰。

廣校案：《宋史》卷二百八〈志〉第一百六十一〈藝文〉七〈別集類〉著錄：「《張孝祥文集》四十卷，又《詞》一卷、《古風律詩絕句》三卷。」所著錄《詞》一卷，與此同。孝祥字安國，歷陽烏江人。《宋史》卷三百八十九〈列傳〉第一百四十八有傳。

稼軒詞一卷

《稼軒詞》一卷，廣校案：《文獻通考》作「四卷」。寶謨閣待制濟南辛棄疾幼安撰。信州本十二卷，卷視長沙為多。廣校案：盧校本此解題至「為多」止。校注曰：「館本此下載棄疾歸朝事，出《朝野雜記》。元本及《通攷》皆無之。與詞曲無涉，不當摻入。」

廣校案：《宋史》卷二百八〈志〉第一百六十一〈藝文〉七〈別集類〉著錄：「辛棄疾《長短句》十二卷。」是直齋所藏者為長沙本，〈宋志〉所著錄者為信州本。明李濂〈批點稼軒長短句序〉曰：「余家藏《稼軒長短句》十二卷，蓋信州舊本也，視長沙本為多。」所記與《解題》同。是長沙本作一卷，稱《稼軒詞》，信州本作十二卷，稱《稼軒長短句》。棄疾字幼安，齊之歷城人。《宋史》卷四百一〈列傳〉第一百六十有傳，稱慶元四年「進寶文閣待制，又進龍圖閣，知江陵府」，與此作「寶謨閣待制」不同，未知孰是。

金亮之殂，朝廷乘勝取四十郡，未幾班師，復棄數郡。京東義士耿京據東平府，遣掌書記辛棄疾赴行在，京後為裨將張安國所殺，棄疾擒安國以歸，斬之，詳見《朝野雜記》。

案：《宋史》棄疾本傳載：「金主亮死，中原豪傑並起。耿京聚兵山東，稱天平節度使，節制山東、河北忠義軍馬，棄疾為掌書記，即勸京決策南向。僧義端者，喜談兵，棄疾間與之遊。及在京軍中，義端亦聚眾千餘，說下之，使隸京。義端一夕竊印以逃，京大怒，欲殺棄疾。棄疾曰：『勾我三日期，不獲，就死未晚。』揣僧必以虛實奔告金帥，急追獲之。義端曰：『我識君真相，乃青兕也，力能殺人，幸勿殺我。』棄疾斬其首

歸報，京益壯之。紹興三十二年，京令棄疾奉表歸宋，高宗勞師建康，召見，嘉納之，授承務郎、天平節度掌書記，併以節使印告召京。會張安國、邵進已殺京降金，棄疾還至海州，與眾謀曰：『我緣主帥來歸朝，不期事變，何以復命？』乃約統制王世隆及忠義人馬全福等徑趨金營，安國方與金將酣飲，即眾中縛之以歸，金將追之不及。獻俘行在，斬安國於市。仍授前官，改差江陰僉判。棄疾時年二十三。」可與李心傳《建炎以來朝野雜記》所載相參證。

可軒曲林一卷

《可軒曲林》一卷，盱江廣棪案：盧校本「旴」改「盱」。是。黃人傑叔萬撰。

　　廣棪案：此書〈宋志〉未著錄。人傑，《宋史》無傳。《宋詩紀事》卷五十二「黃人傑」條載：「人傑字叔萬，盱江人。」《全宋詞》第三冊「黃人傑」條載：「人傑，南城人。乾道二年（1166）進士。有《可軒曲林》，今不傳。」可參考。

王武子詞一卷

《王武子詞》一卷，未詳其名字。

　　廣棪案：此書〈宋志〉未著錄。王武子，其人不可考。

樂齋詞一卷

《樂齋詞》一卷，向滈豐之撰。

　　廣棪案：此書〈宋志〉未著錄。滈，《宋史》無傳。《宋詩紀事》卷四十六「向滈」條載：「滈字豐之。紹興間為萍鄉令，有《樂齋詞》。」可參證。

鳳城詞一卷

《鳳城詞》一卷，三山黃定泰之撰。乾道壬辰牓首。

廣校案：此書〈宋志〉未著錄。定，《宋史》無傳。《宋元學案補遺・別附》卷二「黃先生定」條載：「黃定字泰之，三山人。乾道壬辰對策謂：『以大有爲之時，爲改過之日月。』又云：『雖有無我之量，而累于自喜；雖有知人之明，而累于自恃。』又云：『欲比迹太宗，而操其所不用之術。顧盼周行，類不適用，則曰腐儒，曰好名，曰是黨耳。于是始有棄文尙武，親內疏外之心，何不因羣臣之所共違，而察一己之獨嚮。』其言皆剴切。孝皇擢之第一，有以見容直之盛德。而秉史筆者未之紀焉。《困學紀聞》。」可參證。壬辰，乾道八年（1172）。

竹坡詞一卷

《竹坡詞》一卷，周紫芝撰。

廣校案：此書〈宋志〉未著錄，《宋六十名家詞》第六集有《竹坡詞》三卷，卷前有孫兢〈序〉，曰：「竹坡先生少慕張右史而師之，稍長，從李姑溪遊，與之上下其議論，由是盡得前輩作文關紐。其大者固已掀揭漢唐，凌厲〈騷〉、〈雅〉，燁然名一世矣；至其嬉笑之餘，溢爲樂章，則清麗宛曲，當□□是豈苦心刻意而爲之者哉？昔□□先生蔡伯評近世之詞，謂蘇東坡辭勝乎情，柳耆卿情勝乎辭，辭情兼稱者，唯秦少游而已。世以爲善評。雖然，耆卿不足道也，使伯世見此詞，當必有以處之矣！凡一百四十八詞，離爲三卷。乾道二年上元日，高郵孫兢序。」是《竹坡詞》原分三卷。紫芝，《宋史》無傳。《宋史翼》卷二十七〈列傳〉第二十七〈文苑〉二有傳。

介庵詞一卷

《介庵詞》一卷，趙彥端撰。

廣校案：《宋史》卷二百八〈志〉第一百六十一〈藝文〉七〈別集類〉著錄：「趙彥端《介庵集》十卷，又《外集》三卷、《介庵詞》四卷。」《宋史藝文志補・集部》著錄：「趙彥端《介菴詞》四卷，字德莊。」今考吳訥《唐宋名賢百家詞》下冊所收《介庵趙寶文雅詞》亦作四卷。《宋六十名家詞》收《介菴詞》則不分卷。彥端，《宋史》無傳。《讀書附志》卷下

〈別集類〉四著錄:「《介庵趙居士文集》十卷,右趙彥端字德莊之文也。德莊寓居南昌,登紹興八年進士第。出更麾節,入踐臺省,凡奏對獻策,陳述利害,如蠲丁錢,講治體,禦敵守邊之謀,用兵行賞之規,議論醇正,卓然皆有可用之實。淳熙十四年,江西運副趙彥操刻之。」可略悉其生平概況。

竹齋詞一卷

《竹齋詞》一卷,吳興沈瀛子壽撰。

　　廣棪案:此書〈宋志〉未著錄。《全宋詞》第三冊有沈瀛《竹齋詞》。瀛,《宋史》無傳。《宋詩紀事》卷五十一「沈瀛」條載:「瀛字子壽,湖州人,號竹齋。紹興三十年進士。」下引葉水心云:「子壽少入太學,仕宦四十餘年,紲于王官,再入郡,三佐帥幕。其生平業嗜文字若性命,在身,非外物也。」蓋據水心所撰〈沈子壽文集序〉成文也。

書丹詞一卷

《書丹詞》一卷,眉山程垓正伯撰。

　　廣棪案:此書〈宋志〉未著錄。張宗泰《魯巖所學集》卷六〈再跋書錄解題〉云:「又《書丹詞》一卷,眉山程垓正伯撰。按垓與東坡為中表,而其詞集乃編入南宋諸家中,時代舛矣。又垓家有擬坊名『書舟』,故以名《集》,而此作『書丹』者,亦誤也。」是此書應作《書舟詞》。垓,《宋史》無傳。《全宋詞》第三冊「程垓」條載:「垓字正伯,眉山人,有《書舟詞》。」殆據《解題》者。《書舟詞》既見吳訥《唐宋名賢百家詞》上冊,另見毛晉《宋六十名家詞》第二集。毛晉云:「正伯與子瞻中表兄弟也,故《集》中多溷蘇作。如〈意難忘〉、〈一剪梅〉之類,今悉刪正。其〈酷相思〉、〈四代好〉、〈折紅英〉諸闋,詞家皆極欣賞,謂秦七、黃九莫及也。」可參考。

王稱季平為作〈序〉。

　　案:王稱字季平,四川眉州人。累官承議郎,知龍州。《宋史翼》卷二十九〈列傳〉第二十九〈文苑〉四有傳。所撰〈題書舟詞〉云:「程正伯以

詩詞名，鄉之人所知也。余頃歲遊都下，數見朝士，往往亦稱道正伯佳句，獨尚書尤公以爲不然，曰：『正伯之文過於詩詞。』此乃識正伯之大者也。今鄉人有欲刊正伯歌詞，求余書其首，余以此告之。且爲言正伯方爲當塗，諸公以制舉論薦，使正伯惟以詞名世，豈不小哉？則曰：『古樂府亦爾，初何損於正伯之文哉？』余用是樂爲書之。雖然，晏叔原以大臣子，處富貴之極，爲靡麗之詞。其政事堂中舊客，尚欲其捐有餘之才，豈未至之德者。蓋叔原獨以詞名爾，他文則未傳也。至少游、魯直則已兼之，故陳無己之作，自云不減秦七、黃九，是亦推尊其詞爾。余謂正伯爲秦、黃則可，爲叔原則不可。紹熙甲寅端午前一日，王稱季平序。」紹熙，光宗年號，紹熙甲寅爲五年（1194），直齋以《書舟詞》編入南宋諸家中，殆受稱〈序〉影響也。

燕喜集一卷

《燕喜集》一卷，曹冠宗臣撰。

廣棪案：此書〈宋志〉未著錄，冠，《宋史》無傳。明鄭柏《金華賢達傳》卷九〈儒學‧宋曹冠傳〉載：「曹冠字宗臣，東陽人。入太學，秦檜俾諸孫師事之。登紹興進士，廷唱第二人，擢太學博士，兼檢正諸房公事。檜沒，坐累。孝宗時得旨再赴殿試，又中乾道五年進士乙科，累遷知柳州。抗章告老，轉朝奉大夫，賜金紫致仕。有《經進十論》、《萬言書》、《恢復秘畧》、《時政救弊》、《裕民政要》、《補正忠言》、《帝範十贊》、《雙溪集》、《忠誠堂集》。子輔，以恩補官，終承直郎，紹興觀察推官。孫儼，補文林郎，終泉州司理叅軍。」明應廷育《金華先民傳》卷之七〈文學傳〉載：「曹冠字宗臣，東陽人。博聞強記，書一覽輒不忘。以文詞知名于時。登紹興甲戌進士第二人，擢太常博士，兼檢正諸房公事。初入太學，秦檜嘗俾諸孫師事之。及檜歿，坐累罷秩。後起知郴州，轉朝散大夫卒。所著有《經進雜論》、《萬言書》、《恢復秘略》、《時政捄弊》、《裕民政要》、《補正忠言》、《帝範十贊》，及《雙溪集》二十卷。盧陵楊萬里見其《雙溪集》，贈以詩云：『莫將沈、謝鴻雁行，便與猗那薦清廟。』其爲名流推服如此。」均可參考。

退圃詞一卷

《退圃詞》一卷，鎮洮馬寧祖奉先撰。

廣棪案：此書〈宋志〉未著錄，寧祖，《宋史》無傳。《宋人傳記資料索引》載：「馬寧祖字奉先，扶風人。」胡宏《五峯集》卷三〈雜文〉有〈復齋記〉，亦謂：「馬君名寧祖，字奉先。」其餘無可考。

省齋詩餘一卷

《省齋詩餘》一卷，衡陽廖行之天民撰。

廣棪案：《宋史藝文志補·集部》著錄：「廖行之《省齋文集》十卷，《附集》一卷，字天民，衡州人。」其《附集》一卷，疑即詩餘也。行之，《宋史》無傳。《宋詩紀事補遺》卷之五十六「廖行之」條載：「廖行之字天民，其先延平人。五代時徙于衢州。淳熙甲辰進士，累官岳州巴陵尉，改寧鄉主簿。著有《省齋集》。」《宋詩紀事補遺》之「衢州」，應作「衡州」考《四庫全書》本《省齋集·附錄》有田奇所撰〈宋故寧鄉主簿廖公行狀〉、〈宋故寧鄉主簿廖公墓記〉及〈宋故寧鄉主簿修職墓誌銘〉。其〈行狀〉云：「公諱行之，字天民。上世為劍津人。九世祖當五季擾攘，迺遷來南，家於衡陽，子孫蕃衍。」而〈墓記〉、〈墓誌銘〉所記亦同，是《宋詩紀事補遺》作「衢州」，乃形近而誤也。朱孝臧輯校《彊邨叢書》，收《省齋詩餘》一卷。

克齋詞一卷

《克齋詞》一卷，苕溪沈端節約之撰。

廣棪案：《宋史藝文志補·集部》著錄：「沈端節《克齋詞》一卷，字約之，吳興人。」端節，《宋史》無傳。《宋詩紀事補遺》卷之五十三「沈端節」條載：「沈端節字約之，號克齋，湖州歸安人，寓居溧陽。歷知蕪湖縣，有善政，民為立祠，官至江東提刑，見《太平府志》、《溧陽縣志》。」又《宋詩紀事小傳補正》卷三「沈約之」條著錄：「名端節，字約之，吳興人。寓居溧陽，令蕪湖，知衡州，提舉江東茶鹽。淳熙間官至朝散大夫。著有《克齋詞》一卷。《湖州府志》。」可參證。《宋六十名家詞》第五集有

《克齋詞》一卷。

敬齋詞一卷

《敬齋詞》一卷，臨川吳鎰仲權撰。

　　廣棪案：《宋史》卷二百八〈志〉第一百六十一〈藝文〉七〈別集類〉著錄：「吳鎰《敬齋集》三十二卷。」未悉有《敬齋詞》在內否？鎰，《宋史》無傳。《宋元學案補遺》卷四十四〈趙張諸儒學案補遺〉「吳先生鎰」條載：「吳鎰字口口，臨川人。淳熙中知宜章縣，解除煩苛，同民好惡。為條教以諭民，又建學修城，陸象山為之〈記〉。《一統志》。」《宋詩紀事》卷五十三「吳鎰」條載：「鎰字仲權，崇仁人。曾弟。登隆興元年乙科，累官司封郎中，極言罷歸，有《雲巖集》。」《全宋詞》第三冊「吳鎰」條載：「鎰字仲權，自號敬齋，崇仁人。隆興元年（1163）進士。淳熙中，知宜章。十六年（1189），祕書省正字。知武岡軍，司封郎中，廣西運判，湖南轉運判官。慶元三年（1197）卒。有《雲巖集》、《敬齋詞》，俱不傳。」均可參證。《全宋詞》從《永樂大典》卷二千二百六十五「湖字韻」輯得鎰詞凡二首。

逃禪集一卷

《逃禪集》一卷，清江楊无咎補之撰。

　　廣棪案：《宋史藝文志補·集部》著錄：「楊无咎《逃禪集》二卷，字補之，清江人。」所著錄卷數不同。无咎，《宋史》無傳。《全宋詞》第二冊「楊无咎」條載：「无咎字補之，清江人。生紹聖四年（1097）。高宗累徵不起，自號清夷長者。以畫梅名。乾道七年（1171）卒，年七十五。有《逃禪詞》。」《宋人傳記資料索引》載：「楊无咎字補之，清江人。善書，兼善畫梅，人並蓄其書畫以為珍玩。其詞亦好，人稱逃禪三絕。」可參證。

世所傳「江西墨楊」，廣棪案：盧校本「楊」作「梅」。是。即其人也。

　　案：劉克莊《後村先生大全集》卷一百七〈題跋·楊補之詞畫〉云：「藝之至者不兩能，善畫者不必妙詞翰，有詞翰者類不工畫，前代惟王維、鄭虔兼之。雖以詞客畫師自命，虔有三絕之名。本朝文湖州、李龍眠亦

然。過江後稱楊補之。其墨梅擅天下，身後寸紙千金。所製梅詞〈柳稍青〉十闋，不減《花間》、《香奩》及小晏、秦郎得意之作。詞畫既妙，而行書姿媚精絕，可與陳簡齋相伯仲。頃見碑本，已堪寶玩，況真蹟乎？孟芳此卷，宜顏曰『逃禪三絕。』」可參證。

袁去華詞一卷

《袁去華詞》一卷，豫章袁去華宣卿撰。

廣棪案：此書〈宋志〉未著錄。陸心源《皕宋樓藏書志》卷一百二十〈集部·詞曲類〉二著錄：「《袁宣卿詞》一卷，舊抄本。宋豫章袁去華撰。案袁去華字宣卿，江西奉新人。紹興乙丑進士，改官知石首縣而卒。善為歌詞，嘗賦〈長沙定王臺〉，見稱于張安國。著有《適齋類稿》八卷。《書錄解題》著錄其詞。《四庫》未收，朱竹垞輯《詞綜》，搜羅甚富，而云隻字未見，則流傳之罕可知矣。」去華，《宋史》無傳。《全宋詞》第三冊「袁去華」條載：「去華字宣卿，奉新人。紹興十五年（1145）進士。善化知縣，又知石首縣。有《袁宣卿詞》一卷。」亦可參考。

樵隱詞一卷

《樵隱詞》一卷，毛开平仲撰。

廣棪案：《宋史》卷二百八〈志〉第一百六十一〈藝文〉七〈別集類〉著錄：「毛开《樵隱集》十五卷。」未悉有包括詞集否？开，《宋史》無傳。《宋詩紀事》卷四十九「毛开」條載：「开字平仲，三衢人，友之子。仕正宛陵、東陽二州倅。有《樵隱集》。」《全宋詞》第二冊「毛开」條載：「开字平仲，信安（今浙江常山）人。禮部尚書友之子。仕止州倅。與尤袤友善，袤嘗序其《集》。有《樵隱詩餘》。」均可參證。《宋六十名家詞》第二集收有《樵隱詞》一卷，有王木叔〈題樵隱詞〉，云：「《樵隱詩餘》一卷，信安毛平仲所作也。平仲為人，傲世自高，與時多忤，獨與錫山尤遂初厚善，臨終以書別之，囑以志墓。遂初既為〈墓誌銘〉，又序其《集》。或病其詩文視樂府頗不逮，其然豈其然乎？乾道柔兆閹茂陽月，永嘉王木叔題。」木叔即王柟也。

盧溪詞一卷

《盧溪詞》一卷，王庭珪民瞻撰。

廣棪案：《宋史》卷二百八〈志〉第一百六十一〈藝文〉七〈別集類〉著錄：「王庭珪《盧溪集》十卷。」未悉有包括詞集否？庭珪字民瞻，《宋史翼》作「民珪」，誤。江西安福人。《宋史翼》卷七〈列傳〉第七有傳。《宋詩紀事》卷三十九「王庭珪」條載：「庭珪字民瞻，安福人。政和八年進士。紹興中，胡銓上疏乞斬檜，謫新州。庭珪獨以詩送行，坐訕謗，流夜郎。檜死，許自便。孝宗召對內殿，除直敷文閣，有《盧溪集》。」可參證。《唐宋名賢百家詞》上冊有《盧溪詞》一卷。

知稼翁集一卷

《知稼翁集》一卷，考功郎官莆田黃公度師憲撰。

廣棪案：《宋史》卷二百八〈志〉第一百六十一〈藝文〉七〈別集類〉著錄：「黃公度《莆陽知稼翁集》十二卷。」未悉包括詞集否？公度字師憲，福建莆田人。高宗時爲考功員外郎。《宋史翼》卷二十四〈列傳〉第二十四〈儒林〉二有傳。《宋六十名家詞》第六集有《知稼翁詞》一卷。

紹興戊午大魁。坐與趙忠簡往來，得罪秦檜，流落嶺表。更化召對爲郎，未幾死，年財四十八。

案：《宋史翼》公度本傳載：「紹興八年省試第一，是科免廷試，賜進士及第，簽書平海軍節度判官，代還，除秘書省正字。時秦檜當國，用李文會居言路，排擊無虛日。公度移書文會，責其受檜風旨。文會以告檜，檜嗾侍御史汪渤劾公度，欲爲趙鼎游說，陰懷向背，遂罷歸，主管台州崇道觀。十九年，差通判肇慶府，攝知南恩州。增學廩，遴秀民，與之登降揖遜，學者用勸。南恩自唐貞觀置郡，至是始有登第者，邦人像而祠之。檜死，高宗親政，始召還。詢以嶺外弊事，公度曰：『廣東西路數小郡，如貴新、南恩之類，守臣有至十年不遷者。權官苟且，郡政弛廢，民受其弊。』高宗曰：『何不除人？』公度曰：『緣闕在堂除，欲者不與，與者不欲。』高宗曰：『撥歸部則無此弊矣。』遂以公度爲考功員外郎，兼金部。明年，輪對便殿，乞總權綱，厚風俗。高宗嘉納，尋卒，年四

十有八，累贈中奉大夫。」可參證。

呂聖求詞一卷

《呂聖求詞》一卷，檇李呂渭老聖求撰。宣和末人，嘗為朝士。

廣棪案：此書〈宋志〉未著錄。渭老，《宋史》無傳。《宋詩紀事》卷四十二「呂渭老」條載：「渭老字聖求，嘉興人。宣、靖間朝士。」《唐宋名賢百家詞》上冊有《呂聖求詞》一卷，卷首有趙師㟧〈呂聖求詞序〉，曰：「世謂少游詩似曲，子瞻曲似詩，其然乎？至荊公〈桂枝香詞〉，子瞻稱之：『此老真野狐精也。』詩、詞各一家，惟荊公備眾作。豔體雖樂府柔麗之語，亦必工緻，真一代奇材。後數十年，當宣和末，有呂聖求者以詩名。諷詠中率寓愛君憂國意，不但弄筆墨清新俊逸而已。其〈憂國詩〉云：『憂國憂身到白頭，此生風雨一沙鷗。』又云：『尚喜山河歸帝子，可憐麋鹿入王宮。』〈痛傷詩〉云：『塵斷征車口，雲低虜帳深。古今那有此，天地亦何心。』〈釋憤詩〉云：『未湔嵇紹血，誰發諫臣章。』赤心皆口，詩史氣象，縉紳巨賢多錄藁家藏，但不窺全袟，未能為刊行也。一日，復得《聖求詞集》一編，婉媚深窈，視美成、耆卿伯仲耳。余因念聖求詩詞俱可以傳後，惜不見他所著述，以是知世間奇才未嘗乏也。士友輩將刻《聖求詞》，求序於余，故余得言其大概。聖求居嘉興，名濱老，嘗位周行，歸老於家云。嘉定壬申中秋，朝奉大夫、成都路轉運判官趙師㟧序。」可參考。

退齋詞一卷

《退齋詞》一卷，長沙侯延慶季長撰。壓卷為天寧節〈萬年歡〉，又有庚寅京師作〈水調〉，則大觀元年也。

廣棪案：此書〈宋志〉未著錄。惟《讀書附志》卷下〈別集類〉四著錄：「《退齋居士文集》二十八卷。右起居舍人侯延慶字季長之文也。季長，衡山人。政和六年進士，嘗侍講筵。高宗取杜詩『直臣寧戮辱，賢路不崎嶇』之句，書扇以賜之。兄彭老所為〈誌銘〉附《集》後。」可參考。延慶，《宋史》無傳。《宋人傳記資料索引》載：「侯延慶，字季長，號退齋居士，衡山人，彭老弟。登政和六年進士，官至右文殿修撰。著《退

齋集》。」延慶所撰〈萬年歡〉、〈水調〉二詞均佚，無可考。

金石遺音一卷

《金石遺音》^{廣棪案：盧校本「石」作「谷」。}一卷，石孝文^{廣棪案：盧校本「文」}
^{作「友」。}次仲撰。

　　廣棪案：《宋史藝文志補·集部》著錄：「石孝友《金谷遺音》一卷，_{字次}
　　_{仲，南昌人。}」是盧氏所校不誤。孝友，《宋史》無傳。《宋詩紀事》卷五十
　　四「石孝友」條載：「孝友字次仲，南昌人。乾道進士，以詞名，有《金
　　谷遺音》。」《宋六十名家詞》第三集有《金谷遺音》一卷。

歸愚詞一卷

《歸愚詞》一卷，葛立方常之撰。

　　廣棪案：《宋史》卷二百八〈志〉第一百六十一〈藝文〉七〈別集類〉著錄：
　　「葛立方《歸愚集》二十卷。」未悉有包括詞集否？立方，《宋史》卷三百
　　三十三〈列傳〉第九十二〈葛宮〉於附載葛書思後載：「子勝仲，孫立方，
　　皆以學業至侍從，世爲儒家。勝仲自有傳。」同書卷四百四十五〈列傳〉
　　第二百四〈文苑〉七〈葛勝仲〉載：「子立方，官至侍從。孫邲，爲右相，
　　自有傳。」是立方乃葛書思之孫，勝仲之子，邲之父也。《宋詩紀事》卷四
　　十五「葛立方」條載：「立方字常之，丹陽人，徙吳興。勝仲之子。紹興八
　　年進士，隆興間官至吏部侍郎，有《西疇筆耕》、《韻語陽秋》、《歸愚集》。」
　　可參證。《宋六十名家詞》第四集有《歸愚詞》一卷。

信齋詞一卷

《信齋詞》一卷，葛剡^{廣棪案：「剡」應作「郯」。}謙問撰。

　　廣棪案：此書〈宋志〉未著錄。郯，《宋史》無傳。《全宋詞》第三冊「葛郯」
　　條載：「郯字謙問，歸安_{（今浙江省吳興縣）}人。葛立方之子。紹興二十四年_{（1154）}
　　進士。乾道七年_{（1171）}，常州通判。守臨川，淳熙八年_{（1181）}卒。有《信齋
　　詞》一卷。」可參證。《唐宋名賢百家詞》下冊有《信齋詞》一卷。

澗壑詞一卷

《澗壑詞》一卷，雙井黃談子默撰。

  廣棪案：此書〈宋志〉未著錄。談，《宋史》無傳。《宋元學案補遺》卷四十一〈衡麓學案補遺〉「黃先生談」條載：「黃談字子默，元祐給事中夷仲之曾孫，山谷先生從孫，實傳詩社之正印，有《文集》三十卷，自號澗壑居士。早受知于胡明仲侍郎，其後劉共父樞密、張安國舍人繼帥湖南，皆爲上客。屬以文翰，人門具美，宜在朝廷，而官止榷務，壽不及知命，識者惜之。《周益公集》。」《宋詩紀事補遺》卷之五十二「黃談」條載：「黃談字子默，義寧州人。官至朝奉郎，有詩名，著有《澗壑詩詞》二集。」可參證。《永樂大典》二千二百六十五「湖字韻」收有談〈念奴嬌·過西湖〉一首。

嬾窟詞一卷

《嬾窟詞》一卷，東武侯寘彥周撰。其曰母舅晁留守者，謙之也。

  廣棪案：《宋史藝文志補·集部》著錄：「侯寘《嬾窟詞》一卷，字彥周，東武人。」寘，《宋史》無傳。《全宋詞》第三冊「侯寘」條載：「寘字彥周，晁謙之甥，東武（今山東諸城）人。南渡居長沙。曾官耒陽縣令。卒於乾道、淳熙間。有《嬾窟詞》。」《宋人傳記資料索引》載：「侯寘字彥周，東武人，晁謙之甥，南渡後居長沙。嘗官耒陽令，卒於乾道、淳熙間。有《嬾窟詞》，婉約嫻雅，在南宋諸家中，亦推作者。」可參證。

紹興中以直學士知建康。

  案：晁謙之，《宋史》無傳。《宋元學案補遺》卷五〈古靈四先生學案補遺·晁氏家學〉「晁先生謙之」條載：「晁謙之，汝南主客季子。年十有三歲，竊有志焉。如人適嗜好而勤收拾，無遠邇，惟恐主客一字留落也。乃得主客詩若干，雜文、論、表、章若干，定著爲若干卷，以待後之攬者。《晁景迂集》。」可參考。《宋詩紀事》卷四十二「晁謙之」條載：「謙之字恭道，居信州。紹興間以敷文閣直學士知建康。」吳廷燮《南宋制撫年表》卷上「江南東路」載：「（紹興）十五年（1145），晁謙之，是月庚午，由撫州知建康。十六年（1146），晁謙之。十七年（1147），晁謙之。十八年

（1148），晁謙之，四月癸丑罷。」是「以直學士知建康」者，乃謙之也。謙之知建康，前後凡四年。

王周士詞一卷

《王周士詞》一卷，長沙王以寧周士撰。

　　廣校案：此書〈宋志〉未著錄。以寧，《宋史》無傳。《宋詩紀事》卷四十二「王以寧」條載：「以寧字周士，湘潭人。由太學生仕鼎澧帥幕。靖康初，徵天下兵，以寧走鼎州，乞師解太原圍。建炎中，以宣撫司參謀制置襄鄧，有《詞》一卷。」可參考。《彊邨叢書》有王以寧《王周士詞》一卷。

哄堂集一卷

《哄堂集》一卷，館臣案：《文獻通攷》作「哄堂」，原本作「烘」，今改正。　廣校案：《宋六十名家詞》本作「烘堂」。盧炳叔易廣校案：「易」應作「昜」。撰。

　　廣校案：《宋史藝文志補·集部》著錄：「盧炳《哄堂詞》一卷。字叔陽。」炳，《宋史》無傳。《全宋詞》第三冊「盧炳」條載：「炳字叔陽，自號醜齋。嘉定七年（1214），時守融州，被論兇狠奸貪，放罷。有《烘堂詞》一卷。」《宋六十名家詞》第六集收有《烘堂集》一卷。毛晉〈題識〉云：「盧炳字叔陽，自號醜齋，多與同官唱和。詞中喜用僻字，如袢湑、妭妛、褾子之類，異花幽鳥，雖屬小品，亦自可人。共六十餘調，長于描寫，令人生畫思。昔陳去非見顏持約畫梅，題詩云：『窗前光景晚清新，半幅溪籐萬里春。從此不貪江路遠，勝拚心力喚眞眞。』又云：『奪得斜枝不放歸，倚窗乘月看熹微。墨池雪嶺春俱好，付與詩人說是非。』一時賞識家謂詩中有畫，若烘堂，可謂詞中有畫矣。古虞毛晉識。」可參考

定齋詩餘一卷

《定齋詩餘》一卷，三山林淳太沖撰。

　　廣校案：此書〈宋志〉未著錄。淳，《宋史》無傳。梁克家《淳熙三山志》

卷二十九〈人物類〉四〈科名〉載：「隆興元年癸未木待問榜：林淳，湜
之兄，字質甫，終朝陽尉。」《宋詩紀事》卷五十四「林淳」條載：「淳，
三山人。乾道八年以嘉議郎爲涇縣令，修復古塘，民多稱之。」《宋詩紀
事小傳補正》卷三載：「林淳，福州永福人。隆興元年進士，潮陽尉。」
所載均屬淳之生平與宦歷。周泳先輯有《定齋詩餘》一卷。

漫堂集一卷

《漫堂集》一卷，豐城鄧元南秀撰。

　　廣棪案：此書〈宋志〉未著錄。元，《宋史》無傳，生平不可考。

養拙堂詞集一卷

《養拙堂詞集》一卷，董^{廣棪案：「董」乃「管」之譌。}鑑明仲撰。

　　廣棪案：《宋史藝文志補‧集部》著錄：「管鑑《養拙堂詞》一卷，字明仲。」
即此書。《解題》作者姓名誤作「董鑑」。鑑，《宋史》無傳。《全宋詞》
第三冊「管鑑」條載：「鑑字明仲，龍泉（今浙江省）人。以父澤官江西常
平提幹，始家臨川。淳熙十三年（1186），官至廣東提刑，權知廣州經略安
撫使。有《養拙堂詞》一卷。」可參考。《四印齋彙刻宋元三十一家詞》
有《養拙堂詞》一卷。

坦庵長短句一卷

《坦庵長短句》一卷，趙師俠介之撰。

　　廣棪案：此書〈宋志〉未著錄。師俠，《宋史》無傳。《宋詩紀事》卷八
十五「師俠」條載：「師俠號坦庵，太祖八世孫。」《宋詩紀事補遺》卷
九十二「趙師俠」條載：「字介之，號坦庵，江西新淦人。太祖八世孫。
淳熙二年進士，著有《坦庵長短句》。」《宋人傳記資料索引》載：「趙師
俠一作師使，字介之，號坦庵，居新淦，伯攄次子。舉淳熙二年進士，
官江華郡丞。有《坦庵長短句》一卷，摹寫風景，體狀物態，俱極精巧。」
均可參考。《宋六十名家詞》第二集有《坦庵詞》一卷，前有尹覺〈題坦

庵詞〉，云：「詞，古詩流也。吟咏情性，莫工於詞。臨淄六一，當代父伯，其樂府猶有憐景泥情之偏，豈情之所鍾不能自己於言耶？坦菴先生，金閨之彥，性天夷曠，吐而爲文，如泉出不擇地。連收兩科，如俯拾芥。詞章廼其餘事，人見其模寫風景，體狀物態，俱極精巧，初不知得之之易，以至得趣忘憂，樂天知命，茲又情性之自然也。因爲編次，俾鋟諸木，觀者當自識其胸次云。門人尹覺先之敘。」可參閱。

晦庵詞一卷

《晦庵詞》一卷，李處全粹伯撰。淳熙中侍御史。

　　廣棪案：《宋史藝文志補・集部》著錄：「李處全《晦庵詞》一卷，字粹伯。」即此書。處全，《宋史》無傳。《宋詩紀事補遺》卷之五十二「李處全」條載：「字粹伯，號晦菴，洛陽人，淑曾孫，梁克家榜進士。乾道六年除秘書丞，遷殿中侍御史。淳熙二年知袁州，歷知處州。紹興中，弟處勤守衢州，處全寓居江山縣之僧舍，擇林壑之勝，遂家焉。曾協《雲莊集》唱和甚多。」可參證。《四印齋彙刻宋元三十一家詞》輯有《晦庵詞》一卷。

近情集一卷

《近情集》一卷，鄱陽王大受仲可撰。

　　廣棪案：此書〈宋志〉未著錄。大受，《宋史》無傳。《宋元學案》卷五十五〈水心學案〉下〈水心門人〉「鹽官王拙齋先生大受」條載：「王大受，字宗可，一字拙齋，饒州人也。居吳。水心弟子，工詩，水心稱之。爲人豪邁，頗以經濟自負，吳開府琚客之，以異姓恩澤，奏爲紹興鹽官。初，過宮之諫，浮言盈市，先生因開府密奏孝宗：『陛下惟一子，不審處利害，恣國人騰口取名，于家計大不便。且羣臣以父子禮，故諍不敢止，陛下何不出手詔曰：『皇帝體不安，朕所深知也，卿且弗言。須秋涼，朕自擇日與皇帝相見也。』孝宗喜其策，即令琚擬進手詔，會宴駕不果。黨錮之禍作，胡紘等欲一網盡之。先生令開府密言于憲聖，調濟其中，事祕無人知者。徐忠文公徙南安，蔡璉言其謀爲不軌，先生力調護之。一日，佗胄女歸寧，忽致忠文書，佗胄發函黯然，即移袁州，尋歸故郡，皆先生所爲也。開禧

議和，侂胄欲用先生。先生謂：『金以首謀爲言，通軍前書，宜勿用平章銜，姑以陳自強主之。金問，則答以今已避位。』侂胄疑其建明漸廣，不從。史彌遠之誅韓也，水心門下士豫之者三人，其二爲趙蹈中兄弟，其一即先生也。于是吳鋼白上其父開府調劑二宮之功，且言先生實與密謀。先生故負氣，嘗得罪于樓宣獻公之兄，又誚宣獻之文，宣獻頗短之于彌遠，而嗣秀王師揆言于朝曰：『王大受一布衣，凡國之大謀，皆欲討分。』彌遠亦畏先生之才氣，命去袍笏，編置邵武，吳鋼不敢復言。先生遂放浪于詩，以終其身，水心爲之〈序〉。補。」可參考。

野逸堂詞一卷

《野逸堂詞》一卷，歷陽張孝忠正臣撰。

廣棪案：此書〈宋志〉未著錄。《宋史》卷三百七十三〈列傳〉第一百三十三〈張邵〉：「子孝覽、孝曾、孝忠。孝曾後亦以出使歿于金，金人知爲邵子，尙憐之。」是孝忠爲張邵子。《宋詩紀事補遺》卷五十「張孝忠」條載：「字正臣，鄞縣人。登隆興元年第，朝請郎，權知荊門軍，官至直寶謨閣，知金州兼制置使參議，見《江甯府志》、《書錄解題》。」可知其生平梗概。《全宋詞》第三冊有《張孝忠詞》一卷，凡八首，乃據《永樂大典》輯出者。

松坡詞一卷

《松坡詞》一卷，京鏜仲遠撰。

廣棪案：《宋史》卷二百八〈志〉第一百六十一〈藝文〉七〈別集類〉著錄：「《京鏜詩》七卷，又《詞》二卷。」所著錄詞之卷數與此不同。鏜字仲遠，豫章人。登紹興二十七年進士第，官至左丞相，薨，贈太保，諡文忠，改諡莊定。《宋史》卷三百九十四〈列傳〉第一百五十三有傳。吳訥《唐宋名賢百家詞》上冊有《松坡居士詞》一卷，後附黃汝嘉〈松坡居士詞跋〉，云：「右《松坡居士樂府》一卷，大丞相祁國京公帥蜀時所賦也。公以鎮撫之暇，酬唱盈編，抑揚頓挫，膠合音律，岷峨草木，有榮耀焉。汝嘉輒再鋟木豫章學宮，附於《詩集》之後，惟公之詞翰春

容，隨所寓而有，尚須編加裒次，將續刊之。慶元己未月初吉，門下士莆田黃汝嘉謹識。」可參考。

默軒詞一卷

《默軒詞》一卷，豫章劉德秀仲洪撰。<small>館臣案：劉德秀字仲洪，原本作「沖洪」，誤，今改正。</small>**慶元中為簽樞。**

　　廣校案：此書〈宋志〉未著錄。德秀，《宋史》無傳。《宋元學案》卷九十七〈慶元學案·附攻慶元偽學者〉載：「劉德秀，<small>字仲洪，洪州人。諫議大夫，首論留忠宣引偽學之罪。</small>」《全宋詞》第三冊「劉德秀」條載：「德秀字仲洪，豐城人。隆興元年（1163）進士。淳熙八年（1181），戶部犒賞酒庫所幹辦公事。慶元元年（1195），右正言。二年（1196），諫議大夫。開禧元年（1105），簽書樞密院事。嘉定元年（1108）卒。有《默軒詞》，不傳。」可參考。《全宋詞》僅收德秀〈賀新郎·西湖〉一首，迻錄如下：「雨沐秋容薄。瑩湖光、琉璃千頃，浪平如削。步遶湖邊佳絕處，時湧瓊樓珠閣。記一一、經行皆昨。十萬人家空翠裏，借姮娥、玉鑑相依約。捲霧箔，飛烟幕。　　天機雲錦纔收却。放芙蓉、岸花十里，翠紅成幄。向晚買舟撐月去，笑引銀漢共酌。醉欲起、騎鯨碧落。試喚坡仙哦妙句，問淡妝、此夕如何著。只雲月，是梳掠。<small>《永樂大典》卷二千二百六十五湖字韻引劉德秀詞。</small>」

岫雲詞一卷

《岫雲詞》一卷，長沙鍾將之仲山撰。**嘗為編修官。**

　　廣校案：此書〈宋志〉未著錄。將之，《宋史》無傳。《全宋詞》第四冊「鍾將之」條載：「將之字仲山，嘗為編修官。慶元二年（1196），監登聞鼓院。四年（1198），軍器監丞。開禧二年（1106），江西提刑兼權贛州。又曾為江南路轉運判官。有《岫雲詞》，今不傳。」可參考。《全宋詞》據《永樂大典》輯有將之詞二首，迻錄如下：「〈浣溪沙·<small>南湖席上次韻</small>〉二首鬢斝雲梳月帶痕。軟紅香裏步蓮輕。妖嬈六幅過腰裙。　　不怕滿堂佳客醉，只愁滅燭翠眉顰。更期疏影月黃昏。　　又：蘋老秋深水落痕。桂花微弄雨花輕。癯仙也解醉紅裙。　　太白麴君愁滿飲，小鴻眉黛愛低顰。尊前一洗眼花

昏。以上二首見《永樂大典》卷二萬零三百五十三席字韻引鍾將之詞。」

西樵語業一卷

《西樵語業》一卷，廬陵楊炎止廣棪案：「止」當作「正」。濟翁撰。

廣棪案：《宋史藝文志補・集部》著錄：「楊炎《西樵語業》一卷，號止清翁，廬陵人。」所著錄撰人姓名作「楊炎」，誤。毛晉《宋六十名家詞》第三集收有《西樵語業》一卷，亦誤作楊炎撰。考《宋詩紀事》卷五十七「楊炎正」條云：「炎正字濟翁，廬陵人。鶚按：炎正工詞，有《西樵語業》一卷，毛氏汲古閣刊本誤作楊炎號止濟翁，予見舊鈔本作楊炎正，濟翁。是炎正其名，濟翁其字也。今考《武林舊事》有楊炎正詩，《全芳備祖》有楊濟翁詩，即是一人。毛氏之誤可見矣。」亦可證《解題》之誤。炎正，《宋史》無傳。《宋詩紀事小傳補正》卷三載：「楊炎正，慶元二年進士，官安撫使。《江西詩徵》。」《全宋詞》第三冊「楊炎正」條載：「炎正字濟翁，廬陵（今江西省吉安）人。生於紹興十五年（1145）。登慶元二年（1196）進士第，爲寧遠簿。嘉定三年（1210），大理司直，七年（1214），知藤州，被論放罷。又曾知瓊州。有《西樵語業》。」可參考。

雲谿樂府四卷

《雲谿樂府》四卷，魏子敬撰。未詳何處人。

廣棪案：此書〈宋志〉未著錄。子敬，《宋史》無傳。《全宋詞》第四冊「魏子敬」條載：「《直齋書錄解題》卷二十二云：『未詳何處人。』有《雲溪樂府》四卷，不傳。」考周密《浩然齋雅談》卷下載：「嘗得題壁〈生查子〉云：『愁盈鏡裏山，心疊琴中恨。露濕玉欄秋，香伴銀屏冷。　雲歸月正圓，雁向人無信。孤損鳳凰釵，立盡梧桐影。』蓋魏子敬之詞也。」此即《雲谿樂府》之佚詞也。

西園鼓吹二卷

《西園鼓吹》二卷，徐得之思叔撰。

廣棪案：此書〈宋志〉未著錄。得之，《宋史》卷四百三十八〈列傳〉第一百九十七〈儒林〉八附〈徐夢莘〉。其〈傳〉曰：「夢莘弟得之，從子天麟。得之字思叔，淳熙十年舉進士。部使者以廉吏薦，以通直郎致仕。安貧樂分，不貪不躁。著《左氏國紀》、《史記年紀》，作《具敝篋筆略》、《鼓吹詞》、《郴江志》。」是夢莘乃得之兄長，天麟，其子也。《鼓吹詞》即《西園鼓吹》，同書異名耳。

李東老詞一卷

《李東老詞》一卷，李叔獻東老撰。

廣棪案：此書〈宋志〉未著錄。叔獻，《宋史》無傳，生平不可考。

東浦詞一卷

《東浦詞》一卷，韓玉溫甫撰。

廣棪案：《東浦詞》一卷，《宋志》未著錄，明毛晉《宋六十名家詞》第六集收之。毛晉〈識語〉云：「韓溫甫家于東浦，因以名其詞。雖與康順庵、辛稼軒諸家酬唱，其妍媸相去豈苧蘿、無鹽也。」是於《東浦詞》貶抑殊甚也。韓玉，《宋史》無傳；《四十七種宋代傳記綜合引得》亦無其資料。《四庫全書總目》卷一百九十八〈集部〉五十一〈詞曲類〉一著錄：「《東浦詞》一卷，江蘇巡撫採進本。宋韓玉撰。案是時有二韓玉。劉祁《歸潛志》曰：『韓府判玉，字溫甫，燕人。少讀書，尚氣節。擢第入翰林，為應奉文字。後為鳳翔府判官，大安中，陝西帥府檄授都統。或誣以有異志，收鞫死獄中。』《金史》、《大金國志》竝同。此一韓玉也。其人終於金。葉紹翁《四朝聞見錄》曰：『司馬文季使北不屈，生子名通國，蓋本蘇武之意。通國有大志，嘗結北方之豪韓玉舉事，未得要領。紹興初，玉挈家而南，授江淮都督府計議軍事。其兄璘在北，亦與通國善。癸未九月，以扇奇玉詩。都督張魏公見詩，甲申春，遣信往大梁，諷璘、通國等。至亳州，為邏者所獲，通國、璘等三百餘口同日遇害。』此又一韓玉也。其人由金而入宋。考《集》中有〈張魏公生旦〉、〈上辛幼安生日〉、〈自廣中出過廬陵贈歌姬段雲卿〉〈水調歌頭〉三首；〈廣東與康

伯可〉〈感皇恩〉一首，則是《集》爲歸宋後所編。故陳振孫《書錄解題》
有《東浦詞》一卷著於錄也。毛晉刻其詞入《宋六十家詞》，又詆其雖與
康與之、辛棄疾唱和，相去不止苦藶、無鹽。今觀其詞，雖慶賀諸篇不
免俗濫，晉所摘『且坐令中』二句，亦體近北曲，誠非佳製。然宋人詞
內此類至多，何獨刻責於玉。且《集》中如〈感皇恩〉、〈減字木蘭花〉、
〈賀新郎〉諸作，未嘗不淒清宛轉，何獨擯置不道，而獨糾其『冤家何
處』二語。蓋明人一代之積習，無不重南而輕北，內宋而外金。晉直以
畛域之見，曲相排詆，非眞出於公論也。」是宋時有二韓玉，《歸潛志》
所記者任府判，字溫甫，金衛紹王完顏永濟大安中（約西元 1210 年）鞫死
鞫死獄中；《四朝聞見錄》所記者則爲司馬通國所結北方豪傑，舉事未成，
宋高宗紹興初（約西元 1131 年）挈家南下，出任江淮都督府計議軍事。其人
由金而入宋，《東浦詞》一卷，即歸宋後所編，故《直齋書錄解題》得以
著錄。然《四朝聞見錄》未明言韓玉字溫甫，疑振孫有張冠李戴之譌。
至韓玉詞之成就，《四庫全書總目》評爲「淒清宛轉」，又謂毛晉「直以
畛域之見，曲相排詆，非眞出於公論」，所言似較允當。

李氏花萼集五卷

《李氏花萼集》五卷，廬陵李氏兄弟五人：洪子大、漳子清、泳子永、
泮子召、澥子秀，皆有官閥。

廣棪案：黃虞稷《宋史藝文志補·集部》著錄：「李洪等《李氏花萼集》五
卷，洪及弟漳、泳、泮、浙所著詞，廬陵人。」與此略同，惟「李澥」誤作「李
浙」。洪兄弟五人，《宋史》無傳。《宋詩紀事補遺》卷之六十一載：「李洪
字可大，揚州人，正民之子也。僑寓歸安之飛英坊，家世登桂籍，躋腌仕，
號淮南儒族。屢知藤州、溫州。慶元五年官浙東提舉，六年除本路提刑。
著有《芸庵類稿》二十卷。」《全宋詞》第三冊載李洪等人詞，並載其事迹
曰：「李洪。洪字子大，揚州人。建炎三年（1129）生。曾知溫州及藤州。
與弟漳、泳、泮、澥有《李氏花萼集》。洪又有《芸庵類藁》俱不傳。今祇
有輯本。」又載：「李漳。漳字子清。」又載：「李泳。泳字子永，號蘭澤。
淳熙中，嘗爲溧水令，又爲阬冶司幹官。淳熙末卒。」又載：「李泮。泮字
子召。」又載：「李澥。澥字子秀，新城邑丞，柯山別駕。」是洪等乃南宋

高、孝、光、寧間人。振孫謂五人「皆有官閥」，應可信。惟《全宋詞》謂洪兄弟爲揚州人，則誤。

好庵遊戲一卷

《好庵遊戲》一卷，莆田方信孺孚若撰。開禧中使入金國，後至廣西漕。

廣棪案：此書〈宋志〉未著錄。方信孺，《宋史》卷三百九十五〈列傳〉第一百五十四有傳，記載其開禧使金事蹟甚詳。《宋元學案補遺》卷九十八〈放翁門人・寺丞方好庵先生信孺〉載：「方信孺，字孚若，莆田人。九歲能文，以父蔭補番禺縣尉。以近臣薦使金，歲再往返，以口舌折強敵。金人計屈請見。後知夏州，築石隄二十里，人莫知其故。後金犯眞州城賴以全。寧宗朝爲寺丞，終寶慶知府。《姓譜》。雲濠謹案：「劉後村狀其行云：『公自號紫帽山人，又曰好庵。嘗從山陰陸公游，問詩。陸公為大書『詩境』二字。』又云：『公有山水癖，故其書有《南海百詠》、《南冠萃稿》、《南轅拾稿》、《曲江嘯詠》、《九疑復編》、《桂林兩三集》、《擊缶編》、《好庵遊戲》，皆板行。《出嶺詩文》三卷、《壽湖稿》一卷、《通問語錄》三卷云。』」據劉後村所狀，則信孺撰著甚富，除《好庵遊戲》外，《桂林兩三集》即其任廣西漕時作。好庵，信孺自號。其所爲詞，《全宋詞》第四冊僅收〈西江月・再遊龍隱巖進和陶商翁韻〉一闋，轉載自《粵西詩載》卷二十五，亦晚年仕廣西之作也。

鶴林詞一卷

《鶴林詞》一卷，簡池劉光祖德脩撰。紹熙名臣，為御史、起居郎，晚以雜學士終。

廣棪案：此書〈宋志〉未著錄。光祖，《宋史》卷三百九十七〈列傳〉第一百五十六有傳。謂：「劉光祖字德修，簡州陽安人。……光宗即位，除軍器少監，兼權侍左郎官，又兼禮部。時殿中侍御史闕，上方嚴其選，謂宰相留正曰：『卿監、郎官中有其人。』正沈思久之，曰：『得非劉光祖乎？』上曰：『是久在朕心矣。』……寧宗即位，除侍御史，改司農少卿。……進起居舍人。……升顯謨閣直學士，提舉玉隆萬壽官。引年不詳，提舉西京嵩山崇福宮。嘉定十五年卒，進華文閣學士，謚文節。」可參證。惟史謂

光祖「進起居舍人」，而非「起居郎」，考陳傅良《止齋集》卷十八有〈劉
光祖除起居郎制〉，則是《宋史》誤矣。光祖《鶴林詞》已佚，趙萬里《校
輯宋金元人詞》有《鶴林詞》一卷，《全宋詞》第三冊輯有《光祖詞》一卷。

蜀之耆德。

宋：《宋史》本傳載：「趙汝愚稱光祖論諫添烈似蘇軾，懇惻似范祖禹，世
以爲名言。」又載：「論曰：『劉光祖盛名與〈涪州學記〉並傳穹壤，世之
人何憚而不爲君子也。』」直齋稱光祖爲「蜀之耆德」，與汝愚及史論同。

有《文集》，未見。

案：《宋史》本傳謂光祖「所著《後溪集》十卷」。《宋史藝文志補・集部》
著錄：「劉光祖《後溪文粹》三十六卷，字修德，簡州人，顯謨閣學士，諡文節。」
《宋元學案補遺》卷七十九「晦翁同調。補文節劉後溪先生光祖」條載：
「梓材謹案：眞西山誌先生墓云：『享年八十有一，有《後溪集》百餘卷。』」
是光祖有《文集》之證，今佚。

笑笑詞集一卷

《笑笑詞集》一卷，臨江郭應祥承禧撰。嘉定間人。

廣椒集：郭應祥，《宋史》無傳。明吳訥編《唐宋名賢百家詞》，書前有〈百
家詞詞人小傳〉載：「郭慶祥（宋），臨江軍人，字承禧，號遯齋，又號笑
笑先生。嘉定進士。嘗官於楚、越之間，著有《笑笑詞》。」其書又載詹傅
〈笑笑詞序〉曰：「傅竊聞之：下士聞道大笑之，不笑不足以爲道。樂然後
笑，人不厭其笑。則知笑之爲辭，蓋一名而二義也。遯齋先生以宏博之學，
發爲經緯之文，形于言語議論，著于發策決斷，高妙天下，模楷後學。以
其緒餘寓于長短句，豈惟足以接張于湖、吳敬齋之源流而已。竊窺其措辭
命意，若連岡平隴，忽斷而後續；其下語造句，若奇葩麗草，自然而敷榮，
雖參諸歐、蘇、柳、晏，曾無間然。而先生自謂詩不甚工，棋不甚高，常
以自娛，人或從而笑之，豈非類下士之聞道也歟？先生亦有時而笑，人豈
非得其樂然後笑之笑也歟？……時太歲庚午嘉定三禩仲春既望，會稽詹傅
敬書。」嘉定，南宋寧宗年號，三年庚午爲西元一二一〇年，是應祥乃嘉
定間人。讀詹傅此〈序〉，固知《笑笑詞》之得名，又知其詞之成就也。

自《南唐二主詞》而下，皆長沙書坊所刻，號《百家詞》。其前數十家皆名公之作，其末亦多有濫吹者。市人射利，欲富其部帙，不暇擇也。

案：饒宗頤《詞集考・總集類》卷九「《百家詞》」條載：「《直齋解題》『笑笑詞』條下云：『自《南唐二主詞》而下，皆長沙所刻，號《百家詞》。』按此爲詞集叢刻之始。《直齋》著錄自南唐二主至《笑笑詞》凡九十二家，《彊村》本《笑笑詞》，有嘉定元年滕仲因〈跋〉稱：『長沙劉氏書坊既以二公（張于湖、吳敬齋）之詞鋟諸木，予叩遜齋，願併刊之（《笑笑詞》），以成湘中一段奇事，遜齋笑而可之，於是併書於後。』遜齋即郭應祥。知《百家詞》殆殺青於嘉定之初。」考朱孝臧《彊邨叢書》，所收《笑笑詞》卷末有滕仲因〈跋〉云：「詞章之派，端有自來，溯源徂流，蓋可考也。昔聞張于湖一傳而得吳敬齋，再傳而得郭遜齋，源深流長，故其詞或如驚濤出壑，或如縠縠紋江，或如淨練赴海，可謂冰生於水而寒於水矣。長沙劉氏書坊既以二公之詞鋟諸木，而遜齋《笑笑詞》獨家塾有本。一日，予叩遜齋願併刊之，庶幾來者知其氣脈，且以成湘中一段奇事。況三公俱嘗從宦是邦，則珍詞妙句，豈容有其二而闕其一？遜齋笑而可之。於是併書於後云。嘉定元年立春日，宋人滕仲因謹書。」是饒氏據此而知滕仲因《百家詞》殺青於嘉定之初。仲因生平無可考。

蕭閒集六卷

《蕭閒集》六卷，蔡伯堅撰。靖之子陷金者。

廣校案：伯堅，蔡松年字。松年，《金史》卷一百二十五〈列傳〉第六十三〈文藝〉上有傳。其〈傳〉載：「蔡松年字伯堅。父靖，宋宣和末，守燕山。松年從父來，管勾機宜文字。宗望軍至白河，郭藥師敗，靖以燕山府降，元帥府辟松年爲令史。天會中，遼、宋舊有官者皆換授，松年爲太子中允，除眞定府判官，自此爲眞定人。」故《解題》謂松年爲「靖之子陷金者」。《蕭閒集》六卷，《詞集考》卷七〈遼金元詞集考〉曰：「《蕭閒集》，蔡松年撰。松年（1107～1159），字伯堅。父靖，宋燕山寺，陷敵。松年仕金，由行臺尚書省令史累官至尚書右丞相。其鎭陽別業有蕭閒堂，自號蕭閒老人。事蹟具《金史》一二五〈文藝傳〉毛汶〈補金史蔡松年傳〉（《國學論衡》六朝，1935 年 12 月）。遺山謂百年以來，樂府推伯堅與彥高，號吳蔡體。《中州樂

府》錄其詞十二首,而刪去題序。《直齋書錄》有《蕭閒集》六卷,久佚。清道光間芙川張蓉鏡影鈔金源舊槧蕭閒老人《明秀集注》前半,即第一卷〈廣雅〉上二十首,第二卷〈廣雅〉下三十四首,第三卷〈宵雅〉上一十八首。後半已佚,尚存其目為第四卷〈宵雅〉下二十六首,第五卷〈時風〉上三十二首,第六卷〈時風〉下四十五首。以廣雅、宵雅、時風分類,最為特色。每卷次行題雷溪子魏道明元道注解。道明,易縣人,仕至安國軍節度使,暮年居雷溪,號雷溪子,有《鼎新詩話》行世。張〈跋〉謂所注博洽,可考一代人文。案《濩南詩話》摘魏注不確者四條,(《詩話》舉〈滿江紅〉『好在斜川三尺玉』句,『尺字不安;注以為漱玉堂泉,亦無干涉;予官門山,嘗得板本,乃三畝字』。知《蕭閒詞》在當時不止一種版本。)元遺山《中州樂府》蔡松年〈江城子〉後注云:『道明作注,義有不通。』亦魏注小疵也。」饒氏考此書及其撰人事蹟甚翔實,可參考。

吳彥高詞一卷

《吳彥高詞》一卷,吳激彥高撰。米元璋之壻,亦陷金,二人皆貴顯。

廣棪案:彥高,吳激字。《金史》卷一百二十五〈列傳〉第六十三〈文藝〉上有傳。其〈傳〉載彥高事蹟曰:「吳激字彥高。父栻,宋進士,官終朝奉郎、知蘇。激,米芾之壻也,工詩能文,字畫俊逸得芾筆意。尤精樂府,造語清婉,哀而不傷。將宋命至金,以知名留不遣,命為翰林待制。皇統二年,出知深州,到官三日卒。詔賜其子錢百萬、粟三百斛、田三頃以周其家。有《東山集》十卷行於世。『東山』,其自號也。」可與《解題》相參證。至米芾事蹟,則見《宋史》卷四百四十四〈列傳〉第二百三〈文苑〉六,曰:「米芾字元章,吳人也。以母侍宣仁后藩邸舊恩,補洽光尉。歷知雍丘縣、漣水軍,太常博士,知無為軍。召為書畫學博士,賜對便殿,上其子友仁所作〈楚山清曉圖〉,擢禮部員外郎,出知淮陽軍。卒,年四十九。」可知其梗概。至《解題》「二人皆貴顯」一語,則指吳彥高、蔡伯堅二人雖同陷金,然吳為「翰林待制」,蔡為「太子中允」,皆貴顯也。蔡、吳二人聯步詞壇,《四印齋所刻詞》收《蕭閒老人明秀集注》,王鵬運於〈跋〉中云:「蕭閒詞與吳激并稱,時號『吳蔡體』,尤為風尚所宗。」故直齋亦連類及之也。

白石詞五卷

《白石詞》五卷，姜夔堯章撰。

廣棪案：《宋史藝文志補·集部·詞曲類》著錄：「姜夔《白石道人歌曲》四卷，《別集》一卷。」與此不同。夔，《宋史翼》卷二十八〈列傳〉第二十八〈文苑〉三有傳。《詞集考·別集類》卷五〈宋代詞集解題〉著錄：「《白石道人歌曲》，姜夔撰。……《直齋書錄》載《白石詞》五卷，非長沙本，不經見。《南詞》本則作《白石先生詞》一卷。惟元至正間陶宗儀鈔葉居仲本乃現傳祖本，題為《白石道人歌曲》六卷，附《別集》一卷，第六卷末有嘉泰雲間錢希武題識，《別集》後有淳祐趙與嵓〈跋〉。卷一〈鐃歌〉十四首〈琴曲〉一首，卷二〈越九歌〉十首，卷三令三十二首，卷四慢二十首，卷五自度曲十首，卷六自製曲四首，此六卷當是白石手定。其《別集》十八首，殆嘉泰鋟版後之作，未知何人續收。此本惟一特點，乃自製曲等十七首旁注音譜，與《詞源》、《事林廣記》所載略可相通。《永樂大典》卷二二六五所收〈角招〉，其旁譜稍有移動，即音譜與歌詞之位置不照，已失『旁』字意義，所描譜字，與諸本不無異同，近校姜譜者尚忽略《大典》所錄也。」是《白石詞》版本至多，除《解題》所著錄之五卷本外，尚有其他諸本。

西溪樂府一卷

《西溪樂府》一卷，姚寬令威撰

廣棪案：《宋史藝文志補·集部·詞曲類》著錄：「姚寬《西溪居士樂府》一卷，字令威，剡川人。」與此同。寬，《宋史翼》卷二十八〈列傳〉第二十八〈文苑〉三有傳。《宋詩紀事》卷四十六「姚寬」載：「寬字令威，宏弟，嵊人。以父舜明任補官，權尚書戶部員外郎，樞密院編修官。有《西溪集》。」嵊縣即剡川，今浙江會稽道。《宋人傳記資料索引》載：「姚寬（1105～1162），字令威，號西溪，嵊人，舜明子。以父蔭補官，權尚書戶部員外郎、樞密院編修官。博洽工文，紹興三十二年卒，年五十八。著有《西溪叢話》一卷、《玉璽書》一卷、《五行秘記》一卷、《西溪集》十卷、《注司馬遷史記》一百三十卷。」《全宋詞》第三冊有《姚寬詞》一卷。

洮湖詞一卷

《洮湖詞》一卷，金壇陳從古晞顏撰。

廣棪案：此書〈宋志〉未著錄。陳從古，《宋史》無傳。《宋元學案補遺》卷三十六〈紫微學案補遺〉「祕閣陳先生從古」條載：「陳從古字希顏，金壇人，天資雋敏，自力于學。爲文辨麗宏壯，儒先交譽。紹興二十一年中進士第，調富陽尉。累知蘄州提點刑獄。就除本路轉運判官，特除直祕閣。自高、曾以來，世工篇什。先生及從呂居仁、向伯恭、蘇養直游，往往得其句法云。《周益公集》。」《全宋詞》「陳從古」條載：「從古字晞顏，金壇人。宣和四年（1122）生。紹興二十一年（1151）進士。乾道間，提點湖南刑獄，移本路轉運判官，除直祕閣。九年（1173），知襄陽府。淳熙元年（1174）罷。連畀衢、饒、秀三州，俱被論放罷。淳熙九年（1182）卒，年六十一。有《洮湖集》，又有單行《洮湖詞》，俱不傳。」《全芳備祖前集》卷三〈芍藥門〉收其〈蝶戀花〉「日借輕黃珠綴露」闋。

審齋詞一卷

《審齋詞》一卷，東平王千秋錫老撰。

廣棪案：《宋史藝文志補·集部·詞曲類》著錄：「王千秋《審齋詞》一卷，字錫老，東平人。」《宋人傳記資料索引》載：「王千秋，字錫老，號審齋，東平人，孝宗時流寓金陵。著有《審齋詞》一卷，風格秀拔，卓然爲南渡後一大家。」吳訥《唐宋名賢百家詞》收有《審齋詞》，卷首處有宣教郎知潭州衡山縣事梁文恭〈讀審齋先生樂府〉一篇，云：「審齋先生世稀有，曾是金陵一耆舊。萬卷胸中星斗文，百篇筆下龍蛇走。淵源更擅《麟史》長，碑版肯居〈鱷文〉後。倚馬常摧鏖戰場，脫腕雞供掃愁帚。中州文獻儒一門，異縣萍逢家百口。審齋〈謝解啓〉云：『少日羈孤，百口星分子異縣；長年憂患，一身蓬轉於四方。』恨極黃楊厄閏年，閑卻玉堂揮翰手。夜光乾沒世稱屈，遠枳卑栖價低售。漂搖何地著此翁，忘憂夜醉長沙酒。豈無厚祿故人來，爲辨草堂留野叟。嗟余亦是可憐人，慚愧阿戎驚白首。一燈續得審齋光，多少達人爲裔冑。晬予憔悴五峰下，頻寄篇來復相壽。年來事事淋過灰，尚有詩情聞情寶。有時信筆不自置，憶起居家呂窠臼。審齋樂府似《花間》，何必老夫疥篇右。」可悉千秋之遭際、才情，及其詞之風格。《宋六十名家

詞》第六集亦有《審齋詞》一卷。

海野詞一卷

《海野詞》一卷，曾覿撰。

　　廣棪案：《宋史藝文志補·集部·詞曲類》著錄：「曾覿《海野詞》一卷，字純甫，汴人。」與此同。《宋六十名家詞》第五集有《海野詞》一卷。

孝宗潛邸人，怙寵依勢，世號「曾龍」者也。龍名大淵。

　　案：覿，《宋史》卷四百七十〈列傳〉第二百二十九〈佞幸〉有傳。其〈傳〉載：「曾覿字純甫，其先汴人也。用父任補宮。紹興三十年，以寄班祗候與龍大淵同爲建王內知客。孝宗受禪，大淵自左武大夫除樞密副都承旨，而覿自武翼郎除帶御器械，幹辦皇城司。諫議大夫劉度入對，首言二人潛邸舊人，待之不可無節度；又因進故事，論京房、石顯事。大淵遂除知閤門事，而覿除權知閤門事。度言：『臣欲退之，而陛下進之，何面目尚爲諫官？乞賜貶黜。』中書舍人張震繳其命至再，出知紹興府。殿中侍御史胡沂亦論二人市權，既而給舍金安節、周必大再封還錄黃。時張燾新拜參政，亦欲以大淵、覿決去就，力言之，帝不納。燾辭去，遂以內祠兼侍讀。劉度奪言職，權工部侍郎，而二人仍知閤門事。必大格除目不下，尋與祠，二人除命亦寢。未幾，卒以大淵爲宜州觀察使、知閤門事；覿，文州刺史、權知閤門：皆兼皇城司。不數月間，除命四變。劉度出知建寧府，尋放罷。」可見曾、龍二人怙寵依勢之一斑。

蓮社詞一卷

《蓮社詞》一卷，館臣案：張掄詞名「《蓮社》」，原本作「蓮杜」，誤，今改正。張掄才甫撰。

　　廣棪案：《宋史藝文志補·集部·詞曲類》著錄：「張掄《蓮社詞》一卷，字才甫。」與此同。掄，《宋史》無傳。《全宋詞》「張掄」載：「掄字才甫，開封人。紹興間，知閤門事。淳熙五年（1178），爲寧武軍承宣使。知閤門事，兼容省四方館事。自號蓮社居士。有《蓮社詞》一卷。」可參考。《彊邨叢書》亦有張掄《蓮社詞》一卷。

梅溪詞一卷

《梅溪詞》一卷，汴人史達祖邦卿撰

廣棪案：《宋史藝文志補·集部·詞曲類》著錄：「史達祖《梅溪詞》二卷，字邦卿，汴人。」卷數不同。今《宋六十名家詞》第二集、《四印齋所刻詞》所收《梅溪詞》均作一卷，疑《宋史藝文志補》著錄作二卷，或誤。

張約齋鎡為作〈序〉。

案：《宋六十名家詞》所收《梅溪詞》有張鎡〈題梅溪詞〉，云：「〈關雎〉而下三百篇，當時之謂詞也。聖師刪以爲經，後世播詩章於樂府，被之金石管絃。屈、宋、班、馬，緜是乎出。而自變體以來，司花傍輦之嘲，沈香亭北之詠，至與人主相友善，則世之文人才士，遊戲筆墨于長短句間，有能瓌奇警邁、清新閒婉，不流於詭蕩汙淫者，未易以小伎言也。余埽軌林扃，草長門逕。一日，聞剝啄聲。園丁持謁入，視之，汴人史生邦卿也。迎坐竹陰下，郁然而秀整。俄起，謂余曰：『某自冠時聞約齋之號，今亦既有年矣。君身益湮晦，達以是來見，無他求。』袖出詞一編，余驚笑而不答生云。始取讀之，大凡如行帝苑仙瀛，輝華絢麗，欣眄駁接。因掩卷而嘆曰：『有是哉！能事之無遺恨也。蓋生之作，辭情俱到，織綃泉底，去塵眼中，妥帖輕圓，特其餘事。至於奪茗艷于春景，起悲音於商素，有瓌奇警邁、清新閒婉之長，而無施蕩汙淫之失。端可以分鑣清眞，平睨方回，而紛紛三變行輩，幾不足比數。山谷以行誼文章，宗匠一代。至序小晏詞，激昂婉轉，以伸吐其懷抱。而楊花謝橋之句，伊川猶稱可之。生滿襟風月，鸞唫鳳歊，鏘洋乎口吻之際者，皆自漱滌書傳中來。況欲大肆其力於五七言，迴鞭溫、韋之塗，掉鞅李、杜之域，躋攀風雅，一歸于正，不於是而止。雖然，余方以耽泥聲律，而顚踣擯棄，今又區區以勉生，非惑耶？若覽斯集者，不梏于玄黃牝牡，哀沈而悼未遇，寔繫時之所尚。余老矣，生鬚髮未白，數路得人，恐不特尋美于漢，生姑待之。』生名達祖，邦卿其字云。嘉泰歲辛酉五月八日，張鎡功甫序。」斯即張鎡約齋所撰〈序〉也。

不詳何人。

案：史達祖，《宋史》無傳。張宗泰《魯巖所學集》卷六〈三跋書錄解題〉云：「《書錄解題》失考者亦復不一而足。……又《梅溪詞》下云：『汴人

史達祖邦卿撰，張約齋磁爲作〈序〉，未詳何人。』按葉紹翁《四朝聞見錄》：『蘇師且既逐，韓侂胄爲平章，專倚堂吏史邦卿奉行文字，擬帖擬旨，俱出其手，權炙縉紳，侍從柬札，至用申呈。』即其人也。而『磁』亦『鎡』之訛。」饒宗頤《詞集考・別集類》卷五〈宋代詞集解題〉亦著錄：「《梅溪詞》，史達祖撰。達祖，字邦卿，號梅溪，汴人。《浩然齋雅談》云：『史邦卿，開禧堂吏也，當平原用事時，盡握三省權，一時士大夫無廉恥者皆趨其門，呼爲梅溪先生，韓敗亦貶死。』《四朝聞見錄》載韓侂胄誅後臣寮上言：『蘇師且既逐之後，堂吏史達祖等隨即用事，公受賄賂，共爲姦利。』又云：『韓專倚省吏史邦卿，擬帖撰旨俱出其手，權炙縉紳，侍從簡札至用申呈。有人于史几間大書云危哉邦卿，侍從申呈，未幾致黥云。』案嘉泰元年（1201）張鎡序《梅溪詞》尚稱之曰生。閱六年爲開禧二年，七月，蘇師且以罪謫，達祖始弄權。翌年冬，侂胄誅而達祖送大理寺根究矣。」可知其生平，振孫似未深究也。又考王鵬運《四印齋所刻詞・梅溪詞跋》云：「右史邦卿《梅溪詞》一卷，陳氏《直齋書錄》云：『汴人史達祖撰，張約齋鎡爲作〈序〉，不詳何人。』葉紹翁《四朝聞見錄》云：『韓侂胄爲平章，專倚省吏史達祖，韓敗黥焉。』或遂謂邦卿即侂胄吏，並引詞中『陪節北行，一錢不值』等語實之。按陳氏去侂胄未遠，邦卿果爲其省吏，何必曲爲之諱，猥云不詳，即以詞論，如〈滿江紅〉之『好領青衫』，〈齊天樂〉之「郎潛白髮」，皆非胥吏所能假託。且約齋爲手刃侂胄之人，何至與其吏唱酬，復作〈序〉傾倒如此，殆不然矣。堂吏非輿臺，侂胄之奸，視秦、賈有間，邦卿眞爲省掾，原不必深論，特古今同時同姓名者自不乏，強爲牽合，亦知人論世所宜辨也。』則王氏所辯亦頗具理據，可資參考。

竹屋詞一卷

《竹屋詞》一卷，高觀國賓王撰。

　　廣棪案：《宋史藝文志補・集部・詞曲類》著錄：「高觀國《竹屋癡語》一卷，字賓王，山陰人。」是《竹屋詞》又名《竹屋癡語》。

亦不詳何人。高郵陳造併與史二家序之。

　　案：《魯巖所學集》卷六〈三跋書錄解題〉曰：「《書錄解題》失考亦復

不一而足，⋯⋯又《竹屋詞》云：『高觀國賓王撰，亦不詳何人。高郵
陳造併與史二家序之。』按朱彝尊《詞綜》云：『高觀國，山陰人。』
又『并與史』二字，亦未明白，當云高郵陳造與史邦卿二家序之也。」
《詞集考・別集類》卷五〈宋代詞集解題〉著錄：「《竹屋癡語》，高觀
國撰。觀國，字賓王，山陰人。始末不可考，與史達祖唱和頗多，殆同
為社友。其〈東風第一〉壬戌立春訪梅溪同賦。為嘉泰二年（1202）。其
〈壽梅溪〉云：『調羹雅意，好贊助清時廊廟。』則梅溪為堂吏時也。
其〈壽放翁〉云：『賜杖清朝，命堂綠野。』則放翁最後起修國史時也。
其〈鳳棲梧〉『湖頭即席，長翁同賦。』即為竹屋作〈序〉之江湖長翁
陳造也。陳造序《竹屋癡語》謂：『高竹屋與史梅溪皆周、秦之詞，要
是不經人道語，其妙處，少游、美成亦未及。』其〈賀新郎・賦梅〉云：
『開遍西湖春意爛，算羣花正作江山夢。』頗為後人傳誦。周止菴則謂
竹屋凡響，得名之盛，當由社中標榜而成。《直齋書錄》載《竹屋詞》
一卷，非長沙本，並云『陳造併與史二家序之』，謂造併為梅溪、竹屋
二家作序也，《提要》以為『陳造與史達祖二家為之〈序〉』，恐有誤會。」
饒氏所考觀國生平及相關情事甚詳。考《四庫全書總目》卷一百九十九
〈集部〉五十二〈詞曲類〉二著錄：「《竹屋癡語》一卷，安徽巡撫採進本。
宋高觀國撰。觀國字賓王，山陰人。陳振孫《書錄解題》載《竹屋詞》
一卷，高觀國撰，不詳何人。高郵陳造與史達祖二家為之〈序〉。」是
《四庫全書總目》與《魯巖所學集》謂陳造與史邦卿二人並序《竹屋詞》，
均誤，而饒氏不誤，況今亦未見史〈序〉也。

劉改之詞一卷

《劉改之詞》一卷，襄陽劉過改之撰。

廣棪案：《宋史藝文志補・集部・詞曲類》：「劉過《龍州詞》一卷。」
是《劉改之詞》又名《龍州詞》。《宋六十名家詞》第四集《龍州詞》毛
晉〈跋〉云：「改之家于西昌，自號龍洲道人，為稼軒之客，故小詞亦
多相溷。如『堂上謀臣樽俎』之類是也。宋子虛稱為天下奇男子，平生
以氣義撼當世，其詞激烈，讀者感焉。花菴謂其詞學辛幼安。如〈別妾・
天仙子〉、〈詠畫者・小桃紅〉諸闋，《稼軒集》中能有此織秀語耶？古

虞毛晉識。」是《龍州詞》不盡效稼軒也。過，《宋史翼》卷二十九〈列傳〉第二十九〈文苑〉四有傳。其〈傳〉載：「劉過，泰和人。自號龍洲道人，以詩俠名湖海間。周益公聞其名，欲客之門下，不就。叩閽上書請光宗過重華宮，辭意懇婉，聲重一時。嘗以書陳恢復方略，謂中原可一戰而取。用事者不聽，以是落魄，無所遇合。晚年欲航海抵崑山，友人潘文留之，尋卒。《吉州人文紀略》。」可知其生平。惟〈傳〉稱過爲泰和人。泰和屬江西，襄陽屬湖北，而毛晉〈跋〉則有「改之家于西昌」之語，西昌即泰和。如非《解題》誤，或改之祖籍襄陽，而後遷泰和耶？未能確考。

冷然齋詩餘一卷

《冷然齋詩餘》一卷，蘇泂召叟撰。

廣棪案：此書〈宋志〉未著錄。《解題》卷二十〈詩集類〉下著錄：「《冷然齋集》十二卷，山陰蘇泂召叟撰。丞相子容四世孫，師德仁仲之孫。」頗悉其家世。泂，《宋史》無傳。《宋元學案補遺》卷九十八〈放翁門人〉「蘇先生泂」載：「蘇泂字召叟，山陰人。右僕射頌之四世孫。陳振孫《書錄解題》有《冷然齋集》二十卷。先生少時即從其祖游宦入蜀，長而落拓走四方，曾再入建康幕府。嘗以薦得官，而終偃蹇不遇以老。生平所與往來唱和者，皆一時知名士。有〈送陸放翁赴修史之命〉云：『弟子重先生，丱角以至斯。文章起嬰慕，德行隨蕭規。』是先生本從學於放翁，詩法流傳，淵源有自云。《四庫書目提要》。」是泂固放翁弟子。其《冷然齋詩餘》一卷，今已佚。《全宋詞》第四冊據張世南《游宦紀聞》卷八收其〈摸魚兒〉、〈雨中花〉二首。

蒲江集一卷

《蒲江集》一卷，永嘉盧祖皋申之撰。

廣棪案：此書〈宋志〉未著錄。祖皋，《宋史》無傳。《宋詩紀事》卷五十八「盧祖皋」條載：「祖皋字申之，又字次夔，號蒲江，永嘉人。樓攻媿甥。慶元五年進士。嘉定中爲軍器少監，權直學士院。」《宋元學案補

遺》卷七十九〈邱劉諸儒學案補遺‧樓氏門人〉「少監盧先生祖皋」條載：
「盧祖皋字申之，永嘉人，攻媿之甥也。力學，繼世科，滿爲郡博士。
于池州求贈以言，攻媿以其少孤而自立，將爲人師，盧鮮琢磨之益，大
書『無有師保，如臨父母』以遺之。《樓攻媿集》。梓材謹案：《兩浙名賢錄》載
先生登慶元第，嘉定中以軍器少監，與建人徐鳳並直北門，卒于官。有《蒲江集》。雲濠
謹案：先生曾攜《金縢圖》示攻媿，而攻媿為之〈跋〉。説詳《學案正編》。」可參考。
《宋六十名家詞》收有《蒲江詞》一卷，毛晉〈跋〉曰：「盧祖皋字申之，
自號蒲江居士，永嘉人。樓大防之甥也。一時永嘉詩人，爭學晚唐體。
徐照字道暉，徐璣字文淵，翁卷字靈舒，趙師秀字紫芝，稱爲四靈；與
申之倡和，莫能伯仲，惜其《詩集》不傳。黃叔陽謂其樂府甚工，字字
可入律呂，浙人皆唱之。《中興集》中幾盡探錄。或病其偶句太多，未足
驚目。余喜其『柳色津頭泫綠，桃花渡口啼紅』，較之秦七『鶯嘴啄花紅
溜，燕尾點波綠皺』，不更鮮秀耶？又『玉笛吹未徹，窗影梅花月。無語
只低眉，間拈雙荔枝。』直可步趨南唐『孤枕夢回雞塞遠，小樓吹徹玉
笙寒』矣！至如『江涵雁影梅花瘦，花片無聲簾外雨』云云，蓋古樂府
佳句也，惜乎《蒲江詞》一卷，僅僅二十有五闋耳！古虞毛晉識。」可
覘其詞成就。

欸乃集八卷

《欸乃集》八卷，昭武嚴次山撰。「欸」音「曖」，「乃」如字，余嘗辨
之甚詳。

　　廣棪案：《宋史藝文志補‧集部》著錄：「嚴仁《清江欸乃》一卷，字次
山，邵武人。」即此書。《魯巖所學集》卷六〈跋陳振孫書錄解題〉曰：「《書
錄解題》敍述諸書源流，州卻部居，議論明切，爲藏書家著錄之準，然
當審正之處，正復不少。…又《欸乃集》云：『昭武嚴次山撰，「欸」音
「曖」，「乃」如字。』按《宋詩紀事》，次山名仁，嚴羽之弟。又『欸
乃』終當以讀若『襖靄』爲允也。今江河渡口梢工張帆時，猶群然作此
音，予嘗親聞之。」嚴仁，《宋史》無傳。《宋人傳記資料索引》載：「嚴
仁字次山，號樵溪，邵武人。好古博雅。吳曦叛，楊巨源誅曦，安丙恚
而殺之，仁嘗作〈長憤歌〉，爲時傳誦。所爲詞極能道閨閣之趣，有集

曰《清江欸乃歌》。」可參考。《欸乃集》八卷，今佚。近人周泳先《唐
宋金元詞鉤沉》有〈欸乃集輯本題記〉，曰：「花庵《中興絕妙詞選》云：
『次山名仁，樵溪人。詞集名《清江欸乃》，杜月渚爲之〈序〉。其詞極
能道閨闈之趣。』陳振孫《直齋書錄解題》著錄長沙刻本《欸乃集》八
卷，顧其書已久佚。明以來諸選本選次山詞均未有除花庵外者。《千頃
堂書目》載嚴仁《清本欸乃》一卷，蓋即據花庵以補〈宋志〉，恐非眞
見其書也。泳先記。」《全宋詞》第四冊收嚴仁詞三十首，即取自《中
興以來絕妙詞選》卷五者。

花翁詞一卷

《花翁詞》一卷，孫惟信季蕃撰。

　　廣棪案：《宋史藝文志補·集部》著錄：「孫惟信《花翁詞》一卷，字季蕃。」
即此書。惟信，《宋史》無傳。劉克莊《後村先生大全集》卷一百五十有
〈孫花翁墓誌銘〉。《宋史翼》卷三十六〈列傳〉第三十六〈隱逸〉載：「孫
惟信字季蕃，婺人。工詩，喜談謔。嘉定初，嘗於大雪中登廬阜絕頂，
盡得其景物之詳，作記游卷，棄官不仕，隱居武林湖山間，自號花翁。
淳祐三年卒。安撫使趙無籧葬之湖上。《兩浙名賢錄》。」《解題》所著錄《花
翁詞》一卷，今佚，近人劉毓盤〈輯校花翁詞跋〉曰：「劉克莊〈孫花翁
墓志〉曰：『君諱惟信，字季蕃，自號花翁，開封人。曾祖昇以下，世有
武爵，以蔭當得官，不樂，棄去。始婚于婺，旋出游，留蘇、杭最久，
名重公卿間。長身縕袍，意度疏曠，其倚聲度曲，公瑾之妙也。』文見
《後村集》。花翁卒於理宗淳祐三年，友人安撫使趙節齋主其表葬，墓在
西湖寶石山之陽。光緒間，丁丙等重修，俞樾爲之〈記〉，文亦見《曲園
集》。歲壬子，余自秦中歸，寄孥於劉澂如京卿之堅匏別墅，面湖而居，
花翁墓在其牆外。朱清胡《抱山堂集》言有石几長八尺者，亦無恙。錮
墓以鐵，曲園謂即闔閭銅椁之意焉。陳振孫《直齋書錄解題》曰：『花翁
在江湖，頗有標致，多見前輩，善雅譚。長短句極工。』蓋其倜儻不群，
亦龍洲道人匹也。余嘗作〈瑞鶴仙〉詞，酹以巵酒，而惜其《集》之不
傳也。方回《瀛奎律髓》曰：『寶慶初，詩人爲客者什伯爲群，如阮梅峰
秀實、林可山洪、孫花翁惟信、高菊澗九萬，往往雌黃士大夫，口吻可

畏。』又曰：『史彌遠當國，詩禁作，花翁之徒乃改業為長短句。花翁尤
以詞得名。劉後村、劉隨如各有贈花翁〈沁園春〉詞，其推許甚至。陸
輔之作《詞旨》，錄其「絮飛春盡」三句為警句；又錄其「薄袖禁寒」二
句為屬對者法。』沈義父《樂府指迷》曰：『花翁時有好詞，亦善運意；
惟雅正之中，時有一二市井語。蓋詞以應歌者之用，周邦彥詞雅矣，張
炎《詞源》謂其於律，詞有未諧。西夏歸朝官言，有井水吃處，皆能歌
柳七詞，以其合律也。花翁之於柳七，有雅俗之別矣。』周密《浩然齋
雅談》所錄《集外》一詞，所謂市井語者耶？證之厲鶚《絕妙好詞箋》
則樊榭尚見其全集也。朱彝尊作《詞綜》，先於樊榭者將百年，而曰未之
見，則又何歟？抑聞之，自王鵬運四印齋匯刻詞出，於是唐、五代、宋、
金、元人詞孤本不經見者，復顯於世，亦詞學家否而復泰之機焉。《汲冢
周書》，安知無重見之日乎？乙卯秋，江山劉毓盤校畢並識。」是劉毓盤
氏所考惟信生平及其詞甚翔實，文中所引《解題》語，即據該書卷二十
〈詩集類〉下「《花翁集》一卷」條也。《全宋詞》第四冊收惟信詞十一
首，乃取自趙萬里《校輯宋金元人詞》者。

蕭閒詞一卷

《蕭閒詞》一卷，韓繆子耕撰。

　　廣棪案：此書〈宋志〉未著錄。韓繆，《宋史》無傳。《全宋詞》第四冊
　　「韓繆」載：「繆字子耕，號蕭閒。有《蕭閒詞》一卷，不傳。」《全宋
　　詞》取趙萬里《校輯宋金元人詞》所收繆詞六首，蓋輯自趙聞禮《陽春
　　白雪》也。

注坡詞二卷

《注坡詞》二卷，傴僂傅幹撰。

　　廣棪案：此書〈宋志〉未著錄。傅幹，《宋史》無傳，生平不詳。其《注
　　坡詞》二卷，今人蘇哲倫、楊萬里合編《唐宋詞書錄》著錄作十二卷，
　　有清徐積餘傳鈔天一閣舊藏明鈔本（陝西師範大學藏）、清鈔本（國家圖書館
　　藏）、武進趙尊嶽珍重閣手寫本、巴蜀書社 1993 年劉尙榮校正本。傅幹之

注，後人評價似不高。元人葉曾〈延祐本東坡樂府敘〉曰：「今之長短句，古三百篇之遺旨也。自風雅隳散，流爲鄭衛，侈靡之音，不能復古之淳厚久矣。東坡先生以文名于世，吟咏之餘，樂章數百篇，樂而不淫，哀而不傷，眞得六義之體。觀其含□吐詞，非涉學窺側。好事者或爲之注釋，中間穿鑿甚多，爲識者所誚。」疑所指斥之「好事者」，即傅幹也。其後清人王鵬運〈東坡樂府跋〉亦謂：「右延祐雲間本《東坡樂府》二卷。錢遵王，《讀書敏求記》：『《東坡樂府》二卷，刻於延祐庚申。舊藏注釋宋本，穿鑿蕪陋，殊不足觀。棄彼留此也。』其說與葉〈序〉吻合。按《文獻通考》：《注坡詞》二卷。陳氏曰：『仙溪傅幹撰。』而黃蕘翁〈跋〉即以毛鈔中〈戚氏〉敘穆天子、西王母云云爲宋本穿鑿之證，或未盡然。」據是，則如錢遵王、黃蕘翁亦同而貶抑此書矣！

注琴趣外篇三卷

《注琴趣外篇》三卷，江陰曹鴻注葉石林詞。

廣棪案：此書〈宋志〉未著錄。曹鴻，《宋史》無傳，生平不可考。《唐宋名賢百家詞》、《宋六十名家詞》均收有《石林詞》，附有關注〈題石林詞〉，曰：「右丞葉公以經術文章爲世儒宗，翰墨之餘，作爲歌調，亦妙天下。元符中，予兄聖功爲鎮江掾，公爲丹徒尉，得其小詞爲多，是時妙齡豪氣，未能忘懷也。味其詞婉麗，綽有溫、李之風。晚歲落其華而實之，能於簡淡時出雄傑，合處不減靖節、東坡之妙，豈近世樂府之流哉！陳德昭始得之，甚喜，出以示余，揮汗而書，不知暑氣之去也。《詩》云：『誰能執熱，逝不以濯。』公詞之能慰人心蓋如此。紹興關注書。」毛晉亦有〈石林詞跋〉，云：「少蘊自號石林居士，晚年居卞山下，奇石森列，藏書數萬卷，嘯詠自娛。所撰詩文甚富，有《建康集》、《審是集》、《燕語》，後人合編《石林總集》百卷行世外，《石林詞》一卷，與蘇、柳並傳，綽有林下風，作柔語殢人，眞詞家逸品也。其爵里始末，具載《年譜》及〈本傳〉。湖南毛晉識。」可見其詞學成就。又饒宗頤《詞集考・別集類》卷三〈宋代詞集解題〉著錄：「《石林詞》，葉夢得撰。……《直齋書錄》載江陰曹鴻注葉石林詞，名《注琴趣外篇》三卷，不經見。」是此書早佚。

注清真詞二卷

《注清真詞》二卷，曹杓季中注。自稱一壺居士。

廣棪案：此書〈宋志〉未著錄。《四庫全書總目》卷一百九十八〈集部〉
五十一〈詞曲類〉一著錄：「《片玉詞》二卷、《補遺》一卷，浙江巡撫採進
本。宋周邦彥撰。邦彥字美成，錢塘人。……據《書錄解題》，有曹杓字
季中號一壺居士者，曾註《清眞詞》二卷。今其書不傳。」考宋人陳元
龍集注《片玉詞》，劉肅爲撰〈周邦彥詞注序〉，中有云：「章江陳少章家
世以學問文章爲盧陵望族，涵泳經籍之暇，閱其詞，病舊注之簡略，遂
詳而疏之，俾歌之者究其事，達其辭，則美成之美益彰，猶獲昆山之片
珍，琢其質而彰其文，豈不快夫人之心目也。因命之曰《片玉集》云。
少章名元龍。時嘉定辛未杪臘。盧陵劉肅必欽序。」嘉定辛未，宋理宗
嘉定四年（1211）。後人多疑劉肅〈序〉文所言之「舊注」，即指曹杓《注
清眞詞》。如清黃丕烈《蕘圃藏書題識》卷十〈集類〉著錄：「《詳注周美
成詞片玉集》十卷，己巳秋，余友王小梧以此《詳注周美成詞片玉集》
三冊示余，……若《書錄解題》，《美成詞》名《清眞詞》，未知與《片玉
詞》有異同否？又有《注清眞詞》，不知即劉〈序〉所云『病舊注之簡略』
者耶？」朱祖謀《彊片叢書‧片玉集跋》曰：「若曹杓《注清眞詞》，亦
見《直齋書錄》，其書久佚。然茲《集》劉必欽〈序〉謂『病舊注之簡略，
詳而疏之』。所云舊注，疑即曹注。」餘如曹元忠《箋經堂遺集》卷十三
〈清眞詞跋〉亦云然。鄭文焯《校刻本清眞集》，其〈清眞詞校後錄要〉
則曰：「《清眞集》在宋時已有注本，《直齋書錄》云：『有曹杓字季中，
號一壺居士，曾注《清眞詞》二卷。』元本已無曹注者，則其書不傳久
矣。此爲注本之初桄。」鄭氏蓋以曹注早於陳元龍集注，故稱之爲「注
本之初桄」。曹杓，生平不可考。

樂府雅詞三卷、拾遺二卷

《樂府雅詞》三卷，《拾遺》二卷，館臣案：《文獻通考》：「《樂府雅詞》十二
卷。」曾慥編。

廣棪案：此書〈宋志〉未著錄。《四庫全書總目》卷一百九十九〈集部〉
五十二〈詞曲類〉二著錄：「《樂府雅詞》三卷、《補遺》一卷，江蘇巡本採

進本。宋曾慥編，慥有《類說》，已著錄。是編皆輯宋人之詞。前有朱彝
尊〈題詞〉，謂陳氏《書錄解題》載曾端伯《樂府雅詞》一十二卷、《拾
遺》二卷。此本鈔自上元焦氏，止存三卷及《拾遺》，殆非足本。然彝尊
《曝書亭集》又載此〈書跋〉云：『繹其〈自序〉，稱三十有四家，合三
卷，爲足本無疑。』蓋此卷，首所載爲彝尊初槀，《集》所載乃詳定之本
也。慥〈自序〉謂：『涉諧謔則去之，當時豔曲謬託歐公者，悉刪除之。
則命曰《雅詞》。』具有風旨，非靡靡之音可比。至於〈道宮薄媚西子詞〉，
排遍之後有入破、虛催、衰遍、催拍、歇拍、煞衰諸名，皆他本所罕載，
猶見宋人舊法，不獨九張機詞僅見於此。是又足資詞家之考證矣。」可
參考。曾慥，《宋史》無傳。《宋詩紀事》卷四十八「曾慥」條云：「慥字
端伯，晉江人。孝寬曾孫，丞相懷之從兄。官尚書郎，直寶文閣，奉祠
閑居銀峰，集百家類說凡六百二十餘種。自號至游居士。」《全宋詞》第
二冊「曾慥」條云：「慥字端伯，自號至游子，晉江人。歷倉部員外郎、
江西轉運判官。知虔州，荊門、廬州。紹興三十五年（1155），終右文殿
修撰。著《類說》五十卷，又有《皇宋詩選》、《樂府雅詞》諸書。《皇宋
詩選》今不傳。」可互參。《詞集考‧總集類》卷八著錄：「《樂府雅詞》
三卷、《拾遺》二卷，宋曾慥編。慥字端伯，又號至游子，晉江人。紹興
間，官至尚書郎，直寶文閣。奉祠家居，著述甚富。《賓退錄》云：『端
伯：觀詩有《百家詩選》，觀詞有《樂府雅詞》，稗官小說則有《類說》，
至神仙之學亦有《道樞》十鉅編。』本書〈自序〉爲紹興十六年丙寅(1146)，
時慥爲虔州守。」又謂：「《書錄解題》載『《樂府雅詞》三卷，《拾遺》
二卷』，《文獻通考》作『《樂府雅詞》十二卷，《拾遺》二卷』，陳第《世
善堂書目》作十四卷。朱竹垞鈔自上元焦氏者，《詞》三卷《拾遺》二卷，
〈跋〉稱三十四家，與〈自序〉合，因信爲足本。(朱〈跋〉以《通考》卷數
爲《書錄解題》卷數。)案各本卷數不同，而人名篇次悉同，但卷首等曲或
各自爲卷，或以原三十一家之三卷析爲六卷，或《拾遺》卷數分析不同，
要以朱〈跋〉所云三十四家爲可據。《拾遺》中多有佚名之詞，各本間有
補名，亦頗參差。書中有誤認作者，胡仔已舉出，並不能盡信，趙萬里
云：『《四庫全書》本於空缺處輒臆爲塡補，不足據。』」可與《四庫全書
總目》諸書所述相參證。

復雅歌詞五十卷

《復雅歌詞》五十卷，題鮦陽居士序，不著姓名。末卷言宮詞音律頗詳，然多有調而無曲。

廣棪案：此書已佚，不知著者。《古今合璧事類備要》外集卷十一收有鮦陽居士〈復雅歌詞序〉一篇，至為可貴，迻錄如下，以存鴻爪，其〈序〉曰：「孟子嘗謂：『今之樂，猶古之樂。』論者以為今之樂，鄭、衛之音也，烏可與韶、夏、濩、武比哉！孟子之言，不得無過。此說非也。《詩》，三百五篇，商、周之歌詞也，其言止乎禮義，聖人刪取以為經。周衰，鄭、衛之音作，詩之聲律廢除。漢興，制氏猶傳其鏗鏘。至元、成間，倡樂大盛，貴戚、五侯、定陵、高平、外戚之家，淫侈過度，至與人主爭女樂，而制氏所傳遂泯絕無聞矣。《文選》所載樂府詩，《晉志》所載〈碣石〉等篇，古樂府所載其名三百，秦漢以下之歌詞也。其源出於鄭、衛，蓋一時文人有所感發，隨世俗容態而有所作也。其意趣格力，猶以近古而高健。更五胡之亂，北方分裂，元魏、高齊、宇文氏之國，咸以戎狄強種，雄踞中夏，故其謳謠，淆雜華夷，焦殺急促，鄙俚俗下，無復節奏，而古樂府之聲律不傳。周武帝時，龜茲琵琶工蘇祇婆者，始為七均，牛洪、鄭譯因而演之，八十四調始見萌芽。唐張文收、祖孝孫討論鄭廟之歌，其數於是乎大備。迄於開元、天寶間，君臣相與為淫樂，而明宗尤溺於夷音，天下薰然成俗。於是才士始依樂工拍彈之聲，被之以辭，句之長短，各隨曲度，而愈失古之『聲依詠』之理也。溫、李之徒，率然抒一時情致，流為淫艷猥藝不可聞之語。吾宋之興，宗工巨儒文力妙天下者，猶祖其遺風，蕩而不知所止，脫于芒端，而四方傳唱，敏若風雨，人人歆艷咀味於朋游尊俎之間，以是為相樂也。其蘊騷雅之趣者，百一二而已。以古推今，更千數百歲，其聲律亦必亡無疑。屬靖康之變，天下不聞和樂之音者，一十有六年。紹興壬戌，誕敷詔音，弛天下樂禁。黎民歡懷，始知有生之快。謳歌載道，遂為化國。由是知孟子『今樂猶古樂』之言不妄矣。」〈序〉中「紹興壬戌」，乃宋高宗紹興十二年，《後雅歌詞》一書殆編成於其時或略後。此書趙萬里《校輯宋金元人詞》輯得待陳汝義、蘇軾、万俟咏、李邴、李清照等人之詞，合成一書，趙氏有〈復雅歌詞輯本題記〉，曰：「陳振孫云：『《復雅歌詞》五十卷，題鮦陽居士序，不著姓名，末卷言宮詞音律頗詳，然多有調而無

曲。』是直齋已不詳此書爲何時何人所著（徐光浦《自號錄》亦無銅陽之名）。
明刻《重校北西廂記》引李邴〈調笑令〉，云出《復雅歌詞》後集，知其
書又分前、後集。觀陳元靚《歲時廣記》所引，知其體例與《本事曲子
集》、《古今詞話》、及《本事詞》、《侍詞記事》（俱引見《歲時廣記》）相類似，
同可視爲最古之『詞林記事』。顧徐釚《詞苑叢談》、張宗橚《詞林記事》、
馮金伯《詞苑萃編》中俱未引及，蓋隱晦已久。因輯存之，俾談藝者有
所考焉。萬里記。」是萬里亦不識銅陽居士。饒宗頤《詞集考・總集類》
卷九著錄：「《復雅歌詞》五十卷，宋銅陽居士輯。《直齋書錄》載此書云：
『題銅陽居士序，不著姓名。末卷言宮詞音律頗詳。然多有調而無曲。』
按《漢書・地理志》，汝南郡有銅陽縣，銅字應從《廣韻》上聲「四十四
有」，與『紂』同音。（此爲除柳切。另有徒紅切及直冢二切，《廣韻》入東部及腫部，
乃魚名。）疑南渡之士，不忘祖籍，因稱銅陽居士，猶周草窗自號爲華不
注山人也。增修箋注本《草堂詩餘》卷下最末有『銅陽居士云』一則，
實轉錄《花菴詞選》卷二蘇軾〈卜算子〉詞下所引。自至正癸未本誤『銅
陽』爲『衡陽』，洪武本、荆聚本、陳鍾秀本皆沿之，惟顧從敬本不誤。
趙氏輯本未辨其原委，其〈校記〉於『衡』、『銅』二字有疑詞，非是。《直
齋》載此書五十卷，謂末卷言宮詞（疑調字）音律頗詳。黃花菴稱『《復雅》
一集兼採唐、宋，迄於宣和之季，凡四千三百餘首』，〈中興以來絕妙詞
選序〉，知其書爲兼著詞話之總集巨帙。書名《復雅》，當與曾慥編名《雅
詞》同義。觀張皋文《詞選》引其『缺月刺明微』之說，雖並被穿鑿之
譏，而其欲尊詞體之意，則灼然矣。趙萬里云：『明刻重校《北西廂記》
引李邴〈調笑令〉』，『出《復雅歌詞，後集》』，知其書又分前、後集。」
則饒氏所考，有補趙氏之未及者。

草堂詩餘二卷、類分樂章二十卷、群公詩餘前後編二十二卷、五十大曲十六卷、萬曲類編十卷。

《草堂詩餘》二卷、

廣校案：吳昌綬〈草堂詩餘跋〉曰：「世傳《草堂詩餘》，異本最多。《四
庫提要》云：舊傳南宋人所編。王楙《野客叢書》作于慶元間，已引《草
堂詩餘》張仲宗〈滿江紅〉詞，證『蝶粉蜂黃』之語。則此書在慶元以

前。按《直齋書錄解題》:『《草堂詩餘》二卷,書坊編集者。』此見于著錄之始。惟其出坊肆人手,故命名不倫,所采亦多蕪雜。取便時俗,流傳浸廣,宋刻今不可見。」慶元,宋寧宗年號（1195～1200）。

《類分樂章》二十卷、

案:此書已佚,無可考。

《群公詩餘前後編》二十二卷、

案:此書亦無考。然宋人頗有以「群公」命書名者。如《宋史》卷二百五〈志〉第一百五十八〈藝文〉四〈雜家類〉著錄:「吳宏《群公典刑》二十卷。」又《宋史藝文志補‧集部‧總集類》著錄:「《群公四六》十卷。」蓋一時編書之風氣也。

《五十大曲》十六卷、《萬曲類編》十卷,皆書坊編集者。

案:以上二書亦無可考。

陽春白雪五卷

《陽春白雪》五卷,趙粹夫編。取《草堂詩餘》所遺以及近人之詞。館臣案:此條原本脫漏,今據《文獻通考》補入。　廣棪案:盧校本「之詞」作「所作」。

　　廣棪案:此本宋、元刻本皆未見,《中國古籍善本書目》卷三十〈詞類‧總集〉著錄:「《陽春白雪》□□卷,明刻本存一卷一。」此本為現僅存最早之明刻本,惜不全。秦恩復〈陽春白雪跋〉曰:「《陽春白雪》八卷,又《外集》一卷,宋趙聞禮編次宋時名人之詞,附以己作。聞禮字立之,又號鈞月。《書錄解題》云:『五卷,趙粹夫編。』非完書也。世鮮傳本,魚魯之訛,在所難免,又無善本可校。」是秦氏以五卷本為非完書。饒宗頤《詞集考‧總集類》卷十著錄:「《陽春白雪》,宋趙聞禮編。聞禮,字立之,一字粹夫,號鈞月,臨濮人,自著有《鈞月集》。此書所選知名詞人如王聖與（沂孫）輩,多入元後尚生存者。其第八卷丁無隱〈齊天樂〉題云:『庚戌元夕,都下遇趙立之。』此庚戌歲,應是理宗淳祐十年（1250）書八卷,外集一卷。共選詞六百六十八闋。阮元《揅經室外集》卷三〈四庫未收書提要〉云:『此從舊鈔依樣倣寫,所選凡二百餘家（除無名氏十八闋外,共有二百四十八家）,宋代不傳之作,多萃於是,去取亦復謹嚴,絕無

猥濫之習。自錄詞如〈玉漏遲〉、〈法曲獻仙音〉、〈瑞鶴仙〉等闋，字鍊句琢，非專以柔媚爲工者可比。』張炎《詞源》下云：『近代詞人用功者多，如《陽春白雪集》，如《絕妙詞選》，亦自可觀。』至《直齋書錄》云：『《陽春白雪》五卷，取《草堂詩餘》所遺，以及近人之詞。』所述內容，與九卷本無大差異。秦恩復謂非完書，以傳本證之，無編時序跋，且體例不劃一，甚至有誤以他人詞爲己作者，疑結集非出趙氏之手，早已經人竄亂也。周草窗嘗譏趙氏竊取他人之作，以《集》中大半皆樓君亮（采）、施仲山（岳）所作，不悟非出趙氏。」饒氏考證翔實，足供參考。

章奏類廣棪案：盧校本作五十四〈章奏類〉。校注曰：有元本。

凡無他文而獨有章奏，及雖有他文而章奏復獨行者，亦別為一類。

廣棪案：《隋書・經籍志》、《舊唐書・經籍志》、《新唐書・藝文志》、《崇文總目》、《郡齋讀書志》均無〈章奏類〉。章奏之作，上述諸書皆歸諸〈集部・別集類〉或〈總集類〉。《章奏類》乃陳振孫於《解題・集錄》所獨創，蓋效鄭樵《通志・藝文略》，而將其〈文類〉第十二之「表章」、「奏議」二小類合而為一耶？

漢名臣奏一卷

《漢名臣奏》一卷，案：〈隋志・刑法類〉有《漢名臣奏事》三十卷、《唐志》已亡其一，《中興書目》僅存其二，一為孔光，一為唐林，今惟唐林而已。所言皆莽朝事，無足論者，姑以存古云爾。

廣棪案：《隋書》卷三十三〈志〉第二十八〈經籍〉二〈史・刑法篇〉著錄：「《漢名臣奏事》三十卷。」《新唐書》卷五十八〈志〉第四十八〈藝文〉二〈刑法類〉著錄：「《漢名臣奏》二十九卷。」是〈新唐志〉已亡一卷矣。《宋史》卷二百八〈志〉第一百六十一〈藝文〉八〈總集類〉著錄：「《漢名臣奏》二卷。」趙士煒《中興館閣書目輯考・集部・總集類》著錄：「《漢名臣奏》二卷，《玉海》六一。」考《玉海》卷六十一〈藝文・奏疏〉「《漢名臣奏》」條載：「〈唐志・刑法類〉：『《漢名臣奏》二十九卷。〈隋志〉三十卷，云「名臣奏事」。又有《丞相匡衡、大司馬王鳳奏》五卷。陳壽《漢名臣奏事》三十卷。』《中興書目》：『《漢名臣奏》二卷。一卷孔光元壽二年八月奏，篇凡三十一卷。唐林在新莽時奏，篇凡十。』《史記・河間獻王傳》注引《漢名臣奏》，杜業奏。《文選注》引杜業奏事。〈霍光傳〉注臣瓚案杜延年奏。〈藝文志〉注引《漢名臣奏》唐林云云。〈蔡邕傳〉注引《漢名臣奏》，張文上疏。《文選注》引應劭等議。《漢名臣奏》曰：『張禹奏曰：「案令丞相奏事司直持，案長史將簿中二千石奏事，皆與其丞合。」』」是《玉海》所引杜業奏、杜延年奏、張文上疏、應劭等議及張禹奏等，均可補《解題》所未及。

陸宣公奏議二十卷

《陸宣公奏議》二十卷，唐宰相嘉興陸贄敬輿撰。又名《牓子集》。

　　廣棪案：《解題》卷十六〈別集類〉上著錄：「《陸宣公集》二十二卷，唐宰相嘉興陸贄敬輿撰。權德輿爲〈序〉，稱《制誥集》十三卷、《奏草》七卷、《中書奏議》七卷。今所存者，《翰苑集》十卷、《牓子集》十二卷。〈序〉又稱別集文、賦、表、狀十五卷，今不傳。」《解題》既於〈別集類〉上著錄《陸宣公集》二十二卷，又於〈章奏類〉著錄《陸宣公奏議》二十卷，此即〈章奏類〉小序所言「雖有他文而章奏復獨行者，亦別爲一類」之意。《新唐書》卷六十〈志〉第五十〈藝文〉四〈別集類〉著錄：「陸贄《論議奏疏》十二卷，又《翰苑集》十卷，韋處厚纂。」《郡齋讀書志》卷第十七〈別集類〉上著錄：「《陸贄奏議》十二卷、《翰苑集》十卷，右唐陸贄敬輿也。贄，嘉興人。大曆八年進士，中博學宏詞書判拔萃科。德宗初，爲翰林學士。從奉天，還，爲中書舍人平章事。贄在奉天，日下詔書數百，初如不經思，逮成，皆周盡人情。嘗爲帝言：『今盜徧天下，宜痛自悔，以感人心。誠不吝改過，以言謝天下，使臣持筆無所忌，庶叛者革心。』上從之。故下制書，雖武夫悍卒，無不感動流涕。議者謂興元戡難功，雖爪牙宣力，蓋腹心有助焉。舊《翰苑集》外，有《牓子集》五卷，《議論集》三卷。元祐中，蘇子瞻乞校正進呈，改從今名。疑是時裒諸集以成云。」可參證。然《郡齋讀書志》作「十二卷」，則與《解題》著錄不同。至《宋史》卷二百八〈志〉第一百六十一〈藝文〉七〈別集類〉著錄「《陸贄集》二十卷」，則爲其詩集，非章奏也。贄，兩《唐書》有傳。

令狐公表奏十卷

《令狐公表奏》十卷，唐宰相華原令狐楚慤士撰。

　　廣棪案：《郡齋讀書志》卷第十八〈別集類〉中著錄：「《令狐楚表奏》十卷，右唐令狐楚字慤士撰。楚相憲宗，爲文善於牋奏。自爲〈序〉云：『登科後，爲桂、幷四府從事，掌牋奏者十三年，始遷御史。綴其稿，得一百九十三篇。』自號白雲孺子。」《宋史》卷二百八〈志〉第一百六十一〈藝文〉七〈別集類〉著錄：「令狐楚《奏表》十卷。」可參證。

楚長于應用，嘗以授李商隱。

案：楚，字殼士，德棻之裔，文宗太和時爲相。兩《唐書》均有傳。《舊唐書》卷一百九十下〈列傳〉第一百四十下〈文苑〉下〈李商隱〉載：「商隱能爲古文，不喜偶對。從事令狐楚幕，楚能章奏，遂以其道授商隱，自是始爲今體章奏。博學強記，下筆不能自休，尤善爲誄奠之辭，與太原溫庭筠、南郡段成式齊名，時號『三十六』。」《新唐書》卷二百三〈列傳〉第一百二十八〈文苑〉下〈李商隱〉載：「商隱初爲文，瑰邁奇古，及在令狐楚府，楚本工章奏，因授其學。商隱儷偶長短，而繁縟過之。時溫庭筠、段成式俱用是相夸，號『三十六體』。」又辛文房《唐才子傳》卷第七〈李商隱〉載：「商隱，字義山，懷州人也。令狐楚奇其才，使遊門下，授以文法，遇之甚厚。」均可證。

范文正公奏議二卷

《范文正公奏議》二卷，范仲淹撰。

廣棪案：趙希弁《讀書附志》卷下〈別集類〉二著錄：「《范文正公奏議》，右范文正公仲淹之奏議也。皇祐五年，韓魏王爲河東經略安撫使知并州時所序也、公字希文，蘇州人，中進士第。嘗與韓魏王開府涇州經略邊事。元昊請和，召拜樞副，除參知政事，以資政殿學士、戶部侍郎卒，贈兵書，諡文正。上篆其碑額曰『襃賢』。別有《丹陽集》二十卷，東坡先生序之。」可參考。《宋史》卷二百八〈志〉第一百六十一〈藝文〉七〈別集類〉著錄：「《范仲淹集》二十卷，又《奏議》十五卷。」是仲淹《奏議》十五卷，《解題》所著錄乃不完本也。仲淹，《宋史》卷三百一十四〈列傳〉第七十三有傳。

諫垣存藁三卷

《諫垣存藁》三卷，韓琦撰。

廣棪案：《宋史》卷二百八〈志〉第一百六十一〈藝文〉七〈別集類〉著錄：「《韓琦集》五十卷，又《諫垣存藁》三卷。」與此同。琦字稚圭，相州安陽人。《宋史》卷三百一十二〈列傳〉第七十一有傳。

富文忠劄子十六卷

《富文忠劄子》十六卷，富弼撰。平生歷官、辭免、陳情之文也。

廣棪案：《郡齋讀書志》卷第十九〈別集類〉下著錄：「《富文忠箚子》六卷、《奏議》十二卷、《安邊策》，右皇朝富弼字彥國，河南人。天聖八年中制科。至和二年，召拜同中書門下平章事。元豐中卒，年八十，諡文忠。其爲文章辨而不華，質而不俚。晁以道爲之〈序〉，其略曰：『人孰不仰公使虜之功？上乃拜公樞密副使，而公力辭。至和之末，請立皇嗣之功，人或未聞。公於褒進司徒則一命而不避。公聞人語及北事，便變色若不欲聞者。至青州救災之功，平居喜爲人道之。石介嘗以爨，契方公矣，而嚴事王沂公。薦士後至將相者多矣，而最喜劉彞。數事皆世所罕知者。』又曰：『公於仁宗時言猶雨露也，英宗時言猶海潮也，神宗時言猶鳳鳴也。』」可參考。《宋史》卷二百八〈志〉第一百六十一〈藝文〉七〈別集類〉著錄：「《富弼奏議》十二卷，又《箚子》十六卷。」是《富文忠箚子》應爲十六卷，《郡齋讀書志》作「六卷」，疑「六」上脫「十」字。弼字彥國，河南人。《宋史》卷三百一十三〈列傳〉第七十二有傳。

從諫集八卷

《從諫集》八卷，歐陽修撰。

廣棪案：《郡齋讀書志》卷第十九〈別集類〉下著錄：「《歐陽文忠公集》八十卷、《諫垣集》八卷。右皇朝歐陽修字永叔，吉州人。」《諫垣集》，疑即《從諫集》同書異名。《宋史》卷二百八〈志〉第一百六十一〈藝文〉七〈別集類〉著錄：「《歐陽脩集》五十卷，又《從諫集》八卷。」與此同。修，《宋史》卷三百一十九〈列傳〉第七十八有傳。

南臺諫垣集二卷

《南臺諫垣集》二卷，參政信安趙抃閱道^{廣棪案：盧校本作「說道」。}撰。

廣棪案：《宋史》卷二百八〈志〉第一百六十一〈藝文〉七〈別集類〉著錄：「趙抃《南臺諫垣集》二卷。」與此同。抃，《宋史》卷三百一十六〈列傳〉第七十五有傳。抃，宋神宗立，未幾擢參知政事。〈傳〉謂：「趙

抃字閬道，衢州西安人。」當以字閬道爲是，盧氏誤矣。衢州，今浙江省地，唐時屬信安郡，宋時稱衢州，治西安縣。故《解題》稱「信安」者，遡其初也；而《宋史》則稱抃「衢州西安人」。

范蜀公奏議二卷

《范蜀公奏議》二卷，學士蜀忠文公成都范鎮景仁撰。

　　廣棪案：《郡齋讀書志》卷第十九〈別集類〉下著錄：「《范蜀公奏議》二卷，右皇朝范鎮字景仁，成都人。舉進士，爲禮部第一。仁宗朝知諫院。後言王安石新法不便，乞致仕，歸潁昌。元祐初，詔召不赴。封蜀郡公。年八十一。謚忠文。」《宋史》卷二百八〈志〉第一百六十一〈藝文〉七〈別集類〉著錄：「范鎮《諫垣集》十卷，又《奏議》二卷。」與此同。鎮，《宋史》卷三百三十七〈列傳〉第九十六有傳。其〈傳〉曰：「范鎮字景仁，成都華陽人。……薨，年八十一。贈金紫光祿大夫，謚曰忠文。」可參證。

包孝肅奏議十卷。

《包孝肅奏議》十卷，樞密副使合肥包拯希仁撰。

　　廣棪案：《郡齋讀書志》卷第十九〈別集類〉下著錄：「右皇朝包拯字希仁，合淝人。天聖五年進士。爲御史中丞，知開封府。爲人剛嚴，聞者皆憚之。」《宋史》卷二百八〈志〉第一百六十一〈藝文〉七〈別集類〉著錄：「《包拯奏議》十卷。」與此同。拯，《宋史》三百一十六〈列傳〉第七十五有傳，其〈傳〉載：「包拯字希仁，廬州合肥人也。……拜樞密副使。頃之，遷禮部侍郎，辭不受，尋以疾卒，年六十四。贈禮部尚書，謚孝肅。」可參證。

呂獻可章奏十六卷

《呂獻可章奏》十六卷，館臣案：「《文獻通考》作二十卷。」御史中丞呂晦獻可撰。廣棪案：盧校注：「《通考》改陳氏，有『丞相正惠公之孫也』一句。」又

案：張宗泰《魯巖所學集》卷六〈四跋書錄解題〉曰：「《呂獻可章奏》下『呂誨』訛作『晦』。」

　　廣校案：《郡齋讀書志》卷第十九〈別集類〉下著錄：「《呂獻可章奏》二十卷，右皇朝呂誨字獻可。熙寧中，爲御史中丞，坐攻王安石，知鄧州。司馬溫公服其知人，誌其墓，且序其《章奏集》，云：『其草存者二百八十有九，歷觀古人，有能得其一二者，已可載之史籍，在獻可，蓋不足道也。』」《宋史》卷二百八〈志〉第一百六十一〈藝文〉七〈別集類〉著錄：「《呂誨集》十五卷，又《章奏》二十卷。」是則《解題》作「十六卷」者，非誤，恐其乃非完之本也。而名作「呂晦」，亦「呂誨」之譌，清人張宗泰《魯巖所學集》卷六〈四跋書錄解題〉已辨之。誨，《宋史》卷三百二十一〈列傳〉第八十有傳。其〈傳〉載：「呂誨字獻可，開封人。祖端，相太宗、眞宗。誨性純厚，家居力學，不妄與人交。進士登第，由屯田員外郎爲殿中侍御史。……神宗立，……召爲鹽鐵副使，擢天章閣待制，復知諫院，拜御史中丞。」可參證。誨祖端，《宋史》卷二百八十一〈列傳〉第四十有傳。〈傳〉載端，眞宗時「加右僕射，監修國史」，「卒，年六十六，贈司空，諡正惠」，故《文獻通考》有誨「丞相正惠公之孫也」之句，或《解題》本有此語。

經緯集十四卷

《經緯集》十四卷，廣校案：盧校本作十六卷。**樞密副使會稽孫抃元規撰。**

　　廣校案：《解題》此條之「孫抃」，乃「孫沔」之誤，自四庫館臣以來，以至張宗泰、盧文弨迄當世陳樂素先生，皆未嘗考論及之。考孫抃字夢得，有《孫文懿集》，《郡齋讀書志》卷十九〈別集類〉下著錄：「《孫文懿集》三十卷，右皇朝孫抃字夢得，眉山人。六世祖長孺喜藏書，貯以樓，蜀人號『書樓孫家』。天聖中進士甲科，累遷知制誥、翰林學士承旨，後參知政事。諡文懿。」抃傳見《宋史》卷二百九十二〈列傳〉第五十一，所載事蹟與《郡齋讀書志》同。至字元規則爲孫沔，沔傳見《宋史》卷二百八十八〈列傳〉第四十七，載：「孫沔字元規，越州會稽人。中進士第，……景祐元年，……遂以起居舍人爲陝西轉運使。……至南京，召爲樞密副使。」可參證。是抃與沔，皆宋仁宗天聖、景祐間人，抃字

夢得，眉山人；沏字元規，越州人。抃書名《孫文懿集》，沏書名《經緯集》，振孫失慎，將兩者相混，亟須糾正。惟《經緯集》十四卷已不可考，《宋史》卷二百八〈志〉第一百六十一〈藝文〉七〈別集類〉著錄有「《孫沏集》十卷」，二者或非同一書。

傅獻簡奏議四卷

《傅獻簡奏議》四卷，傅堯俞撰。

　　廣棪集：《宋史》卷二百八〈志〉第一百六十一〈藝文〉七〈別集類〉著錄：「《傅堯俞奏議》十卷。」書同而卷數不同，振孫所藏者恐非完本。堯俞，《宋史》卷三百四十一〈列傳〉第一百載：「傅堯俞字欽之，本鄆州須城人，徙孟州濟源。十歲能為文，及登第，猶未冠。石介每過之，堯俞未嘗不在，介曰：『君少年決科，不以游戲為娛，何也？』堯俞曰：『性不喜囂雜，非有他爾。』介歎息奇之。嘗監西京稅院事，留守晏殊、夏竦皆謂曰：『子有清識雅度，文約而理盡，卿相才也。』」又載：「堯俞厚重寡言，遇人不設城府，人自不忍欺。論事君前，略無回隱，退與人言，不復有矜異色。初，自諫官補郡，眾疑法令有未安者，必有所不從，堯俞一切遵之，曰：『君子素其位而行，諫官有言責也，為郡知守法而已。』徐前守侵用公錢，堯俞至，為償之，未足而去。後守移文堯俞使償，久之，敀實非堯俞所用，卒不辯。司馬光嘗謂河南邵雍曰：『清、直、勇三德，人所難兼，吾於欽之畏焉。』雍曰：『欽之清而不耀，直而不激，勇而能溫，是為難爾。』」可窺其德操，及時賢之推譽。

范忠宣彈事五卷、國論五卷

《范忠宣彈事》五卷、《國論》五卷，范純仁撰。

　　廣棪案：《宋史》卷二百八〈志〉第一百六十一〈藝文〉七〈別集類〉著錄：「范純仁《忠宣集》二十卷，又《彈事》五卷、《國論》五卷。」與此同。純仁，仲淹之仲子，《宋史》卷三百一十四〈列傳〉第七十三有傳。其〈傳〉載：「純仁字堯夫，……建中靖國改元之旦，受家人賀。明日，熟寐而卒，年七十五。詔贈白金三十兩，敕許、洛官給其葬，贈開府儀

同三司，諡曰忠宣，御書碑額曰『世濟忠直之碑』。」可資參證。又載：
「純仁性夷易寬簡，不以聲色加人，誼之所在，則挺然不少屈。自爲布
衣至宰相，廉儉如一，所得奉賜，皆以廣義莊；前後任子恩，多先疏族。
沒之日，幼子、五孫猶未官。嘗曰：『吾平生所學，得之忠恕二字，一生
用不盡。以至立朝事君，接待僚友，親睦宗族，未嘗須臾離此也。』每
戒子弟曰：『人雖至愚，責人則明；雖有聰明，恕己則昏。苟能以責人之
心責己，恕己之心恕人，不患不至聖賢地位也。』又戒曰：『六經，聖人
之事也。知一字則行一字。要須「造次顛沛必於是」，則所謂「有爲者亦
若是」爾。豈不在人邪？』」可知其爲人。

范德孺奏議二十五卷

《范德孺奏議》二十五卷，龍圖閣直學士范純粹德孺撰。

　　廣棪案：此書《宋志》未著錄。馬端臨《文獻通考・經籍考》卷七十四
〈集章奏〉著錄同。《宋史》卷二百一十四〈列傳〉第五十三〈范仲淹子純
粹〉載：「純粹字德孺，以蔭遷至贊善大夫。……徽宗立，起知信州，復
故職，知太原，加龍圖閣直學士。」可參證。

文正公三子。

　　案：文正，范仲淹諡。《宋史》卷三百一十四〈列傳〉第七十三〈范仲淹〉
載：「范仲淹字希文，唐宰相履冰之後。……以疾請鄧州，……徙青州。
會病甚，請潁州，未至而卒，年六十四。贈兵尙書，諡文正。……四子：
純祐、純仁、純禮、純粹。」是純粹乃第四子，疑《解題》誤。

中子純禮彝叟至尙書右丞。

　　案：《宋史》卷三百一十四〈列傳〉第七十三〈范仲淹子純粹〉載：「純禮
字彝叟，以父仲淹蔭，爲秘書省正字，簽書河南府判官，知陵臺令兼永
安縣。……徽宗立，以龍圖閣直學士知開封府。……拜禮部尙書，擢尙
書右丞。」可參證。又據上所引，知純禮乃第三子。

純粹守邊有將才。

　　案：《宋史》卷三百一十四〈列傳〉第七十三〈范仲淹子純禮〉載：「(純粹)
復代兄純仁知慶州。時與夏議分疆界，純粹請棄所取夏地，曰：『爭地未

棄，則邊隙無時可除。如河東之葭蘆、吳堡，鄜延之米脂、義合、浮圖，環慶之安疆，深在夏境，於漢界地利形勢，略無所益。而蘭、會之地，耗蠹尤深，不可不棄。』所言皆略施行。純粹又言：『諸路策應，舊制也。自徐禧罷策應，若夏兵大舉，一路攻圍，力有不勝，而鄰路拱手坐觀，其不拔者幸爾。今宜修明戰守救援之法。』朝廷是之。及夏侵涇原，純粹遣將曲珍救之，曰：『本道首建應援牽制之策，臣子之義，忘軀徇國，無謂鄰路被寇，非我職也。』珍即日疾馳三百里，破之於曲律，擣橫山，夏眾遁去。」可參證。

文正嘗謂仁得其忠、禮得其靜、粹得其略。

案：《宋史》卷三百一十四〈列傳〉第七十三〈范純仁〉載：「純仁字堯夫，……純仁位過其父，而幾有父風。元祐建議攻熙、豐太急，純仁救蔡確一事，所謂謀國甚遠，當世若從其言，元祐黨錮之禍，不至若是烈也。仲淹謂諸子，純仁得其忠，純禮得其靜，純粹得其略。知子孰與父哉！」可證。《宋史‧范仲淹子純禮》載：「瀘南有邊事，調度苛棘，純禮一以靜待之，辨其可具者，不取於民。民圖像于廬，而奉之如神，名曰『范公庵』。」文正謂「禮得其靜」，信然。

其長子純祐天成尤英悟，不幸病廢蚤世。

案：《宋史》卷三百一十四〈列傳〉第七十三〈范仲淹子純祐〉載：「純祐字天成，性英悟自得，尚節行。方十歲，能讀諸書；為文章，籍籍有稱。父仲淹守蘇州，首建郡學，聘胡瑗為師。瑗立學規良密，生徒數百，多不率教，仲淹患之。純祐尚未冠，輒白入學，齒諸生之末，盡行其規，諸生隨之，遂不敢犯。自是蘇學為諸郡倡。寶元中，西夏叛，仲淹連官關陝，皆將兵。純祐與將卒錯處，鉤深摘隱，得其才否。由是仲淹任人無失，而屢有功。仲淹帥環慶，議城馬鋪砦，砦逼夏境，夏懼扼其衝，侵撓其役。純祐率兵馳據其地，夏眾大至，且戰且役，數日而成，一路恃之以安。純祐事父母孝，未嘗違左右，不應科第。及仲淹以讒罷，純祐不得已，蔭守將作監主簿，又為司竹監，以非所好，即解去。從仲淹之鄧，得疾昏廢，臥許昌。富弼守淮西，過省之，猶能感慨道忠義，問弼之來公耶？私耶？弼曰：『公。』純祐曰：『公則可。』凡病十九年卒，年四十九。」可參證。

富文仲深惜之，為作〈墓誌〉。

　　案：富文忠即富弼，卒諡文忠。《宋史》卷三百一十三〈列傳〉第七十二有傳。弼所撰〈范純佑墓誌銘〉見《宋文鑑》卷第一百三十九〈墓誌〉，載：「僕天聖初始識范文正公於海陵，未幾公遊文館，僕再舉進士，來京師，又見之。公益厚我。間或造其門，目公傍一童子，方十歲許，神重氣遠，如老成人，僕竊詢焉，即公之長子也。已能誦《詩》、《禮》，泛讀諸書，為文章籍籍有可稱者，所與遊皆一時之俊。時天下庠序未甚興，公典姑蘇，首建郡學，聘安定胡瑗為先生。瑗條立學規良密，生徒數百，多不率教。公患之。君尚未冠，輒白于庭入學，齒諸生之末，盡行其規約，久之，人皆隨而不敢犯。自是蘇之學遂為諸郡倡。寶元中，西戎叛，一方盡驚。公連易關陝官，皆不出兵間。君侍行，日與將卒錯處，鉤微摘隱，悉得其良駑，由是公任人無失，而屢有功。公帥環慶也，議城馬鋪寨。寨偪賊境，賊懼城成而扼其衝，故常寇撓之，使我不得城。君率兵馳據其地，賊眾大至，且戰且督役，數日而成，一路恃以安。人又知君材武有足嘉者。後公以讒罷知政事，君亦逡巡於仕進間，從公之鄧，暴得疾，昏不省事，廢臥許昌。僕守淮西，過其家省之，猶能感慨道忠義。問僕之來，『公耶？私耶？』僕曰：『公。』曰：『公則可。』噫！人一有疾，已不能自顧其形骸，奚暇他卹；如君病昏，身已棄而尚不忘公忠，豈非根乎至性，第昏於事，而性終不昧耶？茲尤異於人，可貴重而不可學者。正愛之甚，日夕以講求道義為樂，不欲其遠去。君雖文學自富，固不肯應鄉里舉。不得已，以蔭授守將作監主簿。亦覬為跂下司竹監，非其好也，即解去。使君壽且不病，得施其所有於時，良能美業其少純仁謀歸葬河南萬安山先塋之側，行有日，走京師來乞銘。僕已銘其父，今又銘其子，悲夫！銘曰：君子之才之賢，宜有祿有年。一命而盡不復遷，病十九年不復痊。今其云亡報已騫，英名不隱兮何足嘆。」可參考。

盡言集十三卷

《盡言集》十三卷，諫議大夫元城劉安世器之撰。

　　廣棪案：此書〈宋志〉未著錄，不可考。安世，《宋史》卷三百四十五〈列傳〉第一百四有傳。其〈傳〉載：「劉安世字器之，魏人。……登進士第，

不就遷，從學於司馬光。……光入相，薦爲祕書省正字。……遷起居舍人兼左司諫，進左諫議大夫。」可參證。

王明叟奏議二卷

《王明叟奏議》二卷，翰林學士海陵王覿明叟撰

廣棪案：《宋史》卷二百八〈志〉第一百六十一〈藝文〉七〈別集類〉著錄：「王覿《奏議》二卷。」與此同。明叟，王覿字。《宋史》卷三百四十四〈列傳〉第一百三有傳。其〈傳〉載：「王覿字明叟，泰州如皋人。第進士。熙寧中，爲編修三司令式刪定官。……徽宗即位，還故職，知永興軍。過闕，留爲工部侍郎，遷御史中丞。改元詔下，覿言：『「建中」之名，雖取皇極。然重襲前代紀號，非是，宜以德宗爲戒。』時任事者多乖異不同，覿言：『堯、舜、禹相授一道，堯不去四凶而舜去之，堯不舉元凱而舜舉之，事未必盡同；文王作邑于豐而武王治鎬，文王關市不征，澤梁無禁，周公征而禁之，不害其爲善繼、善述。神宗作法于前，子孫當守于後。至於時異事殊，須損益者損益之，於理固未爲有失也。』當國者忿其言，遂改爲翰林學士。」是覿曾任翰林學士。又海陵即泰州，今江蘇泰縣。

坐黨籍，謫臨江而卒。

案：《宋史・王覿傳》載：「徽宗即位，……日食四月朔，帝下詔責躬，覿當制，有『惟德弗類，未足以當天心』之語，宰相去之，乃力請外。以龍圖閣學士知潤州，徙海州，罷主管太平觀，遂安置臨江軍。覿清修簡澹，人莫見其喜慍。持正論始終，再罹譴逐，不少變。無疾而卒，年六十八。」可參證。

其在朝專論蘇、程朋黨之弊，以爲深患。

案：《宋史・王覿傳》載：「覿在言路，欲深破朋黨之說。朱光庭訐蘇軾試館職策問，呂陶辯其不然，遂起洛、蜀二黨之說。覿言：『軾之辭，不過失輕重之體爾。若悉攷同異，深究嫌疑，則兩歧遂分，黨論滋熾。夫學士命詞失指，其事尚小；使士大夫有朋黨之名，大患也。』帝深然之，置不問。」可參證。

丁騭奏議一卷

《丁騭奏議》一卷，右正言毗陵丁騭撰。元祐中在諫垣。嘉祐二年進士也。

　　廣棪案：《宋史》卷二百八〈志〉第一百六十一〈藝文〉七〈別集類〉著錄：「《丁騭奏議》二十卷，又《奏議》一卷。」其《奏議》一卷，與此同。疑〈宋志〉之「《丁騭奏議》二十卷」者，或《丁騭文集》二十卷之誤。騭，《宋史》無傳。《宋元學案》卷四〈廬陵學案・廬陵門人〉「正言丁先生騭」載：「丁騭，字公點，蘇州人。嘉祐進士，以經學倡後進，尤長于《易》、《春秋》，爲文自成一家。官太常博士。元祐中爲左正言，五上章論何正臣治獄殘酷，巧詆刻深，甚于羅織。黨錮事載國史。著有《文集》二十卷。參《姑蘇志》。」是《宋元學案》所據《姑蘇志》亦言騭有《文集》二十卷。至《解題》謂騭官「右正言」，而《宋元學案》謂「元祐中爲左正言」，初疑二者必有一誤，後檢劉攽《彭城集》卷二十二〈制〉載有〈朝散郎太常博士丁騭可右正言制〉、〈朝散郎右正言丁騭可左正言制〉二文，始知騭初由太常博士改任右正言，繼升任左正言。又毗陵即蘇州也。

諫垣集二卷

《諫垣集》二卷，陳瓘撰。

　　廣棪案：《宋史》卷二百八〈志〉第一百六十一〈藝文〉七〈別集類〉著錄：「《陳瓘集》四十卷，又《責沈》一卷、《諫垣集》三卷、《四明尊堯集》五卷、《了齋親筆》一卷、《尊堯餘言》一卷。」《諫垣集》一作二卷，一作三卷，二者必有一誤。瓘字瑩中，南劍州沙縣人，卒諡忠肅，《宋史》卷三百四十五〈列傳〉第一百四有傳。

閑樂奏議一卷

《閑樂奏議》一卷，殿中侍御史建陽陳師錫伯修撰。

　　廣棪案：此書〈宋志〉未著錄，無可考。師錫字伯脩，建州建陽人。《宋史》卷三百四十六〈列傳〉第一百五有傳，知其拜殿中侍御史在徽宗初立時。

熙寧九年第進士，裕陵素知其文行，擢為第三人。

案：裕陵，宋神宗。《宋史・陳師錫傳》載：「熙寧中，游太學，有儁聲。神宗知其材，及廷試，奏名在甲乙間，帝偶閱其文，屢讀屢歎賞，顧侍臣曰：『此必陳師錫也。』啓封果然，擢爲第三。」可參證。

蘇軾知湖州，師錫掌書記，軾下御史獄，<small>廣棪案：盧校本「獄」作「獨」，則屬下讀。</small>**師錫篤賓友之義，安輯其家。**

案：《宋史・陳師錫傳》載：「調昭慶軍掌書記，郡守蘇軾器之，倚以爲政。軾得罪，捕詣臺獄，親朋多畏避不相見，師錫獨出餞之，又安輯其家。」可參證。湖州，即昭慶軍，仁宗景祐元年（1034）升昭慶府。

軾入西掖，薦自代，明著其事。

案：西掖，中書也。《宋史・陳師錫傳》載：「元祐初，蘇軾三上章，薦其（師錫）學術淵源，行己潔素，議論剛正，器識靖深，德行追蹤於古人，文章冠絕於當世。乃入爲秘書省校書郎，遷工部員外郎，加祕閣校理，提點開封縣鎮。」可參證。

師錫在元豐已為察官，坐論進士習律，罷去。

案：《宋史・陳師錫傳》載：「時詔進士習律，師錫言：『陛下方大闡學校，用經術訓迪士類，不應以刑名之學亂之。夫道德，本也；刑名，末也。教之以本，人猶趨末，況教之以末乎？望追寢其制，使得悉意本業。』用事者謂倡爲詖說，出知宿遷縣。」可參證。

建中靖國再入，未幾又罷。

案：建中靖國，徽宗年號，僅一年（1101）。《宋史・陳師錫傳》載：「徽宗立，召拜殿中侍御史。……俄改考功郎中，師錫抗章言曰：『臣在職數月，所言皆當今急務。若以爲非，陛下方開納褒獎；若以爲是，即不應遽解言職。如蔡京典刑未正，願受竄貶。』於是出知潁、廬、滑三州。坐黨論，監衡州酒；又削官置郴州。卒，年六十九。」可參證。

得得居士戇草一卷

《得得居士戇草》一卷，正言眉山任伯雨德翁撰。

廣棪案：趙希弁《讀書附志》卷下〈別集類〉四著錄：「《得得居士乘桴

集》三卷、《戇草》二卷，右任忠敏公伯雨字德翁之文也。公，眉山人，元豐五年進士，爲左正言，僅半歲而上一百八疏。以黨事編管通州，遷儋耳，移道州。復官，提點明道宮，卒。紹興中，累贈右諫議。諡忠敏。集首刻朱震所作〈行狀〉。」可參證。《讀書附志》著錄《戇草》作二卷，《解題》作一卷，恐非完本也。伯雨，《宋史》卷三百四十五〈列傳〉第一百四有傳。其〈傳〉曰：「任伯雨字德翁，眉州眉山人。……伯雨自幼已矯然不群，邃經術，文力雄健。中進士第，調施州清江主簿。……拒不受。……使者上其狀，召爲大宗正丞，甫至，擢左正言。」可參證。

其論蔡卞、章惇欲廢宣仁尤切，

案：《宋史・任伯雨傳》載：「時徽宗初政，納用讜論，伯雨首擊章惇，曰：『惇久竊朝柄，迷國罔上，毒流搢紳，乘先帝變故倉卒，輒逞異意，睥睨萬乘，不復有臣子之恭。向使其計得行，將寘陛下與皇太后於何地！若貸而不誅，則天下大義不明，大法不立矣。臣聞北使言，去年遼主方食，聞中國黜惇，放箸而起，稱甚善者再，謂南朝錯用此人。北使又問，何爲只若是行遣？以此觀之，不獨孟子所謂「國人皆曰可殺」，雖蠻貊之邦，莫不以爲可殺也。』章八上，貶惇雷州。繼論蔡卞六大罪，語在〈卞傳〉。」同書卷四百七十二〈列傳〉第二百三十一〈姦臣〉二〈蔡京弟卞〉載：「徽宗即位，諫官陳瓘任伯雨、御史龔夬疏其兄弟姦惡，瓘併數卞尊私史以厭宗廟之罪，伯雨言：『卞之惡有過于惇。去年封事，數千人皆乞斬惇、卞，公議於此可見矣。』遂陳其大罪有六，曰：『誣罔宣仁聖烈保佑之功，欲行追廢，一也；凡紹聖以來竄逐臣僚，皆卞啓而後行，二也；宮中厭勝事作，哲宗方疑，未知所處，惇欲召禮法官通議，卞云：「既犯法矣，何用禮法官議？」皇后以是得罪，三也；編排元祐章牘，蕈菲語言，被罪者數千人，議自卞出，四也；鄒浩以言忤旨，卞激怒哲宗，致之遠謫，又請治其親故送別之罪，五也；蹇序辰建看詳訴理之議，章惇遲疑未應，卞即以二心之言迫之，惇默不敢對，即日置局，士大夫得罪者八百三十家，凡此皆卞謀之而惇行之，六也。願亟正典刑，以謝天下。』詔以資政殿學士知江寧府，連貶少府少監，分司池州。」可參證。

故卞深恨之，故廣棪案：《文獻通考》無「故」字。**獨貶嶺外。**廣棪案：盧校本

「嶺」作「海」。校注曰:《通考》「嶺外」。

案:《宋史·任伯雨傳》載:「伯雨居諫省半歲,所上一百八疏,大臣畏其多言,俾攉給事中,密諭以少默即爲眞。伯雨不聽,抗論愈力,且將劾曾布。布覺之,徙爲度支員外郎,尋知虢州。崇寧黨事作,削籍編管通州。爲蔡卞所陷,與陳瓘、龔夬、張庭堅等十三人皆南遷,獨伯雨徙昌化。姦人猶未甘心,用匿名書復逮其仲子申先赴獄,妻適死于淮,報訃俱至。伯雨處之如平常,曰:『死者已矣,生者有負于朝廷,亦當從此訣。如其不然,天豈殺無辜耶!』申先在獄,鍛鍊無所傳致,乃得釋。居海上三年而歸。宣和初,卒,年七十三。」是伯雨貶海外,盧校本是。

龔彥和奏議一卷

《龔彥和奏議》 廣棪案:《文獻通考》作《龔彥和奏疏》,盧校本同。**一卷,殿中侍御史河間龔夬彥和撰。** 館臣集:《宋史》龔彥和名夬,此本作「龔美」,誤,今改正。

廣棪案:《宋史》卷二百八〈志〉第一百六十一〈藝文〉七〈別集類〉著錄:「《龔夫奏議》一卷。」「龔夫」及「龔夬」之誤。《宋史》卷三百四十六〈列傳〉第一百五〈龔夬〉載:「龔夬字彥和,瀛州人。清介自守,有重名。進士第三,簽書河陽判官。從曾布於瀛。紹聖初,擢監察御史,以親老,求通判相州,知洺州。徽宗立,召拜殿中侍御史。」可參證。河間即瀛州,今河北省河間縣。

以上四人 廣棪案:《文獻通考》作「二陳、任、龔」。二陳,陳瓘、陳師錫;任,任伯雨;龔,夬也。**皆建中靖國言事官,極論蔡京者也。**

案:《宋史·龔夬傳》載:「時章惇、蔡卞用事,夬首論其惡。……又論:『蔡京治文及甫獄,本以償報私仇,始則上誣宣仁,終則歸咎先帝,必將族滅無辜,以逞其欲。臣料當時必有案牘章疏,可以見其鍛鍊附會。如方天若之凶邪,而京收寘門下,賴其傾險,以爲腹心,立起狂獄,多斥善士,天下冤之,皆京與天若爲之也。願考證其實,以正姦臣之罪。』於是三人者皆去。」可參證。

石林奏議十五卷

《石林奏議》十五卷，葉夢得撰。

廣棪案：《文獻通考・經籍考》卷七十四〈集章奏〉著錄此條，後附石林自序《志愧集》曰：「進對以來，奏藁藏於家者若干篇，不忍盡棄，乃序次爲十卷，目之曰《志愧集》。夫天下豈無大安危，生民豈無大休戚？翦戎狄亂華，中原分裂，上方櫛沐風雨，肝食圖功，而身遭不世之主，橫被非常之知，所言僅如是而已。心非木石，安得不愧？姑自識之，留以遺子孫，庶後世悼其意之不終，或有感勵奮發，慨然少能著見者，猶足雪其無功之恥，而償其未報之恩也。」可參考。夢得字少蘊，蘇州吳縣人，〈宋史〉卷四百四十五〈列傳〉第二百四有傳。

連寶學奏議二卷

《連寶學奏議》二卷，寶文閣學士安陸連南夫鵬舉撰。

廣棪案：《宋史》卷二百八〈志〉第一百六十一〈藝文〉七〈別集類〉著錄：「《連寶學奏議》二卷，不知名。」書乃南夫撰，〈宋志〉謂「不知名」，失檢之甚。南夫，《宋史翼》卷九〈列傳〉第九有傳，其〈傳〉載：「連南夫字鵬舉，湖北安陸人。……（紹興）六年五月，起爲寶文閣學士，知廣州，旋兼廣州經略安撫使。」可參證。

紹興初知饒州，扞禦有功。

案：《宋史翼・連南夫傳》載：「（建炎三年）六月，兼建康府宣德太平州廣德軍制置使。《要錄》二十四。時建康寓治天寧僧舍，浙江制置使韓世忠屯蔣山，逐南夫而奪其治。詔切責世忠，南夫亦以緩不及事，改知饒州。《要錄》時舉行贓吏杖脊朝堂之命，連夫言：『選人七階之俸，不越十千，軍與物貨倍百，當先養其廉，稍增其俸，使足贍十口之家，然後復行贓吏舊制。』朝廷是之。增選人茶湯之給，天下稱頌，以爲長者。四年，劉文舜大艑數十由南康而下，南夫部民兵晝夜乘城，矢石幾盡。時御營統制王德號王夜叉，駐兵廬陵，飛書邀之，眾畏其不來。德得書泣曰：『我嘗繫建康獄，連公爲守，待我厚，當死報之。』以舟師不三日至，文舜懼，請降，誅其渠魁五人，而散其眾。紹興改元，張琪既破新安，直抵

城外，遣將敗之，伏尸四十里。時金人已破豫章，臨川群盜蠭起，饒以
塊然小壘而能獨立於江左。饒人祠南夫不忘。以疾得請臨安府洞霄宮。《甲
乙稿‧墓碑》。紹興初，移知泉州。」即記此事。

及和議成，南夫知泉州，上〈表〉略曰：「不信亦信，其然豈然。」又
曰：「雖虞舜之十二州，廣棪案：盧校本作「十三州」。**昔皆吾有；然商於之**
六百里，當念爾欺。」由是得罪。

案：《宋史翼‧連南夫傳》載：「紹興初，移知泉州。……九年正月，上
封事曰：『臣竊惟大金素行欺侮，比年以來，兩國皆墮其術中。大概彼
以和議成之，此以和議失之。今陛下果推赤心信之，以其割河南之地，
遂恩之乎？臣知陛下知機，有不信也。何以言之？丙午之禍，父兄、母
弟、六宮、九族咸被驅擄，逮今十四年，辱莫大焉。使太上聖躬無恙，
隨所割地全而歸之，十四年羈縻隔絕之恨，念之猶且心折。得梓宮猶不
足為恩，得土地顧何足以為恩乎？況陛下於太上有終天之別，於大金有
不戴天之讎，方且許還河南之地，許還梓宮，許還淵聖、六宮，彼其計
實老子所謂將欲取之，必固與之。兵法所謂不戰而屈人兵之術也，誰不
怒髮衝冠，握拳嚼齒而痛憤哉！借使盡得所許，彼何加損？漢王詔呂后
曰：「使趙王有天下，顧少乃女乎？」臣竊恐陛下天性孝弟，方感其恩，
遂無赫怒整旅之志。蓋心不剛則四支委靡，將士雖欲斷髮請戰，有不可
得，誰為陛下守四方者？是陛下十有餘年寵將養兵，殫財曲意之計，一
旦積於空虛不用之地，倒持太阿，交手而付之矣。昔太祖皇帝之南征也，
李煜遣其臣徐鉉朝於京師。鉉曰：「煜以小事大，如子事父，未有過失，
奈何見伐？」太祖曰：「爾謂父子，兩家可乎？」安知大金之計不出於
此乎？豈吾太祖行之，而陛下不悟者乎？伏讀正月五日赦文曰：「戢宇
內之干戈。」又奉聖旨不得詆斥大金，如此直墮其術中，使忠義之士結
舌而不得伸；忠良之將縮手而不為用。范增之語項王曰：「天下大定矣，
君王自圖之。」可不鑒哉？臣聞張良為漢王借前箸以籌，撓楚權之謀；
為漢王不能制項王死命，遽欲效武王休馬息牛，具陳天下游士，各歸事
其主。陛下誰與取天下？審如詔旨，臣恐將士解體，魚潰獸散，如張良
所謂誰與取天下者。然則計將安出？或謂彼國新主厭兵，乃有此議。臣
謂使其果有厭兵之心，正當乘其懈而擊之。如其不然，先發制人，後發
制於人。陛下必知所決擇矣！臣聞陛下方遣侍從宗臣祇謁宮廟陵寢，將

親見宮室之禾黍，陵寢之盜掘，此正詩人傍徨不忍去之憂也，恐有扶老攜幼，感激而聽語者。少者之哭，哭其父與兄也；老者之哭，哭其子也。陛下追悼其因，是誰之過歟？還地之恩孰少孰多，而河南之民何啻百萬。昔日樂生，今日效死，因民之欲北嚮，爲百姓請命，而以王師甲兵之眾隨之。河北之人必有簞食壺漿以迎王師者，此臣所以願陛下因而圖之也。』又爲〈表〉賀曰：『雖虞舜之十二州，昔皆吾有；然商於之六百里，當念爾欺。』秦檜大惡之。《要錄》一百二十五。」可參證。

若溪奏議一卷

《若溪奏議》一卷，資政長城劉班_{館臣案：《文獻通考》作「劉玨」，盧校本同。}希范撰。

廣棪案：劉班誤，應作劉玨。《宋史》卷二百八〈志〉第一百六十一〈藝文〉七〈別集類〉著錄：「《劉玨奏議》一卷。」與此同書而異名。玨，《宋史》卷三百七十八〈列傳〉第一百三十七有傳。其〈傳〉載：「劉玨字希范，湖州長興人。」長興即長城。惟玨未任資政，恐《解題》有誤。

嘗以同知三省樞密院扈從隆祐南幸。

案：《宋史・劉玨傳》載：「隆祐太后奉神主如江西，詔玨者爲端明殿學士、權同知三省樞密院從行。」可參證。

毗陵公奏議二十五卷

《毗陵公奏議》_{廣棪案：盧校本作《毗陵奏議》。校注曰：《通考》有「公」字。}二十五卷，張守撰。

廣棪案：此書〈宋志〉未著錄，無可考。守，《宋史》卷三百七十五〈列傳〉第一百三十四有傳。《宋人傳記資料索引》載：「張守（1084～1145），字全眞，一字子固，自號東山居士，晉陵人。崇寧元年登進士第，再中詞科。建炎初爲御史中丞，上疏言極激切。紹興七年再拜參知政事，多所建明。後以資政殿學士知洪州，徙知紹興府。會朝廷遣三使者括諸路財賦，所至以鞭撻立威，守即求入覲，爲上言之，詔追還三使。以秦檜當政，忤其意，致仕歸。十四年，起知建康。十五年正月卒，年六十二，

謚文靖（靜）。有《毘陵集》。」可知其生平。《四庫全書》有守所撰《毘陵集》十五卷，《永樂大典》本。所收皆詩作，奏議不在其中。

陳國佐奏議十二卷

《陳國佐奏議》十二卷，禮部侍郎赤城陳公輔國佐撰。政和三年上舍釋褐首選，紹興初為諫官。

  廣棪案：此書〈宋志〉未著錄，不可考。公輔，《宋史》卷三百七十九〈列傳〉第一百三十八有傳。其〈傳〉載：「陳公輔字國佐，台州臨海人。政和三年，上舍及第，調平江府教授。……高宗即位，召還，除尚書左司員外郎。……紹興六年，召為吏部員外郎。疏言：『今日之禍，實由公卿大夫無氣節忠義，不能維持天下國家，平時既無忠言直道，緩急詎肯伏節死義，豈非王安石學術壞之邪？議者尚謂安石政事雖不善，學術尚可取。臣謂安石學術之不善，尤甚於政事。政事害人才，學術害人心，《三經》、《字說》詆誣聖人，破碎大道，非一端也。《春秋》正名分，定褒貶，俾亂臣賊子懼，安石使學者不治《春秋》；《史》、《漢》載成敗安危、存亡理亂，為聖君賢相、忠臣義士之龜鑑，安石使學者不讀《史》、《漢》。王莽之篡，揚雄不能死，又仕之，更為〈劇秦美新〉之文。安石乃曰：「雄之仕，合於孔子無可無不可之義。」五季之亂，馮道事四姓八君，安石乃曰：「道在五代時最善避難以存身。」使公卿大夫皆師安石之言，宜其無氣節忠義也。』復授左司諫，言：『中興之治在得天得人，以孝感天，以誠得民。』帝喜其深得諫臣體，賜三品服，令尚書省寫圖進入，以便觀覽。……遷尚書禮部侍郎。」可參證。赤城即台州臨海，今浙江臨海縣。

胡忠簡奏議四卷

《胡忠簡奏議》四卷，胡銓撰。

  廣棪案：黃盧稷、倪燦《宋史藝文志補‧集部‧表奏類》著錄：「《胡銓奏議》六卷。」同屬一書，而卷數不同。銓字邦衡，盧陵人，資政殿學士，《宋史》卷三百七十四〈列傳〉第一百三十三有傳。

玉山表奏一卷

《玉山表奏》一卷，汪應辰撰。

廣校案：《讀書附志》卷下〈別集類〉三著錄：「《玉山先生表奏》六卷，右汪應辰聖錫之文也。本名洋，紹興五年進士第二，黃中以有官，遂升洋第一。洋乞避遠祖嫌名，高宗以其與王拱辰皆年十八，遂賜今名。」《解題》所著錄或不完之書。應辰字聖錫，信州玉山人。《宋史》卷三百八十七〈列傳〉第一百四十八有傳。

陳正獻奏議二十卷、表劄二十卷

《陳正獻奏議》二十卷、《表劄》二十卷，陳俊卿撰。

廣校案：二書〈宋志〉未著錄，不可考。俊卿字應求，興化人。正獻其諡也。《宋史》卷三百八十三〈列傳〉第一百四十二有傳。《宋史》曰：「俊卿孝友忠敬，得於天資，清嚴好禮，終日無惰容。平居恂恂若不能言，而在朝廷正色危論，分別邪正，斥權勢無顧避。凡所奏請，關治亂安危之大者。雅善汪應辰、李燾，尤敬朱熹，屢嘗論薦。其薨也，熹不遠千里往哭之，又狀其行。有《集》二十卷。」可參考。

龔實之奏藁六卷

《龔實之奏藁》六卷，龔茂良撰。

廣校案：此書〈宋志〉未著錄，不可考。茂良字實之，興化軍人。《宋史》卷三百八十五〈列傳〉第一百四十四有傳。《宋人傳記資料索引》載：「龔茂良（1121～1178），字實之，興化軍人。紹興八年進士，為南安簿，改邵武司法參軍，累遷吏部郎官。江浙大水，詔陳闕失，茂良疏請先去心腹疾。內侍梁珂、曾覿、龍大淵等皆用事，尋求去。淳熙四年為御史謝廓然所構，責降，安置英州。次年卒，年五十八。後復官，諡莊敏。有《靜泰堂集》。」可參考。

南軒奏議十卷

《南軒奏議》十卷，張栻撰。

廣棪案：此書〈宋志〉未著錄，不可考。栻字敬夫，漢州綿竹人。丞相浚之子。《宋史》卷四百二十九〈列傳〉第一百八十八有傳。《宋史》載：「栻爲人表裏洞然，勇於從義，無毫髮滯吝。每進對，必自盟於心，不可以人主意悅輒有所隨順。孝宗嘗言伏節死義之臣難得，栻對：『當於犯顏敢諫中求之。若平時不能犯顏敢諫，他日何望其伏節死義？』孝宗又言難得辦事之臣，栻對：『陛下當求曉事之臣，不當求辦事之臣。若但求辦事之臣，則他日敗陛下事者，未必非此人也。』栻自言：前後奏對忤上旨雖多，而上每念之，未嘗加怒者，所謂可以理奪云爾。」是栻每多奏議。《宋史》又載：「栻聞道甚早，朱熹嘗言：『己之學乃銖積寸累而成，如敬夫，則於大本卓然先有見者也。』所著《論語孟子說》、《太極圖說》、《洙泗言仁》、《諸葛忠武侯傳》、《經世紀年》，皆行于世。栻之言曰：『學莫先於義利之辨。義者，本心之當爲，非有爲而爲也。有爲而爲，則皆人欲，非天理。』此栻講學之要也。」然未記及有此書。

胡獻簡奏議八卷

《胡獻簡奏議》八卷、廣棪案：《文獻通考》作「二卷」。《臺評》二卷，禮部尚書會稽胡沂撰。

廣棪案：此二書〈宋志〉未著錄，不可考。《宋史》卷三百八十八〈列傳〉第一百四十七載：「胡沂字周伯，紹興餘姚人……紹興五年進士甲科，陸沉州縣幾三十載，至二十八年，始入爲正字。……（乾道）六年，出爲徽猷閣待制，知處州。……八年，以待制除太子詹事，尋復拜給事中，進禮部尚書並兼領詹事，又改侍讀。上顧沂厚，而沂資性恬退，無所依附，數請去。」可參證。

梅溪奏議三卷

《梅溪奏議》三卷，太子詹事樂清王十朋龜齡撰。

廣棪案：此書〈宋志〉未著錄，不可考，1998年10月，《梅溪集》重刊委員會編、上海古籍出版社出版《王十朋全集》亦未收入。十朋字龜齡，

溫州樂清人。《宋史》卷三百八十七〈列傳〉第一百四十六有傳。史載宋孝宗時，東宮建，十朋除太子詹事。可參證。

省齋歷官表奏十二卷

《省齋歷官表奏》十二卷，周必大撰。

　　廣栳案：《宋史》卷二百八〈志〉第一百六十一〈藝文〉七〈別集類〉著錄：「周必大《詞科舊藁》三卷，又《掖垣類藁》七卷、《玉堂類藁》二十卷、《政府應制藁》一卷、《歷官表奏》十二卷、《省齋文藁》四十卷、《別藁》十卷、《平園續藁》四十卷、《承明集》十卷、《奏議》十二卷、《雜著述》二十三卷、《書藁》十五卷、《附錄》五卷。」所著錄《歷官表奏》十二卷，與此同。必大字子充，一字洪道，其先鄭州管城人，後家廬陵。《宋史》卷三百九十一〈列傳〉第一百五十有傳。

軒山奏議二卷

《軒山奏議》二卷，王藺撰。

　　廣栳案：藺字謙仲，廬江人。《宋史》卷三百八十六〈列傳〉第一百四十五有傳。其〈傳〉載：「藺盡言無隱，然嫉惡太甚，同列多忌之，竟以不合去。有《奏議》傳于世。」其書〈宋志〉未著錄。

北山戇議一卷

《北山戇議》一卷，戶部侍郎王蘧少愚撰。藺之兄，開禧中諫用兵。

　　廣栳案：此書〈宋志〉未著錄，撰人無可考。開禧（1205～1207），宋寧宗年號。時韓侂胄議用兵，蘧蓋諫之也。

李祭酒奏議一卷

《李祭酒奏議》一卷，國子祭酒錫山李祥元德撰。慶元初論救趙忠定得罪者。

廣棪案：此書〈宋志〉未著錄，無可考。祥字元德，常州無錫人。《宋史》卷四百〈列傳〉第一百五十九有傳。其〈傳〉載：「遷國子司業、宗正少卿、國子祭酒。丞相趙汝愚以言去國，祥上疏爭之，曰：『頃壽皇崩，兩宮隔絕，中外洶洶，留正棄印亡去，國命如髮。汝愚不畏滅族，決策立陛下，風塵不搖，天下復安，社稷之臣也。奈何無念功至意，忽體貌常典，使精忠巨節怫鬱黯闇，何以示後世？』除直龍圖閣、湖南運副，言者劾罷之。於是太學諸生楊宏中、周端朝等六人上書留之，俱得罪。主沖佑觀，再請老，以直龍圖閣致仕。嘉泰元年八月卒，諡肅簡。」可參證。忠定，趙汝愚諡。

齊齋奏議三十卷、掖垣繳論四卷、銀臺章奏五卷、臺諫論二卷、昆命元龜說一卷

《齊齋奏議》三十卷、《掖垣繳論》四卷、《銀臺章奏》廣棪案：盧校本作《銀臺奏章》，恐倒乙。《文獻通考》亦作《銀臺章奏》。五卷、《臺諫論》二卷、《昆命元龜說》一卷，倪思撰。

廣棪案：《宋史》卷二百八〈志〉第一百六十一〈藝文〉七〈別集類〉著錄：「《倪思奏議》二十六卷，又《歷官表奏》十卷、《翰林奏草》一卷、《翰林前藁》三十卷、《翰林後藁》二卷。」與此不同。思字正甫，湖州歸安人。乾道二年進士，中博學宏詞科，卒諡文節。《宋史》卷三百九十八〈列傳〉第一百五十七有傳。其〈傳〉載：「史彌遠擬除兩從官，參政錢象祖不與聞。思言：『奏擬除目，宰執當同進，比專聽侂胄，權有所偏，覆轍可鑒。』既而史彌遠上章自辨，思求去，上留之。思乞對，言：『前日論樞臣獨班，恐蹈往轍，宗社堪再壞耶？宜親擢臺諫，以革權臣之弊，並任宰輔，以鑒專擅之失。』彌遠懷恚，思請去益力，以寶謨閣直學士知鎮江府，移福州。彌遠拜右丞相，陳晦草制用『昆命元龜』語，思歎曰：『董賢為大司馬，冊文有「允執厥中」一言，蕭咸以為堯禪舜之文，長老見之，莫不心懼。今制詞所引，此舜、禹揖遜也。天下有如蕭咸者讀之，得不大駭乎？』仍上省牘，請貼改麻制。詔下分析，彌遠遂除晦殿中侍御史，即劾思藩臣僭論麻制，鐫職而罷，自是不復起矣。」讀是，《臺諫論》、《昆命元龜說》撰作之背景猶可考悉也。

文史類_{廣棪案：盧校本作卷五十六〈文史類〉。校注曰：「有元本，中脫二十行。」}

文心雕龍十卷

《文心雕龍》十卷，梁通事舍人東莞劉勰彥和撰。

> 廣棪案：《郡齋讀書志》卷第二十〈文說類〉著錄：「《文心雕龍》十卷，右晉劉勰撰。評自古文章得失，別其體製，凡五十篇，各係之以贊云。余嘗題其後曰：『世之詞人，刻意文藻，讀書多滅裂。杜牧之以龍星爲眞龍，王摩詰以去病爲衛青，昔人譏之，然不足怪，詩賦蓋卒爾之作故也。今勰著書垂世，自謂嘗夢執丹漆器，隨仲尼南行。自負不淺，乃〈論說篇〉稱「《論語》以前，無論字；《六韜》三論，後人追題」。殊不知《書》有「論道經邦」之言，其疏略殆過於王、杜矣。』」可參考。惟《郡齋讀書志》以勰爲晉人，亦顯誤。《宋史》卷二百九〈志〉第一百六十二〈藝文〉八〈文史類〉著錄：「劉勰《文心雕龍》十卷。」與此同。又著錄：「辛處信注《文心雕龍》十卷。」是宋人有注《文心》者矣。處信，其人其書均無可考。勰字彥和，東莞莒人。《梁書》卷五十〈列傳〉第四十四〈文學〉下有傳。其〈傳〉載：「天監初，起家奉朝請，中軍臨川王宏引兼記室，遷車騎倉曹參軍。出爲太末令，政有清績。除仁威南康王記室，兼東官通事舍人。」《南史》卷七十二〈列傳〉第六十二〈文學〉亦有傳。

勰後爲沙門，名慧地。

> 案：《梁書·劉勰傳》載：「勰早孤，篤志好學，家貧不婚娶，依沙門僧祐，與之居處，積十餘年，遂博通經論，因區別部類，錄而序之。今定林寺經藏，勰所定也。……有敕與慧震沙門於定林寺撰經證，功畢，遂啓求出家，先燔鬚髮以自誓，敕許之。乃於寺變服，改名慧地。未朞而卒。」《南史》本傳略同。

文章緣起一卷

《文章緣起》一卷，梁太常卿樂安任昉彥昇撰。但取秦、漢以來，不及

《六經》。

廣梭案：《讀書附志》卷上〈類書類〉著錄：「《文章緣起》一卷，右梁太常卿任昉彥升所集也。自秦、漢以來聖君賢士所爲文章名之所始，備見其中。」《宋史》卷二百九〈志〉第一百六十二〈藝文〉八〈文史類〉著錄：「任昉《文章緣起》一卷。」與此同。昉字彥昇，樂安博昌人。《梁書》卷十四〈列傳〉第八有傳。其〈傳〉載：「昉雅善屬文，尤長載筆，才思無窮，當世王公表奏，莫不請焉。昉起草即成，不加點竄。沈約一代詞宗，深所推挹。……梁臺建，禪讓文誥，多昉所具。……天監二年，出爲義興太守。……六年春，出爲寧朔將軍、新安太守。……視事朞歲，卒於官舍，時年四十九。……追贈太常卿，諡曰敬子。」《南史》亦有傳。《四庫全書總目》卷一百九十五〈集部〉四十八〈詩話評類〉一著錄：「《文章緣起》一卷，兩淮馬裕家藏本。舊本題梁任昉撰。考《隋書·經籍志》載任昉《文章始》一卷，稱有錄無書。是其書在隋已亡。《唐書·藝文志》載任昉《文章始》一卷，註曰：『張續補。』續不知何許人。然在唐已補其亡，則唐無是書可知矣。宋人修《太平御覽》，所引書一千六百九十種，摯虞《文章流別》、李充《翰林論》之類，無不備收，亦無此名。今檢其所列，引據頗疎。如以表與讓表分爲二類。騷與反騷別立兩體，挽歌云起繆襲，不知〈薤露〉之在前。《玉篇》云起《凡將》、不知《蒼頡》之更古。崔駰〈達旨〉即揚雄〈解嘲〉之類，而別立旨之一名。崔瑗〈草書勢〉，乃論草書之筆勢，而強標勢之一目。皆不足據爲典要。至於謝恩曰章，《文心雕龍》載有明釋，乃直以謝恩兩字爲文章之名。尤屬未協，疑爲依託。併書末洪适一〈跋〉，亦疑從《盤洲集》中鈔入。然王得臣爲嘉祐中人，而所作《麈史》有曰：『梁任昉集秦漢以來文章名之始，目曰《文章緣起》。自詩、賦、〈離騷〉，至於勢、約，凡八十五題，可謂博矣。既載相如〈喻蜀〉，不錄揚雄〈劇秦美新〉。錄〈解嘲〉，而不收韓非〈說難〉。取劉向《列女傳》，而遺陳壽《三國志評》。』又曰：『任昉以三言詩起晉夏侯湛，唐劉存以爲始「鷺于飛，醉言歸」。任以頌起漢之王褒，劉以始於周公〈時邁〉，任以檄起漢陳琳檄曹操，劉以始於張儀檄楚。任以碑起於漢惠帝作〈四皓碑〉，劉以《管子》謂無懷氏封太山刻石紀功爲碑。任以銘起於秦始皇登會稽山，劉以爲蔡邕銘論黃帝有巾几之銘』云云。所說一一與此本合，知北宋已有此本。其殆張續所補，後人誤以爲

昉本書歟？」可參考。

詩品三卷

《詩品》三卷，_{館臣案：《隋書‧經籍志》有《詩評》三卷，注云鍾嶸撰，或曰《詩品》。《唐》、《宋‧藝文志》俱作《詩評》，〈宋志〉訛一卷。}**梁記室參軍潁川鍾嶸仲偉撰。以古今作者為三品而評之，上品十一人，中品三十九人，下品六十九人。**

廣校案：《讀書附志》卷下〈別集類〉一著錄：「《詩品》三卷，右梁征遠記室參軍鍾嶸撰。嶸，字仲偉，《南史》有傳。嶸嘗求譽於沈約，約拒之。及約卒，嶸品古今詩為評，言其優劣，云：『觀休文眾製，五言最優。齊永明中，相王愛文，王元長等皆宗附約。于時謝朓未遒，江淹才盡，范雲名級又微，故稱獨步。故當辭密於謝，意淺於江。』蓋追宿憾以報約也。」可參考。《宋史》卷二百九〈志〉第一百六十二〈藝文〉八〈文史類〉著錄「鍾嶸《詩評》一卷。」與此不同，恐誤也。嶸字仲偉，潁川長社人。天監初，遷中軍臨川王行參軍，選西中郎晉安王記室。《梁書》卷四十九〈列傳〉第四十三〈文學〉上有傳。其〈傳〉載：「嶸嘗品古今五言詩，論其優劣，名為《詩評》。」《南史》卷七十二〈列傳〉第六十二〈文學〉亦有傳。《四庫全書總目》卷一百九十五〈集部〉四十八〈詩文評類〉一著錄：「《詩品》三卷，_{內府藏本。}梁鍾嶸撰。嶸字仲偉，潁川長社人。與兄岹、弟嶼，竝好學有名。齊永明中為國子生。王儉舉本州秀才，起家王國侍郎。入梁，仕至晉安王記室，卒於官。嶸學通《周易》，詞藻兼長。所品古今五言詩，自漢魏以來一百有三人，論其優劣，分為上中下三品。每品之首，各冠以序。皆妙達文理，可與《文心雕龍》竝稱。近時王士禎極論其品第之閒，多所違失。然梁代迄今，邈踰千祀，遺篇舊製，什九不存，未可以掇拾殘文，定當日全集之優劣。惟其論某人源出某人，若一一親見其師承者，則不免附會耳！史稱嶸嘗求譽於沈約，約弗為獎借，故嶸怨之，列約中品。案約詩列之中品，未為排抑。惟〈序〉中深詆聲律之學，謂『蜂腰鶴膝，僕病未能。雙聲疊韻，里俗已具』。是則攻擊約說，顯然可見，言亦不盡無因也。又一百三人之中，惟王融稱王元長，不著其名，或疑其有所私尊。然徐陵《玉臺新詠》亦

惟融書字，蓋齊、梁之間避齊和帝之諱，故以字行，實無他故。今亦姑
仍原本，以存其舊焉。」可參考。

史通二十卷

《史通》二十卷，唐崇文館學士劉知幾子玄撰。

廣棪案：《郡齋讀書志》卷第七〈史評類〉著錄：「劉氏《史通》二十卷，
右唐劉知幾撰。知幾，長安神龍間三為史官，頗不得志，乃以前代書史，
序其體法，因習廢置，掇其得失，述作曲直，分〈內〉、〈外篇〉，著為
評議，備載史冊之要。當時徐堅深重之，云：『居史職者，宜置坐右。』
玄宗朝，詔其家錄進，上讀而善之。宋子京稱，唐舊史之文猥釀不綱，
謂知幾工訶古人而拙於用已。觀此書，知子京之論不誣。前世史部中有
史鈔類而集部中有文史類，今世鈔節之學不行而論說者為多。教自文史
類內，摘出論史者為史評，附史部，而廢史鈔云。」可參考。子玄，本
名知幾，楚州刺史胤之族孫。《舊唐書》卷一百二〈列傳〉第五十二有
傳。其〈傳〉載：「少與兄知柔俱以詞學知名，弱冠舉進士，授獲嘉主
簿。……景雲中，累遷太子左庶子，兼崇文館學士，仍依舊修國史，知
銀青光祿大夫。時玄宗在東宮，知幾以名音類上名，乃改子玄。」可參
證。景雲，唐睿宗年號。玄宗名隆基，「知幾」音類上名，故改之。《舊
唐書》本傳又載：「時知幾又著《史通子》二十卷，備論史策之體。太
子右庶子徐堅深重其書，嘗云：『居史職者，宜置此書於座右。』」《史
通子》即《史通》，卷數與此同。《新唐書》卷一百三十二〈列傳〉第五
十七知幾亦有傳。

《新史》以為工訶古人，拙于用己，

案：《新唐書》卷一百三十二〈列傳〉第五十七〈劉子玄〉載：「贊曰：
唐興，史官秉筆眾矣。然垂三百年，業鉅事叢，簡策挐繁，其間巨盜再
興，圖典焚逸，大中以後，史錄不存。雖論著之人，隨世衰掇，而疏舛
殘餘，本末顛倒。故聖主賢臣，叛人佞子，善惡汨汨，有所未盡，可為
永懍者矣。又舊史之文，猥釀不綱，淺則入俚，簡則及漏。寧當時儒者
有所諱而不得騁耶？或因淺仍俗不足於文也？亦有待于後取當而行遠
耶？何知幾以來，工訶古人而拙於用己歟！自韓愈為《順宗實錄》，議者

闃然不息，卒竄定無完篇，乃知爲史者亦難言之。游、夏不能措辭於《春秋》，果可信已！」《解題》殆本此。

然為書亦博矣。

案：《玉海》卷四十九〈藝文・論史・唐史通〉載：「《史通》上秩自〈六家〉至〈自敘〉三十六篇，及〈前敘〉及〈志中〉共四十二篇，自〈辨惑〉以下缺〈體統〉、〈紕繆〉、〈弛張〉、〈文質〉、〈褒貶〉五篇；下秩自〈史官〉至〈忤時〉十三篇。」爲書實至博。《四庫全書總目》卷八十八〈史部〉四十四〈史評類〉著錄：「《史通》二十卷，內府藏本。唐劉子元撰。……子元於史學最深，又領史職幾三十年，更歷書局亦最久。其貫穿今古，洞悉利病，實非後人之所及。而性本過剛，詞復有激，詆訶太甚，或悍然不顧其安。……小小疎陋，更所不免。然其縷析條分，如別黑白，一經抉摘，雖馬遷、班固幾無詞以自解免。亦可云載筆之法家，著書之監史矣。」《四庫全書總目》所評論，殆有過於《解題》者。

漢封司馬遷後為史通子，而亦兼《白虎通》之義也。

案：《漢書》卷六十二〈司馬遷傳〉第三十二載：「遷既死後，其書稍出。宣帝時，遷外孫平通侯楊惲祖述其書，遂宣布焉。至王莽時，求封遷後，爲史通子。」應劭曰：「以遷世爲史官，通於古今也。」李奇曰：「史通國子爵也。」又劉知幾〈史通序〉曰：「昔漢世諸儒集論經傳，定之于白虎閣，因名曰《白虎通》。予既在史館而成此書，故便以《史通》爲目。且漢求司馬遷後，封爲史通子，是知史之稱通，其來日久。博采眾議，爰定茲名。凡爲廿卷，列之于左，合若干言。」《解題》所述，殆本知幾〈序〉。惟求封遷後爲史通子乃王莽時，知幾誤記，振孫又誤從之。

史通析微十卷

《史通析微》十卷，唐柳璨撰。譏評劉氏之失。

廣棪案：《郡齋讀書志》卷第七〈史評類〉著錄：「《史通析微》十卷，右唐柳璨昭之撰。璨以劉子玄《史通》妄誣聖哲，評湯之德爲僞跡，論桀之惡爲厚誣，謗周公云不臣，褒武庚以殉節，其甚至於彈劾仲尼，因討論其舛謬，共成五十篇。蕭統云：『論則析理精微。』故以爲名。乾

寧四年書成。《唐書》云：『璨，公綽族孫，少孤貧，好學，著《史通析
微》，時或稱之。起布衣，至爲相，不四歲。』按《唐紀》，相璨在天祐
改元，則書成時，猶未仕也。」可參證。考《新唐書》卷六十〈志〉第
五十〈藝文〉四〈總集類〉著錄：「《柳氏釋史》十卷，柳璨。一作《史通
析微》。」《玉海》卷四十九〈藝文・論史・析微〉同。《崇文總目》卷二
〈雜史類〉下、《宋史》卷二百九〈志〉第一百六十二〈藝文〉八〈文
史類〉仍著錄：「柳璨《史通析微》十卷。」廣棪案：《崇文總目》「璨」作「燦」，
誤。璨，河東人。《舊唐書》卷一百七十九〈列傳〉第一百二十九有傳。
其〈傳〉載：「璨以劉子玄所撰《史通》譏駁經史過當，璨紀子玄之失，
別爲十卷，號《柳氏釋史》，學者伏其優贍。」《新唐書》卷二百二十三
下〈列傳〉第一百四十八下〈姦臣〉下載：「柳璨字炤之，公綽族孫也。
爲人鄙野，其家不以諸柳齒。少孤貧，好學，晝採薪給費，夜然葉照書，
彊記，多所通涉。譏訶劉子玄《史通》，著《析微》，時或稱之。」均可
參考。

史例三卷

《史例》三卷，唐右補闕劉餗鼎卿撰。知幾次子也。

廣棪案：《宋史》卷二百九〈志〉第一百六十二〈藝文〉八〈文史類〉著
錄：「劉餗《史例》三卷。」《玉海》卷四十九〈藝文・論史・唐史例〉
載：「劉子玄子餗，天寶初爲史官，父子三人更涖史職，著《史例》頗有
法。……《書目》：『劉餗《史例》三卷。以前史詳略由於無法，故隱括
諸凡，附經爲例。』」《宋史》卷二百九〈志〉第一百六十二〈藝文〉八
〈文史類〉著錄：「劉餗《史例》三卷。」可參證。餗，《舊唐書》卷一
百二〈列傳〉第五十二附〈劉子玄〉，載：「子玄子貺、餗、彙、秩、迅、
迴，皆知名於時。……餗，右補闕、集賢殿學士、修國史。著《史例》
三卷、《傳記》三卷、《樂府古題解》一卷。」《新唐書》卷一百三十二〈列
傳〉第五十七〈劉子玄〉載：「六子：貺、餗、彙、秩、迅、迴。……餗
字鼎卿。天寶初，歷集賢院學士，兼知史官。終右補闕。父子三人更涖
史官，著《史例》，頗有法。」可參考。是餗乃子玄次子。

賦門魚鑰十五卷

《賦門魚鑰》十五卷，進士馬俛撰。編集唐蔣防而下至本朝宋祁諸家律賦格訣。

廣枩案：《秘書省續編到四庫闕書目》卷一〈集類・別集〉著錄：「馬俛《賦門魚鑰》二卷，闕。葉德輝按：〈宋志〉、《陳錄》入〈文史類〉，云十五卷。」《宋史》卷二百九〈志〉第一百六十二〈藝文〉八〈文史類〉著錄：「馬俛《賦門魚鑰》十五卷。」是此書原十五卷，《秘書省續編到四庫闕書目》著錄作二卷，乃不全之本。俛，《解題》作「稱」，《宋史》無傳。徐松《宋會要輯稿》第九十八冊〈職官〉六五之三一載：「（熙寧三年）三月一日，皇城使、忠州團練使馬俛降鄆州鈐轄，坐前知涇州，不覺察孔目官周實受賕故也。」同書第九十冊〈職官〉五一之一載：「神宗熙寧四年九月五日，以文忠副使梁交充賀北朝皇太后國信使，以馬俛、祖應國陷虜，不願往代之。」同書第九十一冊〈職官〉五四之六載：「（熙寧）八年正月二十五日，以皇城使、忠州團練使馬俛管勾兗州仙源縣景靈宮太極觀宮公事；尋除俛大將軍，以閑職難仍舊官也。」是馬俛，神宗時人，其宦歷可考者如此。

詩格一卷

《詩格》一卷，題魏文帝，而所述詩或廣枩案：盧校本「或」作「式」。校注曰：「『式』字疑是。館本作『或』，《通考》同。」在沈約後，其為假託明矣。

廣枩案：此書題魏文帝，直齋已辨其假託，應無可疑。考《崇文總目》卷四〈文史類〉、《宋史》卷二百九〈志〉第一百六十二〈藝文〉八〈文史類〉均著錄王叡《炙轂子詩格》一卷，《秘書省續編到四庫闕書目》卷一〈集類・別集〉則作「王叡《詩格》一卷」。〈宋志〉另著錄王昌齡《詩格》一卷、王維《詩格》一卷、王杞一作超《詩格》一卷、元兢《詩格》一卷、僧伸或《詩格》一卷、徐銳《詩格》一卷。然無題作魏文帝者。

詩格一卷、詩中密旨一卷

《詩格》一卷、《詩中密旨》一卷，唐王昌齡撰。

廣枩案：《宋史》卷二百九〈志〉第一百六十二〈藝文〉八〈文史類〉著

錄:「王昌齡《詩格》一卷,又《詩中密旨》一卷。」與此同。昌齡,《舊
唐書》卷一百九十下〈列傳〉第一百四十下〈文苑〉下載:「王昌齡者,
進士登第,補秘書省校書郎。又以博學宏詞登科,再遷汜水縣尉,不護
細行,屢見貶斥,卒。昌齡爲文,緒微而思清。有《集》五卷。」《新唐
書》卷二百三〈列傳〉第一百二十八〈文藝〉下亦有傳。元人辛文房《唐
才子傳》卷第二〈王昌齡〉則載:「昌齡,字少伯,太原人。開元十五年
李嶷榜進士,授汜水尉。又中宏辭,遷校書郎。……有《詩集》五卷,
又述作詩格律、境思、體例,共十四篇,爲《詩格》一卷,又《詩中密
旨》一卷,及《古樂府解題》一卷,今并傳。」可參證。

評詩格一卷

《評詩格》一卷,唐李嶠撰。嶠在昌齡之前,而引昌齡《詩格》八病,
亦未然也。

廣棪案:此書乃評《詩格》之作,所評或及於王昌齡《詩格》。然嶠既在
昌齡前,振孫疑非嶠之作。《宋史·藝文志》未著錄此書。嶠,《舊唐書》
卷九十四〈列傳〉第四十四、《新唐書》卷一百二十三〈列傳〉第四十八
均有傳。《唐才子傳》卷第一〈李嶠〉載:「嶠,字巨山,趙州人。十五
通《五經》,二十擢進士,累遷爲監察御史。武后時,同鳳閣鸞臺平章事。
後因罪貶廬州別駕卒。嶠富才思,有所屬綴,人輒傳諷。明皇將幸蜀,
登花萼樓,使樓前善〈水調〉者奏歌。歌曰:『山川滿目淚霑衣,富貴榮
華能幾時?不見只今汾水上,惟有年年秋雁飛。』帝慘愴,移時,顧侍
者曰:『誰爲此?』對曰:『故宰相李嶠之詞也。』帝曰:『眞才子!』不
待終曲而去。嶠前與王勃、楊炯接,中與崔融、蘇味道齊名。晚諸人沒,
爲文章宿老,學者取法焉。今《集》五十卷,《雜詠詩》十二卷,〈單題
詩〉一百二十首,張方爲注,傳於世。」亦未記及有此書。

二南密旨一卷

《二南密旨》一卷,館臣案:《唐書·藝文志》有賈島《詩格》一卷,《宋史·藝
文志》作賈島《詩格密旨》一卷。唐賈島撰,凡十五門,恐亦依託。

廣棪案:《宋史》卷二百九〈志〉第一百六十二〈藝文〉八〈文史類〉著錄:「賈島《詩格密旨》一卷。」疑或爲同一書,而書名略異。《新唐書》卷一百七十六〈列傳〉第一百一〈韓愈〉附〈賈島〉,載:「島字浪仙,范陽人,初爲浮屠,名无本。來東都,時洛陽令禁僧午後不得出,島爲詩自傷。愈憐之,因教其爲文,遂去浮屠,舉進士。當其苦吟,雖逢值公卿貴人,皆不之覺也。一日見京兆尹,跨驢不避,謹詰之,久乃得釋。累舉,不中第。文宗時,坐飛謗,貶長江主簿。會昌初,以普州司倉參軍遷司戶,未受命卒,年六十五。」《唐才子傳》卷五亦有賈島傳,謂島有「《集》十卷,并《詩格》一卷,傳於世」。《詩格》即《詩格密旨》,疑即《二南密旨》也。考《四庫全書總目》卷一百九十七〈集部〉五十〈詩文評類存目〉著錄:「《二南密旨》一卷,編修程晉芳家藏本。舊本題唐賈島撰。案陳振孫《書錄解題》曰:『《二南密旨》一卷,唐賈島撰。凡十五門,恐亦依託。』此本端緒紛繁,綱目混淆。卷末忽〈總題〉一條云:『以上十五門不可妄傳。』卷中又〈總題〉一條云:『以上四十七門略舉大綱。』是於陳氏所云十五門外,增立四十七門,已與《書錄解題》互異。且所謂四十七門、一十五門者,輾轉推尋,數皆不合,亦不解其何故。而議論荒謬,詞意拙俚,殆不可以名狀。如以盧綸『月照何年樹,花遙幾度春』句爲〈大雅〉。以錢起『好風能自至,明月不須期』句爲〈小雅〉,以〈衛風〉『日居月諸,胡迭而微』句爲變〈大雅〉。以〈綠衣〉『黃裳』句爲變〈小雅〉。以〈召南〉『林有樸樕,野有死鹿』句及鮑照『申黜褒女進、班去趙姬昇』句、錢起『竹憐新雨後,山愛夕陽時』句爲南宗。以〈衛風〉『我心匪石,不可轉也』句,左思『吾愛段干木,偃息藩魏君』句,盧綸詩『誰知樵子徑,得到葛洪家』句爲北宗。皆有如囈語。其論〈總例物象〉一門,尤一字不通。島爲唐代名人,何至於此。此殆又僞本之重儓矣。」迻錄以資參考。

文苑詩格一卷

《文苑詩格》一卷,稱白氏,尤非也。館臣案:自《史通析微》以下七條,原本錯簡入〈歌詞類〉「《萬曲類編》」下,今移正。

　　廣棪案:白氏,疑指白居易。《宋史》卷二百九〈志〉第一百六十二〈藝

文〉八〈文史類〉著錄:「白居易《白氏金針詩格》三卷。」恐非一書。

詩式五卷、詩議一卷

《詩式》五卷、《詩議》一卷,唐僧皎然撰。以十九字括詩之體。

廣枝案:《宋史》卷二百九〈志〉第一百六十二〈藝文〉八〈文史類〉著錄:「僧皎然《詩式》五卷,又《詩評》一卷。」應與此同。《唐才子傳》卷四〈皎然上人〉載:「皎然,字清晝,吳興人。俗姓謝,宋靈運之十世孫也。初入道,肄業杼山,與靈徹、陸羽同居妙喜寺。……往時住西林寺,定餘多暇,因撰序作詩體式,兼評古今人詩,爲《晝公詩式》五卷,及撰《詩評》三卷,皆議論精當,取舍從公,整頓狂瀾,出色〈騷〉、〈雅〉。」是《詩議》或稱《詩評》,作三卷。考《四庫全書總目》卷一百九十七〈集部〉五十〈詩文評類存目〉著錄:「《詩式》一卷,兩江總督採進本。舊本題唐釋皎然撰。皎然有《杼山集》,已著錄。此本即附載《集》末。考陳振孫《書錄解題》載:『《詩式》五卷、《詩議》一卷,唐僧皎然撰,以十九字括詩之體。』此本既非五卷,又一十九體乃末一條,陳氏不應舉以概全書。陳氏又載正字王元《擬皎然十九字》一卷,使僅如今本一條,則不能擬爲一卷矣,殊參差可疑。又皎然與顏眞卿同時,乃天寶、大曆閒人。而所引諸詩舉以爲例者有賀知章、李白、王昌齡,相去甚近,亦不應遽與古人竝推。疑原書散佚,而好事者摭拾補之也。何文煥《詩話考索》議其『湣沒』條,稱夏姬當壚似蕩而貞,謂夏姬無當壚事,當作文君。不知此用辛延年〈羽林郎〉『胡姬年十五,春日獨當壚』事。特夏字誤,姬字不誤,不必改作文君。且延年詩稱『貽我青銅鏡,結我紅羅襦。不惜紅羅裂,何論輕賤軀』,所謂似蕩也。又稱『男兒愛後婦,女子重前夫。人生各有分,貴賤不相逾。多謝金吾子,私愛徒區區。』所謂貞也。若文君越禮,安得曰似蕩而貞乎?」可參考。

風騷指格一卷

《風騷指格》,廣枝案:盧校本「指」作「旨」。一卷,唐僧齊己撰。

廣枝案:此書無可考。《唐才子傳》第九卷〈齊己〉載:「齊己,長沙人,

姓胡氏。早失怙恃，七歲穎悟。爲大溈山寺司牧，往往抒思，取竹枝畫牛背爲小詩。耆夙異之，遂共推挽入戒。風度日改，聲價益隆。遊江海名山，登岳陽，望洞庭。時秋高水落，君山如黛，唯湘川一條而已，欲吟杳不可得，徘徊久之。來長安數載，遍覽終南、條、華之勝。歸，過豫章，時陳陶近仙去，己留題有云：『夜過修竹寺，醉打老僧門。』至宜春投詩鄭都官云：『自封修藥院，別下著僧牀。』谷曰：『善則善矣，一字未安。』經數日來曰：『別掃如何？』谷嘉賞，結爲詩友。曹松、方干，皆己良契。性放逸，不滯土木形骸，頗任琴樽之好。嘗撰《玄機分別要覽》一卷，摭古人詩聯，以類分次，仍別〈風〉、賦、比、興、〈雅〉、〈頌〉。又撰《詩格》一卷。又與鄭谷、黃損等共定用韻爲葫蘆、轆轤、進退等格，並其詩《白蓮集》十卷，今傳。」不知其《詩格》一卷，即此書否？或未必然也。

詩格一卷

《詩格》一卷，沙門神彧撰。

　　廣棪案：《宋史》卷二百九〈志〉第一百六十二〈藝文〉八〈文史類〉著錄：「僧神彧《詩格》一卷。」與此同。神彧，生平不可考。

處囊訣一卷

《處囊訣》一卷，金華僧保暹撰。

　　廣棪案：此書不可考。保暹，《宋史》無傳。考《郡齋讀書志》卷第二十〈總集類〉著錄：「《九僧詩集》一卷，右皇朝僧希晝、保暹、文兆、行肇、簡長、惟鳳、惠崇、宇昭、懷古也。陳充爲〈序〉。凡一百十篇。歐公曰：『進士許洞因會九僧分題，出一紙，約曰：不得犯一字。其字乃山水、風雲、竹石、花草、雪霜、星日、禽鳥之類。於是諸僧皆閣筆。』此本出李夷中家，其詩可稱者甚多，惜乎歐公不盡見之。許洞之約，雖足以困諸儒，然論詩者政不當爾。蓋詩多識鳥獸草木之名，而《楚辭》亦寓意於颷風雲霓，如『池塘生春草』，『窗間列遠岫』，『天際識歸舟，雲中辨江樹』，『蟬噪林逾靜，鳥鳴山更幽』，『庭草無人隨意綠』，『宮漏出花遲』，『楓落吳江冷』，『空梁落燕泥』，『微雲淡河漢，踈雨滴梧桐』，

『殘星幾點鴈橫塞，長笛一聲人倚樓』，『雞聲茅店月，人跡板橋霜』之類，莫不犯之。若使諸公與許洞分題，亦須閣筆，矧其下者哉？」是保暹與許洞同時。洞，《宋史》卷四百四十一〈列傳〉第二百〈文苑〉三有傳。其〈傳〉載：「許洞字洞天，蘇州吳縣人。父仲容，太子洗馬致仕。洞性疏雋，幼時習弓矢擊刺之伎，及長，折節勵學，尤精《左氏傳》。咸平三年進士，解褐雄武軍推官。嘗詣府白事，有卒踞坐不起，即杖之。時馬知節知州，洞又移書責知節，知節怒其狂狷不遜，會洞輒用公錢，奏除名。」咸平，宋眞宗年號，三年，西元 1000 年。是保暹亦眞宗時人，與希晝等八人爲詩友，稱「九僧」。厲鶚《宋詩紀事》卷九十一〈保暹〉載：「保暹，金華人，九僧之二，有《處囊訣》。」陸心源《宋詩紀事補遺》卷九十六載：「保暹，字希白，金華人。普惠院僧。喜爲詩，著有《青囊訣》一卷。景德初，直昭文館。陳充所序《九僧詩》，暹其一也。」均可參證。惟《青囊訣》誤，應作《處囊訣》。「處囊」，典出《史記‧平原君列傳》「毛遂自薦」。

流類手鑑一卷

《流類手鑑》一卷，僧虛中撰。

　　廣棪案：此書不可考。惟虛中乃唐人，振孫誤作宋人。《郡齋讀書志》卷第十八〈別集類〉中著錄：「《碧雲詩》一卷，右唐僧虛中詩也。司空圖嘗以詩贈之，云：『十年太華無知己，只得虛中一首詩。』」計有功《唐詩紀事》卷第七十五〈僧虛中〉載：「虛中，宜春人也。遊瀟湘山水，與齊己、尚顏、棲蟾爲詩友，住湘西粟城寺。潭州烏氏子希振侍中好事，每出迎，納於詩閣。虛中好燒火，烟昏彩翠，去後，又復粉飾。」皆虛中爲唐人之證。辛文房《唐才子傳》卷第八亦有〈僧虛中傳〉。

詩評一卷

《詩評》一卷，桂林僧原闕。淳撰。廣棪案：《文獻通考‧經籍考》卷七十八作「德淳」。盧校注：《通考》至大年本是「德淳」。

　　廣棪案：此書無可考。德淳，《宋人傳記資料索引》載：「釋德淳

（1064-1117），俗姓賈，劍州梓銅人。年二十七祝髮受具，住持南陽丹霞山，道場極盛，後退居唐州大乘寺。政和五年住大洪。七年端坐而逝，世壽五十四。」可參考。

擬皎然十九字一卷

《擬皎然十九字》一卷，稱正字王元撰。^{廣棪案：《文獻通考》「元」作「玄」。}不知何人。

> 廣棪案：此書不可考。《四庫全書總目》卷一百九十七〈集部〉五十〈詩文評類存目〉「《詩式》一卷」條云：「陳振孫《書錄解題》載《詩式》五卷、《詩議》一卷，唐僧皎然撰，以十九字括詩之體。此本既非五卷，又一十九體乃末一條，陳氏不應舉以概全書。陳氏又載正字王元《擬皎然十九字》一卷，使僅如今本一條，則不能擬為一卷矣。殊參差可疑。」是紀昀已疑及此書。王元，《宋史》無傳。《宋元學案補遺》卷三〈高平學案補遺‧韓氏家學〉「王先生元」載：「王元字舜弼，待制質之從子。任為郊社齋郎，累以朝請郎知澤州事。會歲旱，躬禱于桑林。既還，即雨而犯暑，得疾遂卒。初罷清豐，即求筦庠閒局。蓋家居二十年不外遷。或勞之，則曰：『吾以華髮奉親膝，樂甚，此去九遷不願也。』其侍親疾，晝夜不解帶。有《家集》十卷。《雞肋集》。」或即此王元也。然未言其任正字。

炙轂子詩格一卷

《炙轂子詩格》一卷，唐王叡撰。

> 廣棪案：《宋史》卷二百九〈志〉第一百六十二〈藝文〉八〈文史類〉著錄：「王叡《炙轂子詩格》一卷。」與此同。叡，兩《唐書》、《唐才子傳》均無傳。《全唐詩》卷五百五〈王叡〉載：「王叡，元和後詩人。自號炙轂子。《集》五卷，今存詩九首。」《全唐文》卷七百二十五〈王叡〉載：「叡著《炙轂子》三卷。」今存〈二陣圖論〉、〈將略論〉、〈三惑論〉、〈誠節論〉四篇。考《郡齋讀書志》卷第十二〈雜家類〉著錄：「《炙轂子雜錄注解》五卷，右唐王叡撰。《二儀實錄》、《古今注》載事物之始，《樂府題解》載樂府所由起。叡輯纂數家之言，正誤補遺，削冗併歸一篇。」是叡有《炙

鷇子雜錄注解》五卷。檢《宋史‧藝文志》則叡尚有《春秋守鑑》一卷、《春秋龜鑑》一卷、《不絕筆畫圖》一卷、《聯珠集》五卷等書，固博學通識、著作富贍之士矣。「炙鷇」，典出《史記‧荀卿傳》「炙鷇過髡」句。

詩格要律一卷

《詩格要律》廣棪案：盧校本「要律」作「律要」。校注曰：「館本『要律』，《通考》同。」一卷，進士王夢簡撰。

　　廣棪案：此書〈宋志〉未著錄，書與撰人均無可考。

緣情手鑑詩格一卷

《緣情手鑑詩格》一卷，題樵人李宏宣撰。廣棪案：《通考》作「李弘宣」。未詳何人，當在五代前。

　　廣棪案：此書〈宋志〉未著錄，書與撰人均無可考。

風騷要式一卷

《風騷要式》一卷，徐衍述。亦未詳何人。

　　廣棪案：《秘書省續編到四庫闕書目》卷二〈集類‧總集〉著錄：「徐衍《風騷要試》一卷，闕。葉德輝按：陳《錄》『試』作『式』。」徐衍，《後漢書》卷七十八〈宦者列傳〉第六十八載：「時宦者濟陰丁肅、下邳徐衍、南陽郭耽、汝陽李巡、北海趙祐等五人稱爲清忠，皆在里巷，不爭威權。巡以爲諸博士試甲乙科，爭弟高下，更相告言，至有行賂定蘭臺漆書經字，以合其私文者，乃白帝，與諸儒共刻《五經》文於石，於是詔蔡邕等正其文字。自後《五經》一定，爭者用息。趙祐博學多覽，著作校書，諸儒稱之。」此書撰人，恐非東漢「下邳徐衍」也。

琉璃堂墨客圖一卷

《琉璃堂墨客圖》一卷，館臣案：《文獻通考》「墨客」作「墨家」。不著名氏。

廣校案：此書〈宋志〉未著錄，不可考。

雅道機要二卷

《雅道機要》二卷，前卷不知何人，後卷稱徐寅撰。

廣校案：《秘書省續編到四庫闕書目》卷二〈集類·文史〉著錄：「《雅道機要論》一卷，闕。」此蓋屬二卷中之一卷。徐寅，唐人，兩《唐書》無傳。《唐才子傳》卷第十〈徐寅〉載：「寅，莆田人也。大順三年蔣詠下進士及第。工詩，嘗賦〈路傍草〉云：『楚甸秦川萬里平，誰教根向路傍生。輕蹄繡轂長相踏，合是榮時不得榮。』時人知其蹭蹬。後果鬂鬢交白，始得秘書省正字，竟蓬轉客途，不知所終云。有《探龍集》五卷，謂登科射策如探睡龍之珠。」今人周本淳《唐才子傳校正》曰：「唐昭宗大順僅二年，次年正月改元景福，不當有三年。《登科記考》卷二十四：『按《永樂大典》引《莆陽志》作乾符元年，《全唐詩》有徐夤，云：『字昭夢，莆田人，登乾寧進士第，授秘書省正字。依王審知，禮待簡略，遂拂衣去。歸隱延壽溪。著有《探龍》、《釣磯》二集，編詩四卷。』〈路旁草〉在卷四，知即此人。辛氏蓋據徐仁師〈序〉作『寅』，詳見《唐集敘錄·釣磯文集》。』又《宋史》卷二百八〈志〉第一百六十一〈藝文〉七〈別集類〉著錄《徐寅別集》五卷。」此書應亦徐寅之作。

金針詩格一卷

《金針詩格》一卷，白居易撰。

廣校案：《郡齋讀書志》卷第二十〈文說類〉著錄：「《金鍼詩格》三卷，右唐白居易撰。居易自謂與劉禹錫、元稹皆以詩擅名當世，撮詩之體要爲一格。以病得鍼而愈，詩亦猶是也，故曰《金鍼集》。」《宋史》卷二百九〈志〉第一百六十二〈藝文〉八〈文史類〉著錄：「白居易《白氏金針詩格》三卷。」著錄此書均作三卷。今人孫猛《郡齋讀書志校證》曰：「《金鍼詩格》三卷，沈錄何校本何焯批語云：『僞書，不意乃錄於此。』按此書不載兩〈唐志〉、〈宋志〉，《書錄解題》卷二十二作『一卷』。今《格致叢書》、《詩學指南》卷四所收俱一卷。」是此書分卷有一卷、三卷之

別,內容無不同。惟孫猛云〈宋志〉不載此書,則失檢矣。

續金針格一卷

《續金針格》一卷,梅堯臣撰。大抵皆假託也。

　　廣棪案:《郡齋讀書志》卷第二十〈文說類〉著錄:「《續金鍼詩格》一卷,右皇朝梅堯臣聖俞撰。聖俞游廬山,宿西林,與僧希白談詩,因廣樂天所述云。」可參證。《解題》云:「大抵皆假託也。」乃連上條白居易《金針詩格》而言。孫猛《郡齋讀書志校證》曰:「《續金鍼詩格》一卷,沈錄何校本何焯校語云:『亦僞書。』按此書不載〈宋志〉。《書錄解題》卷二十二云:『大抵皆假託。』《通志·藝文略》卷八作三卷。今亦收入《格致叢書》、《詩學指南》卷四。」則此書亦有作三卷者。至何焯批語云二書皆僞,殆據直齋也。

詩評一卷

《詩評》一卷,不知名氏。

　　廣棪案:《宋史》卷二百九〈志〉第一百六十二〈藝文〉八〈文史類〉著錄:「僧皎然《詩式》五卷,又《詩評》一卷。」未知即皎然《詩評》否?然前已著錄皎然《詩式》五卷,《詩議》一卷,如《詩評》一卷亦屬皎然撰,直齋似不容不知。

御選句圖一卷

《御選句圖》一卷,太宗皇帝所選楊徽之詩十聯,真宗皇帝所選劉琮詩八聯。廣棪案:《文獻通考》「八聯」作「八篇」。

　　廣棪案:此書不可考。太宗,趙光義;眞宗,趙恒。徽之字仲猷,建州浦城人。《宋史》卷二百九十六〈列傳〉第五十五有傳。其〈傳〉載:「太平興國初,代還。太宗素聞其詩名,因索所著。徽之以數百篇奏御,且獻詩爲謝,其卒章有『十年流落今何幸,叨遇君王問姓名』語。太宗覽之稱賞,自是聖製多以別本爲賜。遷侍御史,權刑部。」其見寵如此。

有《楊徽之集》五卷。劉琮，《宋史》無傳。《宋人傳記資料索引》載：「劉琮字慶先，廬陵人。善寫眞，胡銓稱其天機精到，得金粟影筆法。」其詩不可考。

唐詩主客圖一卷

《唐詩主客圖》一卷，唐張爲撰。

廣棪案：《宋史》卷二百九〈志〉第一百六十二〈藝文〉八〈文史類〉著錄：「張爲《唐詩主客圖》二卷。」《秘書省續編到四庫闕書目》卷二〈集類・文史〉著錄：「張爲《唐詩主客圖》一卷，葉德輝按：〈宋志〉二卷，陳《錄》一卷。」恐乃分卷不同。《秘書省續編到四庫闕書目》卷二〈集類・總集〉著錄：「《唐詩主客集》六卷。」恐非同一書，惟可觀時代撰作之風氣。爲，兩《唐書》無傳。《唐詩紀事》卷第六十五〈張爲〉載：「爲，唐末江南詩人，與周朴齊名。如『到處即閉戶，逢君方展眉』，最有詩稱。」《唐才子傳》卷第十〈張鼎〉載：「張爲，閩中人，離群拔類。工詩，存一卷，及著《唐詩主客圖》等，並傳於世。」又《唐詩紀事》引杜光庭載毛仙翁事云：「仙翁名于，字鴻漸。元和間，劉禹錫、李紳、白樂天輩皆贈詩。至大中戊寅，五十餘年矣。是歲，張爲薄遊長安，不汲汲隨計，獲女奴於岳麓下，惑之，歲餘成羸疾。仙翁一見曰：『子妖氣邪光，浹遍肌骨，苟不相値，殞於旦夕也。』以鮑南海丸一粒授爲，於香爐焚之，郁烈之氣，聞數百步，魅妾一號而斃，乃木偶人也。又吞以丹砂如黍者三，疾遂瘳。爲作詩別之曰：『羸形感神藥，削骨生豐肌。蘭炷飄靈煙，妖怪立誅夷。重覩日月光，何報父母慈。黃河濁滾滾，別淚流澌澌。黃河清有時，別淚無收期。』爲後入釣臺山，訪道而去。」可知其生平。

所謂「主」者，白居易、孟雲卿、李益、鮑溶、孟郊、武元衡，各有標目。餘有升堂、及門、入室之殊，皆所謂「客」也。近世詩派之說，_{廣棪案：《文獻通考》「說」作「詩」。恐誤。}殆出于此，要皆有未然者。

案：爲作〈詩人主客圖序〉：「若主人門下處其客者，以法度一則也。以白居易爲廣大教化主，上入室，楊乘；入室，張祜、羊士諤、元稹；升堂，盧全、顧況、沈亞之；及門，費冠卿、皇甫松、殷堯藩、施肩吾、周元範、祝元膺、徐凝、朱可名、陳標、童翰卿。以孟雲卿爲高古奧逸

主，上入室，韋應物；入室，李賀、杜牧、李餘、劉猛、李涉、胡幽貞；升堂，李觀、賈馳、李宣古、曹鄴、劉駕、孟遲；及門，陳潤、韋楚老。以李益爲清奇雅正主，上入室，蘇郁；入室，劉畋、僧清塞、盧休、于鵠、楊洵美、張籍、楊巨源、楊敬之、僧無可、姚合；升堂，方干、馬戴、任蕃、賈島、厲元、項斯、薛壽；及門，僧良乂、潘誠、于武陵、詹雄、衛準、僧志定、喻鳧、朱慶餘。以孟郊爲清奇僻苦主，上入室，陳陶、周朴；及門，劉得仁、李溟。以鮑溶爲博解宏宏拔主，上入室，李群玉；入室，司馬退之、張爲。以武元衡爲瓌奇美麗主，上入室，劉禹錫；入室，趙嘏、長孫佐輔、曹唐；升堂，盧頻、陳羽、許渾、張蕭遠；及門，張陵、章孝標、雍陶、周祚、袁不約。」可參證。

句圖一卷

《句圖》一卷，唐李洞撰。

廣棪案：《新唐書》卷六十〈志〉第五十〈藝文〉四〈總集類〉著錄：「李洞集《賈島句圖》一卷。」即此書。洞，兩《唐書》無傳。《郡齋讀書志》卷第十八〈別集類〉中著錄：「《李洞詩》一卷，右唐李洞字才江。諸王之孫。慕賈島爲詩，銅鑄爲像，事之如神。時人多誚其僻澀，不貴其奇峭，惟吳融稱之。昭宗時不第，遊蜀，卒。」《唐詩紀事》卷第五十八〈李洞〉亦謂：「洞，唐諸王孫也。嘗遊四川，慕賈浪仙爲詩，鑄銅像其儀，事之如神。」《唐才子傳》卷第九〈李洞〉載：「洞，江，雍州人，諸王之孫也。家貧，吟極苦，至廢寢食。酷慕賈長江，遂銅寫島像，載之巾中，嘗持數珠念『賈島佛』，一日千遍。人有喜島詩者，洞必手錄島詩贈之，叮嚀再四曰：『此無異佛經，歸，焚香拜之。』其仰慕一何如此之切也！然洞詩逼眞於島，新奇或過之。時人多誚其僻澀，不貴其卓峭，惟吳融賞異。……洞嘗集島警句五十聯及唐諸人警句五十聯爲《詩句圖》，自爲之〈序〉，及所爲詩一卷，並傳。」是洞此書乃集賈島及唐諸人警句凡百聯而撰成者也。

文章玄妙一卷

《文章玄妙》一卷，唐任藩撰。廣棪案：《文獻通考》脫「撰」字。言作詩聲

病、對偶之類。凡世所傳詩格，大率相似。余嘗書其末云：「論詩而若此，豈復有詩矣。唐末詩格汙下，其一時名人著論傳後乃爾，欲求高尚，豈可得哉？」

　　廣梭案：《秘書省續編到四庫闕書目》卷二〈集類・文史〉著錄：「任博《文章玄格》一卷，闕。」疑爲「任藩《文章玄妙》一卷」之訛。藩，名或作翻。兩《唐書》無傳。《解題》卷十九〈詩集類〉上著錄：「《任藩集》一卷，唐任藩撰。或作翻。客居天台，有〈宿帢幘山〉絕句，爲人所稱。今城中巾子山也。」《唐才子傳》則作蕃。其書卷第七〈任蕃或作翻。〉載：「蕃，會昌間人，家江東，多遊會稽苕、霅間。初，亦舉進士之京，不第，牓罷進謁主司曰：『僕本寒鄉之人，不遠萬里，手遮赤日，步來長安，取一第榮父母不得。侍郎豈不聞江東一任蕃，家貧吟苦，忍令其去如來日也？敢從此辭，彈琴自娛，學道自樂耳！』主司慚，欲留不可得。歸江湖，專尚聲調。去遊天台巾子峰，題寺壁間云：『絕頂新秋生夜涼，鶴翻松露滴衣裳。前峰月照一江水，僧在翠微開竹房。』既去百餘里，欲回改作『半江水』，行到題處，他人已改矣。後復有題詩者，亡其姓氏，曰：『任番題後無人繼，寂寞空山二百年。』才名類是。凡作必使人改視易聽，如〈洛陽道〉云：『憧憧洛陽道，塵下生春草。行者豈無家，無人在家老。雞鳴前結束，爭去恐不早。百年路傍盡，白日車中曉。求富江海狹，取貴山嶽小。二端立在途，奔走何由了？』想蕃風度，此亦足舉其梗概。有詩七十七首，爲一卷，今傳非全文矣。」可知蕃尚聲調，每好改乙己作之一斑。

詩苑類格三卷

《詩苑類格》三卷，李淑撰。

　　廣梭案：《郡齋讀書志》卷第二十〈文說類〉著錄：「《李公詩苑類格》三卷，右皇朝李淑撰。寶元三年，豫王出閣，淑爲王子傅，因纂成此書上之。述古賢作詩體格，總九十目。」《宋史》卷二百九〈志〉第一百六十二〈藝文〉八〈文史類〉著錄：「李淑《詩苑類格》三卷。」與此同。是此書乃述作詩體格者。淑字獻臣，徐州豐人。父若谷。《宋史》卷二百九十一〈列傳〉第五十附〈李若谷〉。其〈傳〉載：「淑警慧過人，博習諸書，詳練朝廷典故，凡有沿革，帝多諮訪。制作誥命，爲時所稱。其他文多裁取古語，務爲奇

險，時人不許也。初，宋郊有學行，淑恐其先用，因密言曰：『「宋」，國姓；而「郊」者交，非善應也。』又宋祁作〈張貴妃制〉，故事，妃當冊命，祁疑進告身非是，以淑明典故，問之。淑心知其誤，謂祁曰：『君第進，何疑邪？』祁遂得罪去，其傾側險陂類此。嘗修《國朝會要》、《三朝訓鑒圖》、《閤門儀制》、《康定行軍賞罰格》，又獻《繫訓》三篇，所著別集百餘卷。」而未載及此書。觀此，則淑之品德，固不足道也。

林和靖摘句圖一卷

《林和靖摘句圖》廣棪案：盧校本作《林和靖句圖》。校注曰：「《通考》有『摘』字。」一卷，林逋詩句。

廣棪案：《宋史》卷二百九〈志〉第一百六十二〈藝文〉八〈文史類〉著錄：「林逋《句圖》三卷。」應與此同，盧校本殆據〈宋志〉刪乙「摘」字，然仍作一卷。和靖，林逋謚，《宋史》卷四百五十七〈列傳〉第二百一十六〈隱逸〉上有傳。其〈傳〉載：「林逋字君復，杭州錢塘人。少孤，力學，不為章句。性恬淡好古，弗趨榮利，家貧，衣食不足，晏如也。初放遊江、淮間，久之歸杭州，結廬西湖之孤山，二十年足不及城市。真宗聞其名，賜粟帛，詔長吏歲時勞問。薛映、李及在杭州，結廬西湖之孤山，二十年足不及城市。真宗聞其名，賜粟帛，詔長吏歲時勞問。薛映、李及在杭州，每造其廬，清談終日而去。嘗自為墓於其廬側。臨終為詩，有『茂陵他日求遺稿，猶喜曾無〈封禪書〉』之句。既卒，州為上聞，仁宗嗟悼，賜謚和靖先生，賻粟帛。逋善行書，喜為詩，其詞澄浹峭特，多奇句。既就稿，隨輒棄之。或謂：『何不錄以示後世？』逋曰：『吾方晦迹林壑，且不欲以詩名一時，況後世乎？』然好事者往往竊記之，今所傳尚三百餘篇。」《宋史》卷二百八〈志〉第一百六十一〈藝文〉七〈別集類〉著錄有《林逋詩》七卷，又《詩》二卷。

詩三話一卷

《詩三話》一卷，無名氏。

廣棪案：此書〈宋志〉未著錄，無可考。

詩話一卷

《詩話》一卷，歐陽修撰。

廣棪案：《郡齋讀書志》卷第十三〈小說類〉著錄：「《歐公詩話》一卷，右皇朝歐陽修永叔撰。修退居汝陰，戲作此，以資談笑。」《郡齋讀書志校證》曰：「《歐公詩話》一卷，《經籍考》卷七十六〈文史類〉無『歐公』二字，殆從《書錄解題》卷二十二。按此書原無特稱，『歐公』以及後之『六一』、『六一居士』、『歐陽文忠公』諸稱，蓋係後人所加。」所考甚當。《四庫全書總目》卷一百九十五〈集部〉四十八〈評文評類〉一著錄：「《六一詩話》一卷，_{江蘇巡撫採進本。}宋歐陽修撰。修有《詩本義》，已著錄。是書前有自題一行，稱『退居汝陰時集之，以資閒談』。蓋熙寧四年致仕以後所作。越一歲而修卒，其晚年最後之筆也。陳師道《後山詩話》謂修不喜杜甫詩。葉夢得《石林詩話》謂修力矯西崑體。而此編載論『蔡都尉詩』一條、『劉子儀詩』一條，殊不盡然。毛晉〈後跋〉所辨，亦公論也。其中如『風暖鳥聲碎、日高花影重』一聯，今見杜荀鶴《唐風集》，而修乃作周朴詩。魏泰作《臨漢隱居詩話》，詆其謬誤。然考宋吳聿《觀林詩話》曰：『杜荀鶴詩句鄙惡，世所傳《唐風集》首篇「風暖鳥聲碎，日高花影重」者，余甚疑不類荀鶴語。他日觀唐人小說，見此詩乃周朴所作，而歐陽文忠公亦云爾。蓋借此引編以行於世矣』云云。然則此詩一作周朴，實有根據，修不誤也。惟九僧之名，頓遺其八，司馬光《續詩話》乃為補之，是則記憶偶疏耳。」可參考。

續詩話一卷

《續詩話》一卷，司馬光撰。_{館臣案：《續詩話》一卷，乃司馬光撰。原〈序〉云：「《詩話》尚有遺者，歐公文章聲名雖不可及，然紀事一也，故敢續之。」原本稱唐李洞撰，誤矣。考李洞另有《句圖》一卷，或謂鈔錄者所誤也。今《續詩話》改正為司馬光撰，而李洞《句圖》另行補錄于前。　廣棪案：盧校本「撰」後有「以續歐公也」五字。}

廣棪案：《郡齋讀書志》卷第十三〈小說類〉著錄：「《續詩話》一卷，右皇朝司馬光君實撰。〈序〉云：『《詩話》尚有遺者，歐公文章聲名雖不可及，然記事一也，故敢續之。』」此書乃溫公續歐公《詩話》之作。《宋史》卷

二百九〈志〉第一百六十二〈藝文〉八〈文史類〉著錄:「司馬光《續詩話》
一卷。」即此書。其後又著錄:「司馬光《詩話》一卷。」則恐爲「歐陽修
《詩話》一卷」之訛。《四庫全書總目》卷一百九十五〈集部〉四十八〈詩
文評類〉一著錄:「《續詩話》一卷,江蘇巡撫採進本。宋司馬光撰。光有《易
說》,已著錄。是編題曰《續詩話》者,據卷首光自作小引,蓋續歐陽修《六
一詩話》而作也。光《傳家集》中具載雜著,乃不錄此書。惟左圭《百川
學海》收之。然《傳家集》中亦不錄《切韻指掌圖》,或二書成於編《集》
之後耶?光德行功業,冠絕一代,非斤斤於詞章之末者。而品第諸詩,乃
極精密。如林逋之『疎影橫斜水清淺,暗香浮動月黃昏』。魏野之『數聲離
岸櫓,幾點別州山』。韓琦之『花去曉叢蝴蝶亂,雨餘春圃桔橰閒』。耿仙
芝之『草色引開盤馬地,簫聲吹暖賣餳天』。寇準之〈江南春〉詩、陳堯佐
之〈吳江詩〉、暢當王之渙之〈鸛雀樓詩〉、及其父〈行色詩〉,相沿傳誦,
皆自光始表出之。其論魏野詩誤改藥字,及說杜甫『國破山河在』一首,
尤妙中理解,非他詩話所及。惟梅堯臣『病死』一條,與詩無涉,乃載之
此書,則不可解。考光別有《涑水記聞》一書,載當時雜事。豈二書竝修,
偶以欲筆於彼冊者,誤筆於此冊歟?」可參考。

楊氏筆苑句圖一卷、續一卷

《楊氏筆苑句圖》一卷、《續》一卷,黃鑑編。蓋楊億大年之所嘗舉者。
皆時賢佳句。《續》者,不知何人,亦大年所書唐人句也,所錄李義山、
唐彥謙之句為多。西崑體廣棪案:《文獻通考》作「崑體」。盧校本「西崑體」亦
作「崑體」,蓋據《通考》也。蓋出二家。

　　廣棪案:此書〈宋志〉未著錄,不可考。楊億字大年,建州浦城人。《宋
　　史》卷三百五〈列傳〉第六十四有傳。其〈傳〉謂:「億天性穎悟,自幼
　　及終,不離翰墨。文格雄健,才思敏捷,略不凝滯,對客談笑,揮翰不
　　輟。精密有規裁,善細字起草,一幅數千言,不加點竄,當時學者,翕
　　然宗之。而博覽強記,尤長典章制度,時多取正。喜誨誘後進,以成名
　　者甚眾。人有片辭可紀,必爲諷誦。手集當世之述作,爲《筆苑時文錄》
　　數十篇。」是此書亦《筆苑時文錄》之屬,惟記時賢詩之佳句耳。黃鑑
　　字唐卿,建州浦城人,與大年同故里。《宋史》卷四百四十二〈列傳〉第

二百二〈文苑〉四有傳。其〈傳〉載：「黃鑑，……少敏慧過人。舉進士，補桂陽監判官，爲國子監直講。同郡楊億尤善其文詞，延置門下，由是知名。累遷太常博士，爲國史院編修官。嘗詔館閣官後苑賞花，而鑑特預召。國史成，擢直集賢院。以母老，出通判蘇州，卒。」是鑑固見譽於大年者。《秘書省續編到四庫闕書目》卷二〈集類·文史〉著錄：「《黃鑑詩》一卷，闕。」鑑蓋亦能詩者。

惠崇句圖一卷

《惠崇句圖》一卷，僧惠崇所作。<small>廣棪案：盧校本「作」後有「詩」字。</small>

　　廣棪案：此書〈宋志〉未著錄，不可考。《宋人傳記資料索引》載：「釋惠崇，建陽僧，一作淮南人，九僧之七。善詩，工畫。有《百句圖》，刊石於長安。」《惠崇句圖》一卷，或即《百句圖》也。考《郡齋讀書志》卷第二十〈總集類〉著錄：「《九僧詩集》一卷，右皇朝僧希晝、保暹、文兆、行肇、簡長、惟鳳、惠崇、宇昭、懷古也。陳充爲〈序〉。凡一百十篇。」惠崇排名第七人。

孔中丞句圖一卷

《孔中丞句圖》一卷，「中丞」者，或是孔道輔耶？

　　廣棪案：此書〈宋志〉未著錄，不可考。道輔，字原魯，初名延魯，孔子四十五代孫。《宋史》卷二百九十七〈列傳〉第五十六有傳。其〈傳〉載：「明道二年，召爲右諫議大夫、權御史中丞。」明道，仁宗年號，二年，西元 1033 年。是道輔，宋仁宗時人。

雜句圖一卷

《雜句圖》一卷，不知何人所集，皆本朝人詩也。自魏文帝《詩格》而下<small>廣棪案：盧校本「而下」作「以上」。</small>十七家已見<small>廣棪案：《文獻通考》作「皆已見」。盧校注：「『已』疑衍。」</small>《吟窗雜錄》。

　　廣棪案：此書〈宋志〉未著錄，不可考。《吟窗雜錄》，《解題》著錄作三

十卷，宋人蔡傳撰。

吟窗雜錄三十卷

《吟窗雜錄》三十卷，莆田蔡傳撰。君謨之孫也。取諸家詩格、詩評之類集成之，又為《吟譜》，凡魏、晉以下能詩之人，皆略具其本末，_廣校案：《文獻通考》無「其」字。總為此書。麻沙嘗有刻本，節略不全。

廣校案：蔡傳，或作蔡傳，《宋史》無傳。《宋人傳記資料索引》載：「蔡傳，字永翁，仙遊人，襄孫。父旬早世，及襄卒，朝廷錄其子孫，以傳守將作監簿，時方二歲，母劉氏撫教至於知書。傳篤學力行，歷朝奉郎，通判南京留守司。年四十三致仕，奉親以歸，有《歷代吟譜》。」其《歷代吟譜》，即《解題》之《吟譜》也。傳祖襄，字君謨。《宋史》卷三百二十〈列傳〉第七十九有傳。其〈傳〉謂：「蔡京與同郡而晚出，欲附名閥，自謂為族弟。政和初，襄孫佃廷試唱名，居舉首，京侍殿上，以族孫引嫌，降為第二，佃終身恨之。」是疑佃或傳之弟也。然考陸心源《宋史翼》卷九〈列傳〉第九〈蔡伸〉載：「蔡伸字申道，祖襄，《宋史》有傳。父明，官寶義郎、開封府士曹。伸生三歲而孤。稍長，與兄佃、伷入太學，俱有聲，時號三蔡。族祖京方當軸，伸兄弟未嘗一踵其門。_{《定齋集‧蔡公行狀》。}」則傳，旬之子；伸，明之子；二人固從兄弟。又考《四庫全書總目》卷一百九十七〈集部〉五十〈詩文評類存目〉著錄：「《吟窗雜錄》五十卷，_{編修勵守謙家藏本。}舊本題狀元陳應行編。前有紹興五年重陽後一日浩然子〈序〉。〈序〉末有『嘉靖戊申孟夏崇文書室家藏宋本刊』字，蓋偽書也。前列諸家詩話，惟鍾嶸《詩品》為有據，而刪削失真。其餘如李嶠、王昌齡、皎然、賈島、齊己、白居易、李商隱諸家之書，率出依託，鄙倍如出一手。而開卷魏文帝《詩格》一卷，乃盛論律詩。所引皆六朝以後之句，尤不足排斥，可謂心勞日拙者矣。」可參考。

劉貢父詩話一卷

《劉貢父詩話》一卷，劉攽撰。

廣校案：《郡齋讀書志》卷第十三〈小說類〉著錄：「《中山詩話》三卷，

右皇朝劉攽貢父撰。多及歐、梅、蘇、石。攽以博學名世，如言蕭何未嘗掾功曹，亦有誤謬。」《秘書省續編到四庫闕書目》卷二〈集類‧小說〉著錄：「《劉貢父詩話》二卷。」是書名與分卷皆有所不同。攽字貢父，臨江新喻人。敞弟，與敞同科。《宋史》卷三百一十九〈列傳〉第七十八有傳。《四庫全書總目》卷一百九十五〈集部〉四十八〈詩文評類〉一著錄：「《中山詩話》一卷，江蘇巡撫採進本。宋劉攽撰。攽有《文選類林》，已著錄。當熙寧、元祐之間，攽兄弟以博洽名一世，而吟咏則不甚著。惟此論詩之語獨傳。宋人所引，多稱《劉貢父詩話》。此本名曰『中山』，疑本無標目，後人用其郡望追題，以別於他家詩話也。花蕊夫人宮詞本一百首，攽稱僅見三十餘篇。疑王安國初傳之時，或好事者有所摘鈔，攽未見其全本也。其論李商隱〈錦瑟〉詩，以為令狐楚青衣之名，頗為影撰。其論『赫連勃勃蒸土』一條，亦不確當。不但解杜甫詩『功曹非復漢蕭何』句，考之未審，為晁公武所糾。至開卷第二條所引劉子儀詩，誤以《論語》『師也辟』為『師也達』，漫無駁正，亦不可解。所載嘲謔之詞，尤為冗雜。攽好詼諧，嘗坐是為馬默所彈。殆性之所近，不覺濫收歟？北宋詩話惟歐陽修、司馬光及攽三家，號為最古。此編較歐陽、司馬二家雖似不及，然攽在元祐諸人之中，學問最有根柢。其考證論議，可取者多，究非江湖末派鉤棘字句以空談說詩者比也。」可參考。

后山詩話二卷

《后山詩話》二卷，廣校案：盧校本作一卷。校注曰：「《通考》二卷。」陳師道撰。廣校案：盧校注：「以下二十行元本脫去。」而徐小蠻、顧美華點校本《解題》云：「今案：盧校本此卷次序與館本不同，校注所云『以下二十行』，在館本則為以下十四行加其後之《四六餘話》、《艇齋詩話》、《賓朋宴話》條七行，共二十一行。」實共二十二行，徐、顧點校本誤。

廣校案：《郡齋讀書志》卷第十三〈小說類〉著錄：「《後山詩話》二卷，右皇朝陳師道無己撰。論詩七十餘條。」《宋史》卷二百六〈志〉第一百五十九〈藝文〉五〈小說家類〉著錄：「陳師道《談叢究理》一卷、《後山詩話》二卷。」與此同。師道字履常，一字無己，彭城人。《宋史》卷

四百四十四〈列傳〉第二百三〈文苑〉六有傳。《四庫全書總目》卷一百九十五〈集部〉四十八〈詩文評類〉一著錄:「《後山詩話》一卷,_{江蘇巡}撫採進本。舊本題宋陳師道撰。師道有《後山叢談》,已著錄。是書《文獻通考》作二卷。此本一卷,疑後人合併也。陸游《老學菴筆記》深疑《後山叢談》及此書,且謂《叢談》或其少作,此書則必非師道所撰。今考其中於蘇軾、黃庭堅、秦觀俱有不滿之詞,殊不類師道語。且謂蘇軾詞『如教坊雷大使舞,極天下之工,而終非本色』。案蔡絛《鐵圍山叢談》稱『雷萬慶宣和中以善舞隸教坊』。軾卒於建中靖國元年六月,師道亦卒於是年十一月,安能預知宣和中有雷大使借爲譬況。其出於依託,不問可知矣。至謂陶潛之詩切於事情而不文;謂韓愈〈元和聖德詩〉於《集》中爲最下;而裴說〈寄邊衣〉一首,詩格柔靡,殆類小詞,乃亟稱之;尤爲未允。其以王建〈望夫石詩〉爲顧況作,亦間有舛誤。疑南渡後舊槀散佚,好事者以意補之耶?然其謂詩文寧拙毋巧,寧朴毋華,寧麤毋弱,寧僻毋俗;又謂善爲文者因事以出奇,江河之行,順下而已,至其觸山赴谷,風搏物激,然後盡天下之變。持論閒有可取。其解杜甫〈同谷歌〉之黃獨,〈百舌詩〉之讒人;解韋應物詩之『新橘三百』;駁蘇軾〈戲馬臺詩〉之『玉鉤白鶴』,亦間有考證。流傳既久,固不妨存備一家爾。」可參考。

潛溪詩眼一卷

《潛溪詩眼》一卷,范溫元實撰。祖禹之子。

廣梭案:《郡齋讀書志》卷第十三〈小說類〉著錄:「《詩眼》一卷,右皇朝范溫元實撰。溫,范祖禹之子,學詩於黃庭堅。」溫,《宋史》無傳。《宋人傳記資料索引》載:「范溫字元實,華陽人,祖禹次子,秦觀之壻。學詩於黃庭堅,有《潛溪詩眼》。」可參證。

石林詩話一卷

《石林詩話》一卷,葉夢得撰。

廣梭案:《四庫全書總目》卷一百九十五〈集部〉四十八〈詩文評類〉一

著錄：「《石林詩話》一卷，_{江蘇巡撫採進本。}宋葉夢得撰。夢得有《石林春秋傳》，已著錄。是編論詩，推重王安石者不一而足。而於歐陽修詩，一則摘其評河豚之誤，一則摘其語有不倫亦不復改，一則摭其疑夜半鐘聲之誤。於蘇軾詩，一則譏其繫灉割愁之句爲險譚，一則譏其捐三尺字及亂蛙兩部句爲歇後，一則譏其失李廌，一則譏其不能聽文同，一則譏其石建牏廁之誤。皆有所抑揚於其閒。蓋夢得出蔡京之門，而其壻章沖則章惇之孫，本爲紹述餘黨。故於公論大明之後，尚陰抑元祐諸人。然夢得詩文，實南北宋閒之巨擘。其所評論，往往深中窾會，終非他家聽聲之見，隨人以爲是非者比。略其門戶之私，而取其精核之論，分別觀之，瑕瑜固兩不相掩矣。」可參考。夢得字少蘊，蘇州吳縣人。《宋史》卷四百四十五〈列傳〉第二百四〈文苑〉七有傳。

續詩話一卷

《續詩話》一卷，無名氏。

　　廣棪案：《解題》著錄《續詩話》一卷，凡二種。其一司馬光撰，已考證如前；另一爲此書，無名氏撰，則無可考。

許彥周詩話一卷

《許彥周詩話》一卷，襄邑許顗撰。

　　廣棪案：《四庫全書總目》卷一百九十五〈集部〉四十八〈詩文評類〉一著錄：「《彥周詩話》一卷，_{江蘇巡撫採進本。}宋許顗撰。顗襄邑人，彥周其字也。始末無可考。書中有宣和癸卯予遊嵩山之語。下距建炎元年僅三年，當已入南宋矣。觀書中載與惠洪面論《冷齋夜話》評李商隱之誤，惠洪即改正。又極推其〈題李愬畫像詩〉，稱在長沙相從彌年。惠洪《冷齋夜話》亦記顗述李元膺〈悼亡〉長短句，蓋亦宗元祐之學者。所引述多蘇軾、黃庭堅、陳師道語，其宗旨可想見也。顗議論多有根柢，品題亦具有別裁。其謂韓愈『齊梁及陳隋，眾作等蟬噪』語，不敢議，亦不敢從。又謂『論道當嚴，取人當恕』，俱卓然有識。惟譏杜牧〈赤壁詩〉爲不說社稷存亡，惟說二喬。不知大喬，孫策婦。小喬，周瑜婦。二人

入魏，即吳亡可知。此詩人不欲質言，變其詞耳。顗遽詆爲『秀才不知
好惡』，殊失牧意。又以適怨清和解李商隱〈錦瑟詩〉，亦穿鑿太甚。至
漢武帝〈李夫人歌〉本以之、時爲韻，乃讀『立而望之偏』爲句，則此
歌竟不用韻，尤好奇，而至於不可通。其他雜以神怪夢幻，更不免體近
小說。然論其大致，瑕少瑜多，在宋人詩話之中，猶善本也。」顗，《宋
史》無傳。余嘉錫《四庫提要辨證》卷二十四〈集部〉五〈別集類存目〉
一「《彥周詩話》一卷」條，考證其生平甚詳，不備引。

天廚禁臠三卷

《天廚禁臠》三卷，僧惠洪撰。

廣棪案：《郡齋讀書志》卷第二十〈文說類〉著錄：「《天廚禁臠》三卷，右
皇朝釋惠洪撰。論諸家詩格。」《宋史》卷二百九〈志〉第一百六十二〈藝
文〉八〈文史類〉著錄：「僧惠洪《天廚禁臠》三卷。」與此同。《四庫全
書總目》卷一百九十七〈集部〉五十〈詩文評類存目〉著錄：「《天廚禁臠》
三卷，浙江巡撫採進本。宋釋惠洪撰。惠洪有《冷齋夜話》已著錄。是編皆標
舉詩格，而舉唐宋舊作爲式。然所論多強立名目，旁生支節。如首列杜甫
〈寒食對月詩〉爲偷春格，而謂黃庭堅〈茶詞〉疊押四山字爲用此法。則
風馬牛不相及。又如蘇軾『芳草池塘惠連夢，上林鴻雁子卿歸』句，黃庭
堅『平生幾兩屐，身後五車書』句，謂射鴈得蘇武書無『鴻』字，故改謝
靈運『春草池塘』爲『芳草』。『五車書』無『身後』字，故改阮孚『人生
幾兩屐』爲『平生』，謂之用事補綴法。亦自生妄見。所謂古詩押韻、換韻
之類，尤茫然不知古法。嚴羽《滄浪詩話》稱《天廚禁臠》最害事，非虛
語也。」可參考。惠洪，《宋史》無傳。《宋人傳記資料索引》載：「釋惠洪
（1071-1128），又名德洪，自稱洪覺範，又稱覺範道人，宜豐彭氏子。嘗
住簡州景德院，賜號圓明禪師。建炎二年卒，年五十八。有集名《石門文
字禪》三十卷，又著《冷齋夜話》、《僧寶傳》、《臨濟宗旨》。」可知其生平。

四六談麈一卷

《四六談麈》一卷，謝伋景思撰。

廣桉案：《宋史》卷二百六〈志〉第一百五十九〈藝文〉五〈小說家類〉著錄：「趙似《四六談麈》二卷。」卷數不同。《四庫全書總目》卷一百九十五〈集部〉四十八〈詩文評類〉一著錄：「《四六談麈》一卷，浙江汪敬淑家藏本。案此書爲左圭《百川學海》所刊舊本。卷首但題靈石山藥寮字，不著撰人。《書錄解題》載爲謝似撰。考書中時自稱似，則其說是也。似字景思，上蔡人。官至太常少卿。參政克家之子，良佐之從孫。所稱逍遙公，即良佐也。其論四六，多以命意遣詞分工拙，視王銍《四六話》所見較深。其謂四六施於制誥表奏文檄，本以便宜讀，多以四字六字爲句。宣和閒多用全文長句爲對，習尙之久，至今未能全變。前輩無此格。又謂四六之工在於剪裁，若全句對全句，何以見工。尤切中南宋之弊。其中所摘名句，雖與他書互見者多，然實自具別裁，不同勦襲。如王銍《四六話》載廖明略〈賀安厚卿張丞相〉諸啓，凡數聯，似皆不取，而別取其〈爲厚卿舉挂功德疏〉一篇，知非隨人作計者矣。費袞《梁谿漫志》曰：『謝景思《四六談麈》甚新奇。然載陳去非〈草義陽朱丞相制〉有語忌，令貼改事。又載謝顯道初不入黨籍，朱震乞依黨籍例命官事，皆誤。朱制乃有旨令綦處厚貼麻，非令其自貼改。謝顯道崇寧元年實曾入黨籍，景思記當時所見，偶爾差舛。恐誤作史者采取，故爲是正之』云云。是疏漏之處，亦所不免。然不以一二微瑕掩也。」可參考。似，《宋史》無傳。《宋人傳記資料索引》載：「謝似字景思，上蔡人，克家子。官至太常少卿。紹興初侍父寓居黃巖，自號藥寮居士。有《藥寮叢稿》。」可略悉其生平。

四六話一卷

《四六話》一卷，王銍性之撰。

廣桉案：《四庫全書總目》卷一百九十五〈集部〉四十八〈詩文評類〉一著錄：「《四六話》二卷，江蘇巡撫採進本。宋王銍撰。銍有《侍見小名錄補遺》，已著錄。其書皆評論宋人表啓之文。六代及唐，詞雖駢偶，而格取渾成。唐末五代，漸趨工巧。如羅隱〈代錢鏐賀昭宗更名表〉，所謂『右則虞舜之全文，左則姬昌之半字』者，當時以爲警策是也。宋代沿流，彌競精切。故銍之所論，亦但較勝負於一聯一字之間。至周必大等，承其餘波，轉加細密。終宋之世，惟以隸事切合爲工，組織繁碎，而文格

日卑,皆銍等之論導之也。然就其一時之法論之,則亦有推闡入微者,如詩家之有句圖,未可廢也。上卷之末,載其父素〈為滕甫辨謗乞郡劄子〉誤刻《蘇軾集》中。銍據素手迹,殆必不誣。今軾《集》仍載此文,蓋失於釐正,此亦足以資考訂焉。」可參考。銍字性之,汝陰人。《宋史翼》卷二十七〈列傳〉第二十七〈文苑〉二有傳。

韻語陽秋二十卷

《韻語陽秋》二十卷,葛立方撰。

廣棪案:《宋史》卷二百九〈志〉第一百六十二〈藝文〉八〈文史類〉著錄:「葛立方《韻語陽秋》二十卷。」與此同。《四庫全書總目》卷一百九十五〈集部〉四十八〈詩文評類〉一著錄:「《韻語陽秋》,十卷,兩江總督採進本。宋葛立方撰。立方有《歸愚集》,已著錄。是編雜評諸家之詩,不甚論句格工拙,而多論意旨之是非。故曰『陽秋』,用晉人語也。然晉人以避諱之故,改春為陽可也。宋不諱春,而立方乃襲舊文,是好奇而無理矣。其中如偏重釋氏,謂歐陽修夢見十王,得知罪福,後亦信佛之類,則未免虛誣。議屈原自沈為不知命之類,則未免偏駁。論李、杜、蘇、黃皆相輕相詆之類,則未免附會。趙與峕《賓退錄》嘗議其誤以鄭合敬詩為鄭谷詩,又議其不知阮咸出處。今觀所載,如以江淹〈雜擬〉『赤玉隱瑤溪』句為謝靈運詩,以蘇軾『老身倦馬河堤永,踏盡黃榆綠槐影』句為杜甫詩。以李白『解道澄江淨如練,令人長憶謝元暉』句為襲鄭谷之語。皆未免舛誤,尚不止與峕之所糾。然大旨持論嚴正,其精確之處,亦未可盡沒也。」可參考。立方,《宋史》卷三百三十三〈列傳〉第九十二〈葛宮〉載:「葛宮字公雅,江陰人。舉進士,授忠正軍掌書記。……宮弟密,亦以進士為光州推官。……子勝仲,孫立方,皆以學業至侍從,世為儒家。」《宋元學案補遺》卷四〈盧陵學案補遺‧葛氏家學〉「侍郎葛先生立方」載:「葛立方字常之,著有《歸愚集》十卷。諡文康、勝仲之子;諡文定,邲之父也。《居易錄》。雲濠謹案:先生官吏部侍郎,見孫鴻慶〈丹陽集序〉。」《宋人傳記資料索引》載:「葛立方字常之,丹陽人,徙吳興,勝仲子。紹興八年進士,官至吏部侍郎。有《韻語陽秋》、《歸愚集》、《西疇筆耕》。可知其生平。

漁隱叢話六十卷、後集四十卷

《漁隱叢話》六十卷、《後集》四十卷，新安胡仔元任撰。館臣案：《漁隱叢話》係胡仔撰，原本作「胡存」，誤，今改正。　廣棪案：《文獻通考》作「胡仔」。待制舜陟之子，居湖州，自號苕隱漁隱。

廣棪案：《宋史》卷二百六〈志〉第一百五十九〈藝文〉五〈小說家類〉著錄：「胡仔《漁隱叢話前後集》四十卷。」〈宋志〉誤。《四庫全書總目》卷一百九十五〈集部〉四十八〈詩文評類〉一著錄：「《苕溪漁隱叢話前集》六十卷、《後集》四十卷，江蘇巡撫採進本。宋胡仔撰。仔字元任，績溪人。舜陟之子。以蔭授迪功郎，兩浙轉運司幹辦公事。官至奉議郎，知常州晉陵縣。後卜居湖州，自號苕溪漁隱。其書繼阮閱《詩話總龜》而作。前有〈自序〉，稱閱所載者皆不錄。二書相輔而行，北宋以前之詩話大抵略備矣。然閱書多錄雜事，頗近小說。此則論文考義者居多，去取較爲謹嚴。閱書分類編輯，多立門目。此則惟以作者時代爲先後，能成家者列其名，瑣聞軼句則或附錄之，或類聚之，體例亦較爲明晰。閱書惟採摭舊文，無所考正。此則多附辨證之語，尤足以資參訂。故閱書不甚見重於世，而此書則諸家援據多所取資焉。《新安文獻志》引方回《漁隱叢話考》曰：『元任寓居雪上，謂阮閱閎休《詩總》成於宣和癸卯，遺落元祐諸公。乃增纂集自〈國風〉、漢魏六朝以至南渡之初，最大家數，特出其名。餘入雜紀，以年代爲後先。回幼好之，學詩實自此始。元任以閎休分門爲未然，有湯巖起者，閎休鄉人，著《詩海遺珠》又以元任爲不然。回聞之吾州羅作臣毅卿，所病者元任紀其自作之詩不甚佳耳。其以歷代詩人爲先後，於諸家詩話有去有取，閒斷以己意，視《皇朝類苑》中概而竝書者，豈不爲優』云云。雖鄉曲之言，要亦不失公論也。」可參考。仔，《宋史翼》卷三十六〈列傳〉第三十六〈隱逸〉有傳。其〈傳〉載：「胡仔字元任。父舜陟，官至法曹。從叔舜申、舜舉，皆爲郡守，並知名。仔少無宦情。談鑰《吳興志》。居苕溪，日以漁釣自適，因自號苕溪漁隱。臨流有屋數椽，亦以此命名。命僧了宗爲作〈苕溪漁隱圖〉，覽景攄懷，有句皆題之左右。《漁隱叢話》。留心吟詠，取自古詩人所作，考之傳記，爲《叢話》百卷，行於世。弟仰，爲郎官。《談志》。」可知其生平。

碧溪詩話十卷

《碧溪詩話》十卷，莆田黃徹常明撰。

廣棪案：《宋史》卷二百九〈志〉第一百六十二〈藝文〉八〈文史類〉著錄：
「黃徹《碧溪詩話》十卷。」與此同。《四庫全書總目》卷一百九十五
〈集部〉四十八〈詩文評類〉一著錄：「《碧溪詩話》十卷，浙江鮑士恭家
藏本。宋黃徹撰。徹字常明。陳振孫《書錄解題》作莆田人。《八閩通志》
作邵武人。振孫時去徹未遠，當得其眞也。朱彝尊《曝書亭集》有是書
〈跋〉，厲鶚《宋詩紀事》亦載徹詩。彝尊但據《八閩通志》，知爲紹興
十五年進士，鶚亦但據此書〈自序〉，言其嘗官辰州，皆不詳其始末。
惟鮑氏知不足齋藏本前有乾道四年陳俊卿〈序〉，又有徹子廓、徹孫燾、
及黃永存、畾棠四〈跋〉。燾〈跋〉載楊邦弼所作〈墓誌〉，稱徹登宣和
甲辰第。授辰州辰溪縣丞，就升令。在任五年，辟差沅州軍事判官，攝
倅事。繼權麻陽縣。尋辟鄂之嘉魚令。復權岳之平江，越半歲即眞。復
忤權貴，棄官歸。張浚欲辟之入幕，不肯就，遂終老於家。又稱其在沅
州定猺賊之亂，在麻陽擒巨寇曹成，在平江佐征楊幺，運餉亦有功，而
卒以不善諧俗，罷。所敘徹之生平，尚可概見。彝尊及鶚蓋均未見此本，
故所言或舛或略也。其論詩，大抵以風教爲本，不尚雕華。然徹本工詩，
故能不失風人之旨。非務以語錄爲宗，使比興之義都絕者也。」可參考。
徹，《宋史翼》卷二十〈列傳〉第二十〈循吏〉三有傳。其〈傳〉載：「黃
徹字常明，莆田人。宣和六年進士。初授辰溪丞，就升令。在任五年，
以才諝稱；調沅州軍事判官，攝倅事。郎將汪長元與猺酋有隙，酋鼓眾
數萬，聲言渡江乘城，人心恂懼。徹奮不顧身，入其巢穴，曉以禍福，
悉愧懼謝罪，一州賴以全。權麻陽縣，遭巨寇曹成之擾，徹率獠拒敵，
擒其將，賊眾宵遁。復權平江令，帥漕交辟，處之賓幕。平江士民詣都
督行府乞還任。未幾，即眞。時湖賊楊幺鈔掠數郡，遏絕水道，官軍距
州數舍，地險艱於轉餉。徹慮糧食不繼，預設巨艦，令民輸租其中，得
米千餘斛，乘風而前。賊引數十艘尾逐，會官軍至，隻舟不得返，因降
其眾，賊壘遂平。秩且滿，有權貴寄產於縣境爲民患者，徹按以法，乃
陰排之。徹自以不善諧俗，委官而歸。楊邦弼撰〈墓誌〉，參《湖南通志》及
《閩書》。」可與《四庫全書總目》所考相參證。

續廣本事詩五卷

《續廣本事詩》五卷，聶奉先_{廣校案：盧校本「先」作「化」。校注曰：「館本 『先』，《通考》同。」}撰。雖曰廣孟啟之舊，其實集詩話耳。

> 廣校案：此書及撰人均不可考。今人李學穎標點本《本事詩、續本事詩、
> 本事詞》〈出版說明〉曰：「孟棨之後，紀事詩話踵起。五代處常子曾撰《續
> 本事詩》，惜已佚而不傳。聶奉先《續本事詩》，僅存十五條，其中七條明
> 引北宋人事。據今人吳企明考證，聶奉先《續廣本事詩》五卷，載陳振孫
> 《直齋書錄解題》卷二十二，則聶當爲宋人，書名亦當作『《續廣本事詩》』。
> 以留存過少，姑置不論。」今聶書僅存〈市語〉、〈甘露事〉、〈禁酒〉、〈軟
> 紅〉、〈冰廳〉、〈紅麴酒〉、〈葡萄酒〉、〈芡實〉、〈酴釄〉、〈詩媒〉、〈海棠〉、
> 〈筆管詩〉、〈白雁〉、〈簿尉〉、〈槐黃〉等條，遠不足五卷之數。《解題》卷
> 十五〈總集類〉著錄：「《本事詩》一卷，唐司勳郎中孟棨集。」考《郡齋
> 讀書志》卷第二十〈總集類〉著錄：「《本事詩》一卷，右唐孟棨纂歷代詞
> 人緣情感事之詩，敘其本事，凡七類。」《四庫全書總目》卷一百九十五〈集
> 部〉四十八〈詩文評類〉一著錄：「《本事詩》一卷，_{兩江總督採進本。}唐孟棨
> 撰。棨字初中，爵里未詳。王定保《唐摭言》稱『棨出入場籍垂三十餘年，
> 年稍長於小魏公。其放榜日，出行曲謝』云云。則嘗於崔沆下登第。書中
> 『韓翃』條內稱：『開成中，余罷梧州。』亦不知爲梧州何官。《新唐書‧
> 藝文志》載此書，題曰孟啟。毛晉《津逮秘書》因之。然諸家稱引，竝作
> 棨字。疑〈唐志〉誤也。是書前有光啓二年〈自序〉云：『大駕在褒中。』
> 蓋作於僖宗幸興元時。皆採歷代詞人緣情之作，敘其本事。分情感、事感、
> 高逸、怨憤、徵異、徵咎、嘲戲七類。所記惟『樂昌公主』、『宋武帝』二
> 條爲六朝事，餘皆唐人。其中士人〈代妻答詩〉一首，韋穀《才調集》作
> 葛鴉兒。二人相去不遠，蓋傳聞異詞。『薔薇花落』一詩，乃賈島刺裴度作，
> 棨所記不載緣起，疑傳寫脫誤。其李白『飯顆山頭』一詩，論者頗以爲失
> 實。然唐代詩人軼事頗賴以存，亦談藝者所不廢也。晁公武《讀書志》載
> 五代有處常子者，嘗續棨書爲二卷，仍依棨例，分爲七章，皆唐人之詩，
> 今佚不傳，惟棨書僅存云。」據是，則孟啟，《四庫全書總目》謂應作「孟
> 棨」。又《本事詩》乃纂緣情感事之詩，並敘其本事，五代處常子續之，仍
> 依棨例，聶奉先所存之十五條，僅集詩話，有若札記，其書固不可稱爲續
> 棨書者矣。

山陰詩話一卷

《山陰詩話》一卷，李兼孟達撰。

> 廣棪案：《宋史》卷二百六〈志〉第一百五十九〈藝文〉五〈小說家類〉
> 著錄：「陸游《山陰詩話》一卷。」其撰人不同。兼，《宋史》無傳。陸
> 心源《宋詩紀事補遺》卷之六十二〈李兼〉載：「字孟達，寧國人，孝先
> 曾孫。博學工詩，楊萬里推許之。開禧三年，以朝請郎出知台州，居官
> 有守。明年九月除宗正丞，未行卒。所著有《雪巖集》。」《宋元學案補
> 遺》卷三十五〈陳鄒諸儒學案補遺·韓氏門人〉「知州李先生兼」載：「李
> 兼字□□，廣棪案：應補「孟達」二字。宣城人。朝請宏之孫。好學，從韓子
> 雲游。嘗官迪功郎，進監縣丞。《南澗甲乙稿》。梓材謹案：《台州府志》載先生：
> 『博學工詩，楊萬里推許之。知台州，簡重有清操。既卒，民為巷哭罷市。』又載其〈跋
> 陳古靈勸學文〉，言為州之二年，始克以斯文鏤板，傳示學者云云。則亦古靈續傳也。」
> 可知其生平。

詩家老杜詩評五卷、續一卷

《詩家廣棪案：「詩家」疑為「諸家」之訛。老杜詩評》五卷、《續》一卷，
莆田方深道集。館臣案：《宋史·藝文志》作方道醇《集諸家老杜詩評》五卷，方
絰《續老杜詩評》五卷。

> 廣棪案：《宋史》卷二百九〈志〉第一百六十二〈藝文〉八〈文史類〉著
> 錄：「方道醇《集諸家老杜詩評》五卷。」又著錄：「方絰《續老杜詩評》
> 五卷。」與此不同。書與撰人均不可考。其中方道醇，疑為方醇道之訛。
> 醇道，興化人，次彭子。知南劍州，以清儉自持。其父次彭字公述。皇
> 祐元年進士。出知梅州，民甚愛之。在州六年，兩被褒詔。元祐初賜三
> 品服，引老歸。方氏父子事，載明人鄭岳《莆陽文獻傳》卷二十一。

選詩句圖一卷

《選詩句圖》一卷，高似孫編。

> 廣棪案：《四庫全書總目》卷一百九十一〈集部〉四十四〈總集類存目〉
> 一有《文選句圖》一卷，即此書。《四庫全書總目》著錄：「《文選句圖》

一卷，_{江蘇巡撫採進本。}宋高似孫撰。似孫有《剡錄》，已著錄。案摘句爲
圖，始於張爲。其書以白居易等六人爲主，以楊乘等七十八人爲客。主
分六派，客亦各有上入室、入室、升堂、及門四格。排比聯貫，事同譜
牒，故以圖名。後九僧各摘名句，亦曰《句圖》，蓋非其本。似孫此書，
亦沿舊名，所錄皆《文選》諸詩，去取不甚可解。如蘇武詩之『馥馥我
蘭芳，芬馨良夜發』，上下聯各割一句，尤爲刱調。其句下附錄之句，蓋
即鍾嶸《詩品》源出某某之意。其句下附錄一兩首者，則莫喻其體例矣。」
可參考。似孫字續古，夙有俊聲，詞章敏贍，程大昌盛賞之。登淳熙十
一年進士，後爲禮部郎，守處州。博雅好古，晚家於越，爲嵊令史安之
作《剡錄》，而文物掌故乃備。《宋史翼》卷二十九〈列傳〉第二十九〈文
苑〉四有傳。

杜詩發揮一卷

《杜詩發揮》一卷，金華杜旃仲高撰。

廣棪案：黃虞稷《宋史藝文志補‧集部‧別集類》著錄：「杜旃《癖齋小
集》一卷，_{字仲高，金華人。}」而無此書。旃，《宋史》無傳。《宋元學案》
卷一〈安定學案‧杜氏家學〉「漕舉杜癖齋先生旃」載：「杜旃，字仲高，
伯高弟。嘗占湖漕舉首。吳獵、楊長孺與之善。著《杜詩發微》、《癖齋
稿》。_{參《吳禮部集》。}」《宋詩紀事》卷六十五「杜旃」載：「旃字仲高，旟
弟。與弟斿叔高、旂季高、旛幼高，俱博學工文，人稱金華五高。嘗占
湖漕舉首，有《癖齋小集》。」是此或作《杜詩發微》。《宋詩紀事》載旃
〈讀杜詩斐然有作〉一首，云：「王澤久淪浹，正聲皆雅言。百川忽西流，
青黃雜犧尊。〈騷經〉吹死灰，明燭日月昏。綺麗兆建安，淳古還開元。
夫子握元氣，大音發胚暉。明霎失毫芒，神羲隘乾坤。再變六義彰，一
日五典惇。上該〈周南〉風，下返湘水魂。仲尼不容刪，餘子何足吞。
五季兵戈繁，嘲哳蟲鳥喧。頹波既瀰漫，新奇尚西崑。吻喉生譏評，神
鬼懷憤冤。王、蘇發醯甕，黃、陳窮河源。煌煌百年閒，後學同推尊。
時時或嘗鼎，往往猶戴盆。倣摹惑銅槃，箋釋訛金根。顧予小子旃，獨
受罔極恩。神融淚交墮，思苦心屢捫。相望五百載，如接顏色溫。爐冶
無停工，況復綿諸孫。斯文誠尚存，庶以起九原。」知旃乃工部後世孫，

精杜詩。又載〈陸務觀赴召〉一首，云：「四海文章陸放翁，百年漁釣兩龜蒙。數關天地吾何與，老作《春秋》道未窮。李耳守官逾二代，張蒼職史到三公。坐令嘉泰追周漢，此是君王第一功。」則旃與陸游友善。旃，南宋人。

觀林詩話一卷

《觀林詩話》一卷，楚東吳聿廣棪案：《文獻通考》作「吳律」。**子書撰。未詳何人，**館臣案：《文獻通考》「吳聿」作「張律」。　廣棪案：張宗泰《魯巖所學集》卷六〈五跋書錄解題〉云：「《書錄解題》有案語數條尚待商酌者，......又《觀林詩話》，楚東吳聿子書撰，案語云『《文獻通考》吳聿作張律。』以字子書意推之，當以作張律者為是也。」《通考》實作「吳律」，宗泰不免受館臣所詒。

廣棪案：《四庫全書總目》卷一百九十五〈集部〉四十八〈詩文評類〉一著錄：「《觀林詩話》一卷，浙江范懋柱家天一閣藏本。宋吳聿撰。聿字子書，自署楚東人。楚東地廣，莫能知其邑里。陳振孫《書錄解題》載此書，亦云不知何人。案書中稱衣冠中有微時爲小吏者，作〈三角亭詩〉，有『夜欠一簷雨，春無四面花』之語。獻其所事，異之，使學。果後登第，今爲郎矣云云。案曾三異《同話錄》載此事，稱爲『余子清之祖仁廓。』則子書蓋南宋初人，故所稱引，上至蘇軾、黃庭堅、賀鑄，下至汪藻、王宣而止也。其中如『辨陸厥中山王孺子妾歌誤用安陵君』一條，李善《文選注》已先有此論。聿抒爲新得，蓋偶未及檢。又引《摭言》『趙牧學李長吉歌詩』一條，《摭言》無此文。蓋記杜牧語，又誤增學李長吉歌詩一句，亦爲疎舛。卷末錄謝朓事三條，不加論斷，殊無所取。核其詞意，似乎欲解王安石、歐陽修倡和詩中『吏部文章二百年』句，而其文未畢。或傳寫有所佚脫，又誤分一則爲三則歟？聿之詩學出於元祐，於當時佚事，尤所究心。如謂黃庭堅論黃獨爲土芋，而云或以爲黃精者。乃指蘇軾『詩人空腹待黃精，生事只看長柄械』句，而不欲顯名。又陳師道所稱『但解開門留我住，主人不問是誰家』句，乃蘇軾〈藏春〉兩絕句之一，託云古語。又蘇軾『不向如皋閒射雉，人閒何以得卿卿』句，世譏軾誤以如皋爲地名。聿謂親見其手寫〈會獵詩〉，『不向』乃作『向不』。又軾嘗名賈耘老之妾曰雙荷葉，世不曉所謂。聿謂其事載《泉南老

人集》，取雙鬟竝前之義，其名出於溫庭筠詞。《澠水燕談》稱張舜民題蘇軾〈老人行役詩〉，乃蘇轍作，王闢之誤記。軾〈梅花詩〉用『返魂』字，乃用韓偓《金鑾祕記》中語，說者誤引蘇德哥及聚窟州返魂香事，皆查慎行補註蘇詩所未及。又如黃庭堅與惠洪詩，實用〈陳平傳〉『解衣羸而刺船』句相謔。洪作《冷齋夜話》，乃以欲加冠巾自解，與庭堅自稱從王安石得古詩句法，及安石詞『揉藍一水縈花艸』句，乃追用所見江上人家壁閒絕句諸事，亦他書所未言。至於引郭義恭《廣志》，證陸龜蒙詩『蕙炷』字；引尉遲樞《南楚新聞》，證僧詩『氈根』字；引《隋書・禮志》，證〈古詩〉『長跪問故夫』句；引許慎《說文》，證衣亦可名不借，不獨草屨；引《南史》〈邱仲孚傳〉，證唐詩半夜鐘；引《宋書》，證吳融誤用虞嘯事。引《世說新語》庾亮事，證著屐登樓；引元結〈自序〉，證歐陽修、黃庭堅誤譏等箸字；引潘岳〈西征賦〉，證晁錯之錯可讀七各切；引江淹〈雜擬詩〉，證《東觀奏記》誤稱沈約；引顧惜《新羅圖記》，證松五粒非五鬣；引〈歌錄〉，證殷芸小說誤解蜻蜓；引《西京雜記》，駁賀鑄詞誤用玉硯生冰；以及駁蘇軾誤以白居易〈除夜詩〉爲〈寒食詩〉；以長桑君爲倉公；以《左傳》小人之食爲小人羹諸條，皆足以資考證。在宋人詩話之中，亦可謂之佳本矣。」可參考。惟無論吳聿、吳律或張律，其人事蹟均不可考。

文說一卷

《文說》一卷，南城包揚顯道錄_{廣棪案：盧校本「錄」作「撰」。校注曰：「館}本『錄』，《通考》同。」朱侍講論文之語。

　　廣棪案：此書〈宋志〉未著錄，不可考。朱侍講，朱熹也。包揚，《宋史》無傳。《宋元學案》卷七十七〈槐堂諸儒學案・象山門人〉「包克堂先生揚」載：「包揚，字顯道，號克堂，南城人。_{雲濠案：一作建陽人。}兄約，字詳道；弟遜，字敏道，皆師象山。初，先生在南豐時，嘗詆朱子，有『讀書講學，充塞仁義』之語。朱子以告象山，象山亦大駭，答以『此公好立虛論，須相見時，稍減其性』，後遺先生書，責其怪。及象山卒，先生率其生徒，詣朱子精舍中，執弟子禮。蔡季通之貶也，朱子將爲經營，先生以福禍已定，不必徒加勞攘，朱子善之。然先生嘗葺朱子語爲四卷，

今多載入《語類》中。其間有先生平日之言，託于朱子，如所載『胡子知言』一章，以書爲溺心志之大窣者。後黎靖德編朱子語，始削去之。象山嘗曰：『某何嘗教人不讀書。』故一聞先生在南豐時之語，斥之不遺餘力，而先生少時之見，埋藏八識田中，且欲以誣朱子，是眞陸氏弟子之失傳者，固宜後世之人直言文安師弟以讀書爲大禁也。敏道喜譚禪，見《劉後村集》。修。宗義案：包顯道、詳道、敏道同學于朱、陸，而趨向于陸者分數爲多。」可知其生平。《四庫全書總目》卷一百九十六〈集部〉四十九〈詩文評類〉二著錄有元人陳繹曾《文說》一卷，其書乃因元仁宗延祐復行科舉，爲程試之式而作。書中分列八條，論行文之法。時《五經》皆以宋儒傳注爲主，懸爲功令，莫敢異趨。故陳書大旨皆折衷於朱子。包、陳二書異同若何，不可悉矣。

四六餘話一卷

《四六餘話》一卷，楊淵廣棪案：《文獻通考》作「楊困」。撰。未詳何人。視前二家爲汎雜。

> 廣棪案：此書〈宋志〉未著錄，不可考。孫覿《鴻慶居士集》卷二十六有〈楊淵除工部員外郎制〉。覿，宋孝宗時人，淵亦必其時人，曾除工部員外郎者。

艇齋詩話一卷

《艇齋詩話》一卷，曾季貍裘父撰。

> 廣棪案：《宋史》卷二百六〈志〉第一百五十九〈藝文〉五〈小說家類〉著錄：「曾季貍《艇齋詩話》一卷。」季貍，《宋史》無傳。《宋史翼》卷三十六〈列傳〉第三十六〈隱逸〉載：「曾季貍字裘父，臨川人。鞏弟宰之曾孫。師事呂居仁，又與朱子、張栻遊。栻被召，季貍戒其不當談兵，且勸以范文正、忠宣父子爲法。郡守張孝祥、樞密劉珙薦於朝，皆不起。嘗一試禮部不中，終身不赴。隱居蕭然，自號艇齋。有《艇齋雜著》、《艇齋詩話》。《江西人物志》，參《陸放翁集》。」可知其平生。

賓朋宴話三卷

《賓朋宴話》_{廣校案：《文獻通考》作「《賓朋宴語》」。}三卷，太子中舍致仕、貴溪丘昶_{廣校案：《文獻通考》作「邱昶」。}孟陽撰。南唐進士，歸朝宰數邑。著此書十五篇，敘唐以來詩賦源流。天禧辛酉鄧賀為〈序〉。

> 廣校案：《宋史》卷二百三〈志〉第一百五十六〈傳記類〉著錄：「丘旭《賓朋宴語》一卷。」《秘書省續編到四庫闕書目》卷一〈集類‧文史〉著錄：「邱旭《賓朋宴語》三卷，_{葉德輝按：陳《錄》作邱昶。〈宋志〉入〈史部‧傳記類〉，云一卷。}」丘昶或丘旭，生平皆無可考。天禧，眞宗年號。辛酉，五年（1021）。鄧賀，不可考。

西清詩話三卷

《西清詩話》三卷，題無為子撰。_{館臣案：《文獻通考》「為」作「名」。}或曰蔡絛使其客為之也。

> 廣校案：《宋史》卷二百九〈志〉第一百六十二〈藝文〉八〈文史類〉著錄：「蔡絛《西清詩話》三卷。」〈宋志〉即以爲絛所撰。絛，《宋史翼》卷四十〈列傳〉第四十〈姦臣〉有傳。《宋人傳記資料索引》載：「蔡絛字約之，自號百衲居士，仙游人，絛弟。官至徽猷閣待制。絛頗能文，京既老眊，事悉決於絛，且代京入奏，由是恣爲姦利，竊弄威柄。父京敗，絛流白州死。有《西清詩話》、《鐵圍山叢談》。」

宣和間，臣寮言其議論專以蘇軾、黃庭堅為本。奉聖旨，蔡絛落職勒停，詳見《能改齋漫錄》。_{隋齋批注。}

> 廣校案：吳曾《能改齋漫錄》卷十〈議論〉「蔡元長欲為張本」條載：「自古姦人周身之術非不至，然而禍患之來，卒出於非意所及者，何耶？蓋惡逆既積，則天地、鬼神所不容，其謀徒巧也。宣和四年，金人攻大遼，遣王緯來乞師。宰相王將明主其議，以童貫爲宣撫使，蔡居安副之。蔡元長作詩送其行，有曰『百年信誓宜堅守，六月行師合早歸』。元長之作是詩也，蓋欲爲他日敗事張本耳！殊不知政和中元長首建平燕之議，招納燕人李良嗣以爲謀；又欲以妖人王仔息服錦袍鐵幘爲大將。計議已定，會仔息抵罪伏誅，遂止將明所爲，乃推行元長之意。世可盡欺乎？元長

始以紹述兩字劫持上下，擅權久之，知公議不可以久鬱也，宣和間始令其子約之招致習爲元祐學者，是以楊中立、洪玉父諸人皆官于中都；又使其門下客著《西清詩話》，以載蘇、黃語，亦欲爲他日張本耳！終之禍起朔方，竟以不免。豈前所謂其謀徒巧耶？」隋齋批注殆據此。《能改齋漫錄》文中之「蔡元長」即蔡京，約之即蔡絛也。

環溪詩話一卷

《環溪詩話》一卷，臨川吳沆撰。廣棪案：盧校注：「館本此卷頗多失次。」盧校本自「《御選句圖》一卷」以下，著錄各書次序先後與館本不同。盧校本次序爲：《御選句圖》、《句圖》、《楊氏筆苑句圖》、《續》、《惠崇句圖》、《孔中丞句圖》、《雜句圖》、《吟窗雜錄》、《唐詩主客圖》、《文章玄妙》、《詩苑類格》、《林和靖摘句圖》、《詩三話》、《詩話》、《續詩話》、《劉貢父詩話》、《后山詩話》、《潛溪詩眼》、《石林詩話》、《續詩話》、《許彥周詩話》、《天廚禁臠》、《四六談麈》、《四六話》、《賓朋宴話》、《西清詩話》、《環溪詩話》、《韻語陽秋》、《漁隱叢話》、《後集》、《碧溪詩話》、《續廣本事詩》、《詩家老杜詩評》、《續》、《選詩句圖》、《杜詩發揮》、《觀林詩話》、《文說》。

廣棪案：《宋史藝文志補·集部·文史類》著錄：「吳沆《環溪詩話》三卷。」卷數不同。《四庫全書總目》卷一百九十五〈集部〉四十八〈詩文評類〉一著錄：「《環溪詩話》一卷，《永樂大典》本。不著撰人名氏。皆品評吳沆之詩，及述沆論詩之語。卷首稱沆爲先環溪。又註其下曰：『此非門人所編，只稱先生爲環溪，蓋其後人所追記。』趙與峕《賓退錄》稱爲吳德遠《環溪詩話》，似乎沆所自著者，誤也。沆所著有《三墳訓義》、《易璇璣》、《論語發微》、《易禮圖說》、《老子解》、《環溪集》諸書。今惟《易璇璣》存，已著於錄。其經術頗有足取，而詩亦戛戛自爲，不囿於當時風氣。其大旨以杜甫爲一祖，李白、韓愈爲二宗。亦間作黃庭堅體，然非所專主。其與張右丞論杜詩『旌旗日暖龍蛇動』句，爲一句能言五物；『乾坤日夜浮』句，爲一句能滿天下一條。案第一條孫尚書下註曰：『環溪所與人議論，只稱官職，不敢指名字，故《賓退錄》不知張右丞之名，今亦仍其原文。』《賓退錄》嘗駁之曰：『若以句中事物之多爲工，則必皆如陳無己「椒檜柑櫨楓柞樟」之句，案陳師道此句實本之〈柏梁臺詩〉「枇杷橘栗桃李梅」，非所自創。趙與峕不引漢詩而引此句，或以漢詩僅六物與？而後可以獨步，雖杜子

美亦不能專美。若以「乾坤日夜浮」爲滿天下句，則凡言天地宇宙四海者皆足以當之矣，何謂無也。張輔喜司馬子長五十萬言紀三千年事，張右丞喜杜子美一句談五物，識趣正同』云云。其掊擊頗當。蓋宋詩多空疎率易，故沆立多用實字則健之說。而主持太過，遂至於偏。又所舉白間黃裏、殺青生白、素王黃帝、小鳥大白、竹馬木牛、玉山銀海諸偶句，亦小巧細碎，頗於雅調有乖。所自爲詩如『草迷花徑煩調護，水汨蓮塘欠節宣』之類，自謂摹仿豫章，實僅得其不佳處，尤不可訓。然其取法終高，宗旨終正，在宋人詩話之中，不能不存備一家也。趙與虤《娛書堂詩話》亦稱其〈觀穫詩〉『新月輝輝動，黃雲漸漸收』之句，爲形容最工云。」可參考，是此書乃吳沆撰。《宋史》卷二百八〈志〉第一百六十一〈藝文〉七〈別集類〉著錄：「吳沈《環溪集》八卷。」其「吳沈」乃「吳沆」之訛。沆，《宋史》無傳。《宋史翼》卷三十六〈列傳〉第三十六〈隱逸〉載：「吳沆字德遠，崇仁人。幼孤，事母孝。博通經史。政和間，與弟澥各獻書於朝，不用。歸隱環溪，號無莫居士。紹興中舉，不求聞達者。郡以沆應詔。所著《易論語發微》、《老子解》、《環溪集》、《環溪詩話》。《林志》。」可知其爲人。

第六章　結　論

〈陳振孫之文學及其《直齋書錄解題》集錄考證〉，原爲國家科學委員會民國八十七年度專題計劃（NSC87-2411-H211-002），初稿完成於八十九年（2000）七月，未盡完善。其後絡繹修訂增補，因教學繁忙，工作乃時斷時續，轉瞬十載，迄今始底於成。

全書章節及修訂之內容與初稿有所不同。茲分六章：首章〈緒論〉，次章〈陳振孫文學創作考述〉，三章〈陳振孫對文學書籍之收藏、編理與識見〉，四章《直齋書錄解題》集錄分類及其對集部書籍之評價，五章《直齋書錄解題》集錄考證，六章〈結論〉。

自宋以還，研究陳振孫之學人能著力鑽研其文學及有關方面者甚少，故相關專著或論文可謂絕無僅有。即當世陳樂素、喬衍琯二氏，其著作中雖有及於振孫文學，然所撰均若蜻蜓點水，浮於表面，往往寥寥數筆，殊未詳備；另如近歲武秀成、張守衛二教授，研治直齋亦稱勤劬，武撰有《陳振孫評傳》、《直齋書錄解題》佚文辨正，張撰有〈陳振孫著述考略〉、《直齋書錄解題》佚文八條，然均未有研及直齋文學。研學之士或可各有研究重點，惟若竟捨振孫文學而不作探究，留下一片空白，斯亦至可惋惜者也。

余前此研究陳振孫，於其生平及著述，則有《陳振孫之生平及其著述研究》；於其經學及經學目錄學，則有《陳振孫之經學及其〈直齋書錄解題〉經錄考證》；於其史學及其史學目錄學，則有《陳振孫之史學及其〈直齋書錄解題〉史錄考證》；於其子學及子學目錄學，則有《陳振孫之子學及其〈直齋書錄解題〉子錄考證》；茲編則爲研究振孫文學及其文學目錄學，蓋欲補前修之未備，並追求學術新突破者也。

　　本書第二章爲〈陳振孫文學創作考述〉，其撰作固欲先將振孫文學作品搜羅畢備，並詳予考述，以告讀者。全章凡考及振孫「記」三篇、「序」二篇、「跋」五篇、「題識」三篇，「考」二篇，另附「詩」一首。此章對振孫文學作品之蒐求與考述，皆前人及當世同道所未及爲。是則本章之撰作，其突破意義與價值殆可知矣！

　　第三章爲〈陳振孫對文學書籍之收藏、編理與識見〉，其撰作亦欲補古、今學人研究之未備。章中考出振孫收藏集部書籍達 1017 種，爲其收藏四部書籍之冠；又考出其編理文學書籍有《玄眞子漁歌碑傳集錄》、《秦隱君集》、《柳宗元詩》、《武元衡集》等四種。至振孫文學識見，則於章中分五點以述說，即「一、對西漢劉向以還至宋世之《楚辭》學研究深有認知」、「二、對歷代詩、文、詞之看法正確及評論深入肯綮」、「三、對編理文學書籍及選詩、注詩有獨到見解」、「四、認同『文以氣爲主』、『文以貫道』，兼及對文體之明辨」、「五、論文評及其人品德，偶亦透露『文觀世變』之觀點」。以上五點述說，皆徵引《解題》中實例，以資說明。當代陳、喬、武、張諸君子於本章考述各點均未加留意，或雖留意而未嘗深考及之也。

　　第四章爲《直齋書錄解題》集錄分類及其對集部書籍之評價〉，本章乃先據目錄學集部分類，以考究《解題》與《隋書・經籍志》、《舊唐書・經籍志》、《新唐書・藝文志》、《崇文總目》、《郡齋讀書志》、《遂初堂書目》、《宋史・藝文志》、《文獻通考・經籍志》、《四庫全書總目》之異同，及彼此間傳承與影響之關係，而從中亦考及《解題》對類目之創新。大抵《解題・集錄》凡分七大類，其〈楚辭〉、〈總集〉、〈別集〉三類，皆傳承自〈隋志〉、〈舊唐志〉、〈新唐志〉與《郡齋讀書志》，而編次則各有先後次序之不同。《解題》將〈總集〉列於〈別集〉前，不同於〈隋志〉等四者，蓋《解題》乃效《崇文總目》編次也。至〈詩集〉、〈歌辭〉、〈章奏〉三類之稱謂，乃《解題》所獨創，〈隋志〉、〈舊唐志〉、〈新唐志〉、《崇文總目》、《郡齋讀書志》、《遂初堂書目》等六書均無〈詩集類〉；《遂初目》雖有〈奏章類〉、〈樂曲類〉，而與《解題》之稱謂不盡相同。《解題・集錄》分類法影響最大者厥爲《通考・經籍考》，後者之類目稱謂與前者全同，僅排次乃將〈總集〉移於〈章奏〉後，而微有不同。《四庫全書總目》集部無〈詩集〉、〈章奏〉兩類，似與《解題》不同；其實《四庫全書總目》乃將〈詩集類〉併入〈別集類〉，又將〈章奏類〉移至史部，改稱〈詔令奏議類〉。至〈歌詞類〉，《四庫全書總目》稱〈詞曲類〉，蓋

其中多收南北曲，故有此改稱。而〈文史類〉又改作〈詩文評類〉，《讀書志》則作〈文說類〉，三者稱謂顯有差別，而所收書籍則多相同。

振孫對集部書籍之評價，亦有足參考者。本章中舉其對《洛陽名園記》、《玉臺新詠》、《崇古文訣》、〈哀扇工〉、《楚辭集註》、《楚辭辨證》、《龍岡楚辭說》、《皇朝文鑑》、《文章正宗》、《唐太宗集》、《王右丞集》、《夏文莊集》、《劉孝綽集》、《雪巢小集》、《張子野詞》、《順庵樂府》、《閑樂奏議》、《連寶學奏議》、《史通》、《文章玄妙》、《吟窗雜錄》等書之評價，以資述說與分析。或疑所舉例子微嫌過少，然嘗鼎一臠，殆應知餘味矣！

第五章為〈《直齋書錄解題》集錄考證〉，所用方法，與前此考證經、史、子者無大異同。本章所考集部書籍凡 1017 種，內容至為富贍，而所耗日月亦至多，所獲成績庶應略見鉅大。

余之研究陳振孫學術及對其《直齋書錄解題》作考證，工作自始至終均承蒙　饒師選堂教授關注；至書籍之出版，亦歷獲花木蘭文化出版社總編輯杜潔祥先生、發行人高小娟女士大力支持，而華梵大學東方人文思想研究所受業門生黃碧姬碩士亦協從編理文獻書目及索引，深心感禱，特此鳴謝。

參考書目

一、經　類

1. 《爾雅》，晉・郭璞注，元刊本。

2. 《皇祐新樂圖記》，宋・阮逸、宋・胡瑗奉敕撰，清嘉慶九年（1804）張氏照曠閣刊本。

3. 《經義考》，清・朱彝尊撰，清乾隆二十年（1755）兩淮鹽運使盧見曾刊本。

二、史　類

1. 《史記》，漢・司馬遷撰，南朝宋・裴駰集解，唐・司馬貞索隱，唐・張守節正義，北京中華書局，1962 年據金陵書局本分段標點排印。

2. 《白虎通》，漢・班固撰，清光緒十一年（1875）湖北崇文書局刊本。

3. 《漢書》，漢・班固撰，唐・顏師古注，清・齊召南等考證，台北商務景印文淵閣本。

4. 《後漢書》，南朝宋・范曄撰，唐・李賢等注，北京中華書局，1973 年據宋紹興本、汲古閣及武英殿本校訂標點排印。

5. 《三國志》，晉・陳壽撰，南朝宋・裴松之注，民國・陳乃乾校點，北京中華書局，1959 年 12 月第 1 版。

6. 《晉書》，唐・房玄齡撰，北京中華書局，1974 年據金陵書局本校訂排印。

7. 《宋書》，梁・沈約撰，民國 22 年（1933）上海商務印書館百衲本二十四史影印宋蜀大字本。

8. 《梁書》，唐・姚思廉撰，民國 22 年（1933）上海商務印書館百衲本二十四影印宋刊本。

9. 《陳書》，唐·姚思廉撰，北京中華書局，1972 年據百衲本校訂標點排印。

10. 《周書》，唐·令狐德棻等撰，民國44 年（1955）至45 年（1956）二十五史編刊館影印本，據南宋重刊北宋監本影印。

11. 《隋書》，唐·魏徵等撰，清·張映斗等考證，台北商務景印文淵閣本。

12. 《南史》，唐·李延壽撰，民國44 年（1955）至45 年（1956）二十五史編刊館影印本，據元大德刊本影印。

13. 《舊唐書》，後晉·劉昫等撰，清·沈德潛等考證，台北商務景印文淵閣本。

14. 《新唐書》，宋·歐陽修、宋祁撰，北京中華書局，1975 年據百衲本校訂排印。

15. 《南唐書》，宋·馬令撰，明嘉靖二十九年（1550）顧汝達刊本。

16. 《舊五代史》，宋·薛居正等撰，清同治八年（1869）嶺南菥古堂刊本。

17. 《新五代史》，宋·歐陽修撰，台北商務景印文淵閣本。

18. 《京口耆舊傳》，宋·不著撰者，台北商務景印文淵閣本。

19. 《建炎以來繫年要錄》，宋·李心傳撰，北京中華書局，1956 年。

20. 《蘇潁濱年表》，宋·孫汝聽撰，宣統元年（1909）刊本。

21. 《象山先生年譜》，宋·袁燮、傅子雲初稿，宋·李子願編，清·李紱增訂，北京圖書館出版社，2005 年第1 版。

22. 《白文公年譜》，宋·陳振孫編，清稿本。

23. 《南宋館閣錄》，宋·陳騤撰，台北商務景印文淵閣本。

24. 《通志》，宋·鄭樵撰，台北商務景印文淵閣本。

25. 《中吳紀聞》，宋·龔明之撰，台北商務景印文淵閣本。

26. 《宋史》，元·脫脫撰，北京中華書局，1977 年據百衲本校訂排印。

27. 《金史》，元·脫脫等撰，元至正五年（1345）江浙等處行中書省刊本。

28. 《唐才子傳》，元·辛文房撰，台北商務景印文淵閣本。

29. 《唐才子傳校正》，元·辛文房撰，民國·周本淳校正，江蘇古籍出版社，1987 年第1 版。

30. 《文獻通考》，元·馬端臨撰，台北商務景印文淵閣本。

31. 《吳中人物志》，明·張昶撰，明·張獻翼論贊，明隆慶間（1567 年～西元1572）長洲張鳳翼等校刊本。

32. 《宋史紀事本末》，明·馮琦原編，明·陳邦瞻增輯，台北商務景印文淵閣本。

33. 《莆陽文獻傳》，明·鄭岳撰，明萬曆四十四年（1616）南京吏科給事中

黃起龍重刊本。

34. 《金華賢達傳》，明・鄭柏撰，民國 13 年（1924）永康胡氏夢選樓刊本。

35. 《金華先民傳》，明・應廷育撰，民國 13 年（1924）永康胡氏夢選樓刊本。

36. 《宋史翼》，清・陸心源撰，台北文海出版社，民國 56 年（1967）據清光緒刊本影印。

37. 《宋元學案》，清・黃宗羲輯，全祖望修定，清光緒五年（1879）上海文瑞樓石印本。

38. 《宋元學案補遺》，清・王梓材、馮雲豪撰，民國・張壽鏞校補，台北世界書局，民國 51 年（1962）影印本。

39. 《宋會要輯稿》，清・徐松輯，北平國立北平圖書館，民國 25 年（1936）據清嘉慶 14 年（1809）刊大興徐氏原稿本影印。

40. 《十國春秋》，清・吳任臣撰，清乾隆五十三年（1788）昭文周昂重刊本。

41. 《北宋經撫年表》，清・吳廷燮撰，北京中華書局，1984 年第 1 版。

42. 《南宋制撫年表》，清・吳廷燮撰，民國・張忱石點校，北京中華書局，1984 年據《二十五史補編》校訂標點。

43. 《南宋文範作者考》，清・莊仲方輯，道光十六年（1836）序，木活字印本。

44. 《登科記考》，清・徐松撰，清光緒十四年（1888）江陰南菁書院刊本。

45. 《宋人軼事彙編》，民國・丁傳靖撰，北京圖書館出版社，2006 年 10 月第 1 版。

46. 《陸游年譜》，民國・于北山著，上海中華書局，1961 年第 1 版。

47. 《清真先生遺事》，民國・王國維撰，民國 16 年（1927）海寧王氏觀堂遺書刊行會排印本。

48. 《宋人年譜集目》，民國・吳洪澤編，成都巴蜀書社，1995 年第一版。

49. 《宋人傳記資料索引》，民國・昌彼得、王德毅、程元敏等編，台北鼎文書局，民國 90 年（2001）增訂三版。

50. 《白石道人年譜》，民國・陳思編，北京圖書館出版社，1999 年據民國間鉛印本影印。

51. 《中國古今地名大辭典》，民國・臧勵龢等編，香港商務印書館，1933 年 5 月再版。

三、子　類

1. 《顏氏家訓》，北齊・顏之推撰，明萬曆間（1573 年～西元 1620）新安程氏校刊本。

2. 《關尹子》，周‧尹喜撰，清光緒十一年（1875）湖北崇文書局刊本。

3. 《塵史》，宋‧王得臣撰，清光緒間（1875 年～西元 1908）虞山周氏鵠峯草堂烏絲欄鈔本。

4. 《齊東野語》，宋‧周密撰，明正德十年（1515）鳳陽知府胡文璧刊本。

5. 《曲洧舊聞》，宋‧朱弁撰，台北商務景印文淵閣本。

6. 《朱子全書》，宋‧朱熹撰，台北商務景印文淵閣本。

7. 《能改齋漫錄》，宋‧吳曾撰，明正德四年（1509）閭閻葉琳手鈔本。

8. 《太平廣記》，宋‧李昉等編，台北商務景印文淵閣本。

9. 《夢溪筆談》，宋‧沈括撰，台北商務景印文淵閣本。

10. 《清波雜志》，宋‧周煇撰，台北商務景印文淵閣本。

11. 《河南邵氏聞見後錄》，宋‧邵博撰，明崇禎三年（1630）虞山毛氏汲古閣刊本。

12. 《夷堅志》，宋‧洪邁撰，清嘉慶九年（1530）歸安嚴元照鈔本。

13. 《容齋五筆》，宋‧洪邁撰，明弘治十一年（1498）沁水李瀚刊鈔配本。

14. 《侯鯖錄》，宋‧趙令時撰，藍格舊鈔本。

15. 《老學庵筆記》，宋‧陸游撰，台北商務景印文淵閣本。

16. 《東觀餘論》，宋‧黃伯思撰，台北商務景印文淵閣本。

17. 《避暑錄話》，宋‧葉夢得撰，台北商務景印文淵閣本。

18. 《鶴林玉露》，宋‧羅大經撰，台北商務景印文淵閣本。

19. 《偽書通考》，民國‧張心澂撰，上海商務印書館，民國二十八年二月初版，又 1957 年 11 月修訂本。

四、集　類

1. 《易林》，漢‧焦延壽撰，民國十八年（1929）上海商務印書館四部叢刊影印元刊殘本影元寫本。

2. 《楚辭章句》，漢‧王逸注，明嘉靖間（1522 年～西元 1566）吳郡黃省曾校刊本。

3. 《楚辭補注》，宋‧洪興祖補注，吳郡寶翰樓刊汲古閣校本。

4. 《典論》，魏‧魏文帝（曹丕）撰，清道光中甘泉黃氏刊光緒十九年（1893）印本。

5. 《文選》，梁‧蕭統編，清覆刊明末虞山毛氏汲古閣本。

6. 《劉孝綽集》，梁‧劉孝綽撰，明嘉靖間（1522～1566）刊本。

7. 《玉臺新詠》，陳‧徐陵編，明嘉靖間（1522 年～西元 1566）徐氏海曙樓刊本。

8. 《花間集》，後蜀・趙崇祚輯，宋紹興十八年（1148）建康郡齋刊本。

9. 《篋中集》，唐・元結編，台北商務景印文淵閣本。

10. 《王右丞集》，唐・王維撰、清・趙殿成箋註，民國二十五年（1936）上海中華書局排印本（據乾隆刻本校刊）。

11. 《白氏長慶集》，唐・白居易撰，台北商務景印文淵閣本。

12. 《沈佺期集》，唐・沈佺期撰，明活字本。

13. 《李翰林別集》，唐・李白撰，宋・樂史編，明正德十四年（1519）覆刊宋淳熙本。

14. 《李文公集》，唐・李翱撰，台北商務景印文淵閣本。

15. 《樊川文集》，唐・杜牧撰，台北商務景印文淵閣本。

16. 《周賀詩》，唐・周賀撰，明隆慶元年（1567）彙集明末野香堂貞隱堂等刊本。

17. 《武元衡集》，唐・武元衡撰，明九行活字本。

18. 《柳宗元集》，唐・柳宗元撰，上海中華書局第 1 版。

19. 《中興間氣集》，唐・高仲武撰，上海涵芳樓借嘉興沈氏藏明刊本景印原書。

20. 《秦隱君集》，唐・秦系撰，明九行活字本。

21. 《韋蘇州集》，唐・韋應物撰，明覆宋刊本。

22. 《孫可之文集》，唐・孫樵撰，明正德十二年（1517）震澤王鏊刊本。

23. 《玄眞子漁歌記》，唐・張志和撰、李德裕錄，清乾隆間四庫全書本。

24. 《文泉子集》，唐・劉蛻撰，台北商務景印文淵閣本。

25. 《昌黎先生集》，唐・韓愈撰，宋・廖瑩中注，民國 25 年（1936）上海中華書局排印本。

26. 《梁谿遺稿》，宋・尤袤撰，台北商務景印文淵閣本。

27. 《王文公文集》，宋・王安石撰，1962 年北京中華書局影印本。

28. 《碧雞漫志》，宋・王灼撰，台北商務景印文淵閣本。

29. 《揮塵餘話》，宋・王明清撰，清順治四年（1647）兩浙督學李際期刊本。

30. 《揮塵後錄》，宋・王明清撰，成都市巴蜀書社，1993 年，收錄於《中國野史集成》第 9 冊，頁 440～564。

31. 《華陽集》，宋・王珪撰，清道光戊子（八年，1828）福建重刊同治間至光緒甲午（二十年，1894）續修增刊本。

32. 《晦庵集》，宋・朱熹撰，台北商務景印文淵閣本。

33. 《晦庵先生朱文公文集》，宋・朱熹撰，元至元十七年（1280）元刊本。

34. 《楚辭辨證》，宋・朱熹撰，宋嘉定四年同安郡齋刊本。

35. 《楚辭集註》，宋·朱熹集注，明鈔本。

36. 《浮溪集》，宋·汪藻撰，台北商務景印文淵閣本。

37. 《古文關鍵》，宋·呂祖謙撰，藝文印書館，1966 年影印本。

38. 《宋文鑑》，宋·呂祖謙撰，台北商務景印文淵閣本。

39. 《呂太史集》，宋·呂祖謙撰，台北新文豐，民國 78 年臺一版。

40. 《皇朝文鑑》，宋·呂祖謙撰，臺灣商務印書館，民國 54 年臺一版。

41. 《宋景文公筆記》，宋·宋祁撰，宋咸淳九年（1273）刊本配補影宋鈔本。

42. 《大隱集》，宋·李正民撰，台北商務景印文淵閣本。

43. 《西溪集》，宋·沈遘撰，清光緒二十二年（1896）杭州浙江書局重刊本。

44. 《文定集》，宋·汪應辰撰，台北商務景印文淵閣本。

45. 《赤城集》，宋·林表民編，輯入《叢書集成·續編》第 119 冊，台北新文豐，民國 78 年臺一版。

46. 《平園續稿》，宋·周必大撰，《周文忠公全集》本。

47. 《片玉詞》，宋·周邦彥撰，清·陳元龍集注，台北新文豐出版社，民國 78 年（1989）臺一版。

48. 《校刻本清眞集》，宋·周邦彥著，清·鄭文焯批校，台北學海出版社，1991 年 3 月據清光緒二十六年（1900）吳興劉氏嘉業堂刊本影印。

49. 《山房集》，宋·周南撰，台北商務景印文淵閣本。

50. 《浩然齋雅談》，宋·周密撰，清道光八年（1828）福建重刊同治間至光緒二十年（1894）續修增刊本。

51. 《太倉稊米集》，宋·周紫芝撰，台北商務景印文淵閣本。

52. 《海陵集》，宋·周麟之撰，台北商務景印文淵閣本。

53. 《性善堂稿》，宋·度正撰，台北商務景印文淵閣本。

54. 《盤洲文集》，宋·洪适撰，台北商務景印文淵閣本。

55. 《苕溪漁隱叢話》，宋·胡仔撰，清順治四年（1647）兩浙督學李際期刊本。

56. 《文恭集》，宋·胡宿撰，台北商務景印文淵閣本。

57. 《范太史集》，宋·范祖禹撰，台北商務景印文淵閣本。

58. 《唐詩紀事》，宋·計有功撰，台北商務景印文淵閣本。

59. 《順庵樂府》，宋·康與之撰，民國二十年（1931）國立中央研究院歷史語言研究所排印本。

60. 《鴻慶居士集》，宋·孫覿撰，台北商務景印文淵閣本。

61. 《景迂生集》，宋·晁以道撰，台北商務景印文淵閣本。

62. 《雞肋集》，宋·晁補之撰，民國 18 年（1929）上海商務印書館《四部叢刊》影印明詩瘦閣仿宋刊本。

63. 《嵩山文集》，宋·晁說之撰，民國 23 年（1934）上海商務印書館影印本。

64. 《文章正宗》，宋·眞德秀撰，台北商務景印文淵閣本。

65. 《西山文集》，宋·眞德秀撰，台北商務景印文淵閣本。

66. 《淮海集》，宋·秦觀撰，台北商務景印文淵閣本。

67. 《碧梧玩芳集》，宋·馬廷鸞撰，台北商務景印文淵閣本。

68. 《柯山集》，宋·張耒撰，台北商務景印文淵閣本。

69. 《張子野詞》，宋·張先撰，清光緒壬午（八年，1882）嶺南芸林仙館刊本。

70. 《昌谷集》，宋·曹彥約撰，台北商務景印文淵閣本。

71. 《后山詩話》，宋·陳師道撰，台北商務景印文淵閣本。

72. 《渭南文集》，宋·陸游撰，台北商務景印文淵閣本。

73. 《劍南詩稿》，宋·陸游撰，明隆慶元年（1567）虞山毛氏汲古閣刊本。

74. 《劉孝綽集》，梁·劉孝綽撰，明嘉靖間（1522～1566）刊本。

75. 《古文苑》，宋·章樵註，台北商務景印文淵閣本。

76. 《緣督集》，宋·曾丰撰，台北商務景印文淵閣本。

77. 《曲阜集》，宋·曾肇撰，台北商務景印文淵閣本。

78. 《樂府雅詞拾遺》，宋·曾慥編，北京中華書局，1985 年新一版。

79. 《元豐類藁》，宋·曾鞏撰，台北商務景印文淵閣本。

80. 《北山小集》，宋·程俱撰，宋乾道元年（1165）刊公牘紙印本。

81. 《北山集》，宋·程俱撰，台北商務景印文淵閣本。

82. 《唐宋諸賢絕妙詞選》，宋·黃昇輯，民國 18 年（1929）上海商務印書館《四部叢刊》影印明刊本。

83. 《山谷集》，宋·黃庭堅撰，台北商務景印文淵閣本。

84. 《黃豫章集》，宋·黃庭堅撰，明嘉靖六年（1527）寧州知州喬遷刊本。

85. 《無爲集》，宋·楊傑撰，台北商務景印文淵閣本。

86. 《誠齋集》，宋·楊萬里撰，台北商務景印文淵閣本。

87. 《建康集》，宋·葉夢得撰，台北商務景印文淵閣本。

88. 《水心集》，宋·葉適撰，台北商務景印文淵閣本。

89. 《苕溪集》，宋·劉一止撰，台北商務景印文淵閣本。

90. 《後村先生大全集》，宋·劉克莊撰，《四部叢刊》本。

91. 《後村集》，宋・劉克莊撰，台北商務景印文淵閣本。

92. 《彭城集》，宋・劉攽撰，台北商務景印文淵閣本。

93. 《學易集》，宋・劉跂撰，台北商務景印文淵閣本。

94. 《攻媿集》，宋・樓鑰撰，台北商務景印文淵閣本。

95. 《崇古文訣》，宋・樓昉編，台北臺灣商務印書館，民國 75 年初版。

96. 《迂齋先生標注崇古文訣》，宋・樓昉輯，北京圖書館出版社，2005 年第一版。

97. 《歐陽修全集》，宋・歐陽修著，上海世界書局，1936 年初版。

98. 《歐陽文忠公集》，宋・歐陽修撰，南宋刊本。

99. 《六一詩話》，宋・歐陽修撰，台北商務景印文淵閣本。

100. 《溪堂集》，宋・謝逸撰，台北商務景印文淵閣本。

101. 《楚辭辨證》，宋・朱熹撰，宋嘉定四年同安郡齋刊本。

102. 《南澗甲乙稿》，宋・韓元吉撰，清道光八年（1828）福建重刊同治間至光緒二十年（1894）續修增刊本。

103. 《鶴山先生大全文集》，宋・魏了翁撰，民國 8 年（1919）上海商務印書館《四部叢刊》本，據上海涵芬樓借烏程劉氏嘉業堂藏宋刊本影印。

104. 《鶴山集》，宋・魏了翁撰，台北商務景印文淵閣本。

105. 《蘇軾文集》，宋・蘇軾著，民國・孔凡禮點校，北京中華書局，1986 年第 1 版。

106. 《東坡全集》，宋・蘇軾撰，台北商務景印文淵閣本。

107. 《蘇魏公文集》，宋・蘇頌撰，台北商務景印文淵閣本。

108. 《欒城集》，宋・蘇轍撰，台北商務景印文淵閣本。

109. 《石門文字禪》，宋・釋惠洪撰，民國 18 年（1929）上海商務印書館《四部叢刊》影印明徑山寺刊本。

110. 《桐江集》，元・方回撰，民國 24 年（1935）上海商務印書館，據《宛委別藏》鈔本影印。

111. 《梅磵詩話》，元・韋居安撰，《讀書齋叢書》本。

112. 《宋六十名家詞》，明・毛晉編，清光緒十四年（1888）錢唐汪氏翻刻明末毛氏汲古閣本。

113. 《文憲集》明・宋濂撰，景印摛藻堂四庫全書薈要本。

114. 《唐宋元明百家詞》，明・吳訥編，台北廣文書局，民國 60 年（1971）。

115. 《吳都文粹續集》，明・錢穀撰，台北商務景印文淵閣本。

116. 《漢魏六朝百三家集》，明・張溥編，明崇禎間（1628～1644）太倉張氏原刊本。

117. 《欽定全唐文》，清·仁宗敕編，台北匯文書局 1961 年據內府刊本影印。

118. 《杜詩詳注》，清·仇兆鰲撰，台北藝文出版社，民國 61 年（1972）。

119. 《帶經堂詩話》，清·王士禎撰，台北廣文書局，民國 60 年（1971）。

120. 《四印齋所刻詞》，清·王鵬運編，清光緒十四年（1888）臨桂王氏家塾刊本。

121. 《雨村賦話》，清·李調元撰，民國·何沛雄編訂，香港萬有出版社 1976年版，據民國 25 年（1936）上海商務印書館《叢書集成初編》本影印。

122. 《揅經室外集》，清·阮元撰，台北藝文印書館，民國 54 年（1965）影印本。

123. 《西垣集》，清·保培基撰，北京出版社，2000 年第一版（據清乾隆井谷園刻本影印）。

124. 《魯巖所學集》，清·張宗泰撰，台北大華印書館，1968 年據民國 20 年（1931）模憲堂重刊本影印。

125. 《歷代賦彙》，清·陳元龍編，南京市鳳凰出版社，2004 年第 1 版。

126. 《宋詩紀事補遺》，清·陸心源編，台北中華書局，民國 60 年（1971）據中央研究院歷史語言研究所藏本影印。

127. 《宋詩紀事小傳補正》，清·陸心源輯，台北文海出版社，民國 51 年（1962）。

128. 《唐文拾遺》，清·陸心源輯，台北文海出版社，民國 51 年（1962）。

129. 《宋代蜀文輯存》，清·傅增湘纂輯，台北市新文豐出版社，民國 63 年（1974）。

130. 《全唐詩》，清·聖祖敕編，清康熙四十五年（1706）通政使曹寅刊本。

131. 《宋詩紀事》，清·厲鶚編，上海古籍出版社，1983 年 6 月第 1 版。

132. 《思適齋集》，清·顧廣圻撰，清道光二十九年（1849）上海徐氏校刊本。

133. 《全漢三國晉南北朝詩》，民國·丁福保輯，民國 5 年（1916）無錫丁氏排印本。

134. 《唐太宗集》，民國·吳云、冀宇編輯校注，陝西人民出版社，1986 年第 1 版。

135. 《唐宋金元詞鉤沈》，民國·周泳先輯錄，民國 25 年（1936）排印本。

136. 《全宋詞》，民國·唐圭璋編，北京中華書局，1965 年 6 月第 1 版。

137. 《宋詞互見考》，民國·唐圭璋撰，台北臺灣學生書局，1971 年。

138. 《本事詩·續本事詩·本事詞》，清·徐軌輯，民國·李學穎標點，上海古籍出版社，1991 年第 1 版。

139. 《先秦漢魏晉南北朝詩》，民國·逯欽立輯校，北京中華書局，1983 年 9 月第 1 版。

140. 《唐宋名家詞選》，民國・龍榆生編選，上海古籍出版社，1980 年新 1 版。

141. 《柳宗元詩選》，民國・洪淑苓編著，五南出版社，2000 年初版。

五、叢　書

1. 《讀書齋叢書》，清・顧修輯，清嘉慶四年（1799）刊本。

2. 《寶刻叢編》，宋・陳思撰，明鈔本。

3. 《彊邨叢書》，清・朱孝臧輯校，揚州市廣陵書社，2005 年第 1 版。

4. 《彊村叢書》，清・朱孝臧並撰校記，民國 11 年（1922）歸安朱氏刊本。

5. 《四部備要》，上海中華書局，民國 23 年（1934）聚珍倣宋版重印本。

6. 《叢書集成》，上海商務印書館，民國 24 年至 26 年（1935～1937）排印本。

7. 《四部叢刊》，上海商務印書館，民國 11 年（1922）影印本。

8. 《國家圖書館藏古籍題跋叢刊》，北京圖書館出版社，2002 年第 1 版。

六、類書類

1. 《藝文類聚》，唐・歐陽詢撰，明初葉建刊本。

2. 《玉海》，宋・王應麟編，台北商務景印文淵閣本。

3. 《群書考索》，宋・章如愚撰，明洪武元年（1368）明藍格鈔本。

4. 《古今合璧事類備要》，宋・謝維新撰，台北商務景印文淵閣本。

5. 《萬姓統譜》，明・凌迪知撰，台北商務景印文淵閣本。

6. 《山堂肆考》，明・彭大翼撰，台北商務景印文淵閣本。

7. 《古今圖書集成》，清・蔣廷錫等編，台北文星書店，民國 53 年（1964）影印。

8. 《永樂大典》，明・解縉等編，台北世界書局，民國 51 年（1962）2 月影印。

9. 《四庫全書（文淵閣本）》，台北商務印書館，民國 75 年（1986）影印。

10. 《續修四庫全書》，續修四庫全書編纂委員會編，上海古籍出版社，2002 年第 1 版。

七、方志類

1. 《景定建康志》，宋・周應合撰，台北商務景印文淵閣本。

2. 《吳郡志》，宋・范成大撰，台北商務景印文淵閣本。

3. 《淳熙三山志》，宋・梁克家撰，台北商務景印文淵閣本。

4. 《赤城志》，宋・陳耆卿撰，台北商務景印文淵閣本。

5. 《嘉定赤城志》，宋・陳耆卿撰，明弘治十年（1497）太平謝鐸重刊萬曆

天啓（1573～1620）遞修補本。

6. 《寶慶四明志》，宋・羅濬撰，台北商務景印文淵閣本。

7. 《至順鎮江志》，元・脫因修、俞希魯纂，台北成文書局，民國 64 年（1975）臺一版，據民國十二年（1923）丹徒冒廣生重刊本影印。

8. 《咸淳臨安志》，元・潛說友撰，台北商務景印文淵閣本。

9. 《溧水縣志》，清・傅觀光主纂、丁維誠纂輯，臺北成文出版社民國五十九年（1970）據清光緒九年（1883）刊本影印。

八、目錄類

1. 《崇文總目》，宋・王堯臣等撰，清咸豐三年（1853）南海伍崇曜刊粵雅堂叢書本。

2. 《遂初堂書目》，宋・尤袤撰，上海商務印書館，民國二十四年初版。

3. 《隸釋》，宋・洪适撰，明萬曆十六年（1588）夏邑王雲鷟揚州刊本。

4. 《郡齋讀書志》，宋・晁公武撰，江蘇廣陵古籍印社，1978 年 3 月據清光緒十年（1884）王先謙校刊本影印。

5. 《祕書省續編到四庫闕書目》，宋・紹興中改定，清・葉德輝考證，上海商務印書館《宋史藝文志・附編》，1957 年 12 月初版。

6. 《四庫闕書目》，宋・紹興中官撰，清・徐松輯，上海商務印書館《宋史藝文志・附編》，1957 年 12 月初版。

7. 《中興館閣書目》，宋・陳騤撰、民國・趙士煒輯考，臺北成文出版社 1978 年 5 月版。

8. 《讀書附志》，宋・趙希弁附志，台北商務景印文淵閣本。

9. 《百川書志》，明・高儒撰，民國 4 年（1915）葉氏觀古堂刊，民國 8 年（1919）重編印本。

10. 《善本書室藏書志》，清・丁丙撰，清光緒二十七年辛丑（1901）錢塘丁氏刊本。

11. 《天祿琳琅書目》，清・于敏中等撰，北京中華書局，1995 年第 1 版。

12. 《天祿琳琅書目後編》，清・于敏中、彭元瑞等著，民國・徐德明標點，上海古籍出版社，2007 年第 1 版。

13. 《汲古閣書跋》，清・王士禎撰，民國・陳乃乾校輯，上海古籍出版社，2005 年第 1 版。

14. 《四庫全書總目》，清・永瑢等撰，北京中華書局，1965 年 6 月第 1 版。

15. 《繡谷亭薰習錄》，清・吳焯撰，清稿本。

16. 《鄭堂讀書記》，清・周中孚撰，台北世界書局，民國 49 年（1960）11 月據吳興劉氏嘉業堂刊本影印。

17. 《萬卷精華樓藏書記》，清·耿文光撰，北京中華書局，1993 年第 1 版。

18. 《愛日精廬藏書志》，清·張金吾撰，清道光六年丙戌（1826）活字刊本。

19. 《皕宋樓藏書志》，清·陸心源撰，清光緒八年（1882）歸安陸氏十萬卷樓本。

20. 《士禮居藏書題跋記續編》，清·黃丕烈撰，清·孫祖烈輯，民國 6 年（1917）上海醫學書局影印本。

21. 《蕘圃藏書題識》，清·黃丕烈撰，繆荃孫等輯，台北廣文書局，《書目叢編》本。

22. 《宋史藝文志補》，清·黃虞稷、倪燦撰，《叢書集成》初編本。

23. 《楹書隅錄》，清·楊紹和撰，清光緒二十年（1894）海源閣刊民國元年（1911）武進董康補刊本。

24. 《錢遵王讀書敏求記校證》，清·管庭芬輯，民國·章鈺補輯，民國 15 年（1926）長洲章氏刊本。

25. 《虞山錢遵王藏書目錄彙編》，清·錢曾撰，民國·瞿鳳起編，上海古籍出版社，2005 年 11 月第 1 版。

26. 《讀書敏求記》，清·錢曾撰，民國·丁瑜點校，書目文獻出版社，1984 年據清乾隆十年（1745）沈尚傑雙桂堂刻本點校《文史哲研究資料叢書》本。

27. 《藝風堂藏書續記》，清·繆荃孫撰，台北廣文書局，1967 年。

28. 《鐵琴銅劍樓藏書目錄》，清·瞿鏞撰，清光緒三十三年丁酉年（1897）誦芬堂刊本。

29. 《中國古籍善本書目》，中國古籍善本書目編輯委員會編，上海古籍出版社 1985 年。

30. 《中國版刻圖錄》，北京圖書館編，北京文物出版社本，1961 年。

31. 《北京圖書館善本書目》，北京圖書館編，1950 年。

32. 《四川省古籍善本書聯合目錄》，四川省中心圖書館委員會辦公室主編，成都四川辭書出版社，1989 年第一版。

33. 《四庫提要辨證》，民國·余嘉錫撰，香港中華書局，1974 年。

34. 《楚辭書目五種》，民國·姜亮夫編著，中華書局，1961 年第 1 版。

35. 《直齋書錄解題》，民國·徐小蠻、顧美華點校本，上海古籍出版社，1987 年 12 月第一版。

36. 《郡齋讀書志校證》，民國·孫猛撰，上海古籍出版社，1990 年 10 月第 1 版。

37. 《唐詩書錄》，民國·陳伯海、朱易安編撰，濟南齊魯書社，1988 年第 1 版。

38. 《藏園群書經眼錄》，民國・傅增湘撰，北京中華書局，1983 年第 1 版。

39. 《唐集敘錄》，民國・萬曼著，北京中華書局，1980 年第 1 版。

40. 《現存宋人著述總錄》，民國・劉琳、沈治宏編著，成都巴蜀書社，1995 年第 1 版。

41. 《中國歷代人物年譜考錄》，民國・謝巍編撰，北京中華書局，1992 年第 1 版。

42. 《詞籍考》，民國・饒宗頤著，香港大學出版社，1963 年初版。

九、《直齋書錄解題》各種不同版本

1. 《直齋書錄解題》，二十二卷，《武英殿聚珍版叢書》本。

2. 《直齋書錄解題》，二十二卷，《四庫全書珍本別輯》本。

3. 《直齋書錄解題》，二十二卷，台北商務景印文淵閣本。

4. 《直齋書錄解題》，二十二卷，上海商務印書館，民國 28 年（1939）據《聚珍版叢書》鉛印《叢書集成初編》本。

5. 《直齋書錄解題》，二十二卷，上海商務印書館，民國 28 年（1939）《國學基本叢書》本。

6. 《直齋書錄解題》，二十二卷，徐小蠻、顧美華點校，上海古籍出版社，1987 年 12 月第 1 版。

7. 《直齋書錄解題》，二十二卷，清・李盛鐸木樨軒傳鈔繆荃孫藏宋蘭揮舊藏本，北京大學圖書館，影印本。

8. 《直齋書錄解題》，一卷，清・王懿榮手稿本，國立中央圖書館，影印本。

十、近人研究陳振孫之著述及其它相關論著

1. 〈荊溪集自序〉，宋・楊萬里撰，輯入《荊溪集》，清康熙間吳氏原刊本及《四庫全書》、《四庫全書薈要》本宋詩鈔之一。

2. 〈陳振孫著作考略〉，民國・張守衛著，輯入安徽大學《古籍研究》總第 51 期，2007 年原刊。

3. 〈《直齋書錄解題》佚文八條〉，民國・張守衛著，輯入《中國典籍與文化》第 1 期，2008 年原刊。

4. 〈略論陳振孫直齋書錄解題〉，民國・陳樂素著，輯入《中國史研究》第二期，民國七十三年（1984）原刊。

5. 〈直齋書錄解題作者陳振孫〉，民國・陳樂素著，《大公報・文史周刊》，民國三十五年十一月二十日。

6. 〈《直齋書錄解題》佚文辨正〉，民國・南京大學古典文獻研究所主編，輯入《古典文獻研究》第十二輯，2009 年 7 月。

7. 《陳振孫之生平及其著述研究》，民國・何廣棪撰，輯入《古典文獻研究

輯刊》第八編第十一、十二冊，花木蘭文化出版社，2009 年 3 月增訂
初版。

8. 《陳振孫學記》，喬衍琯著，臺灣文史哲出版社，民國 69 年（1980）6
月初版。

9. 《陳振孫評傳》，武秀成撰，輯入《中國思想家評傳叢書》，南京大學出
版，2006 年 8 月第一版。

《直齋書錄解題集錄考證》書名索引

說　明

（一）本索引收錄本書第五章〈直齋書錄解題集錄考證〉中列條之書名。各
　　　書名稱一律按原目著錄。

（二）各書所附續集、後集、外集、別集或年譜、拾遺等，均附於正集之後，
　　　不另列條。

（三）異書同名者，於書名後加注著者姓名爲別。

（四）本索引採用四角號碼檢字法編排。

3130₄ 迂
　00～齋先生標注崇古文訣　38
　00～齋古文標注　127
3211₃ 洮
　37～湖詞　926
3213₄ 溪
　60～園集　565
　90～堂集　459
　90～堂集、補遺　803
　90～堂詞　889
3214₇ 浮
　22～山集　569
　31～沚先生集、後集　461
　32～溪集　511
3216₉ 潘
　39～咸集　704
　53～逍遙集　763
3230₁ 逃
　36～禪集　907
3230₂ 近
　95～情集　915
3230₆ 遁
　60～思遺藁　626
3290₄ 樂
　00～府集、題解　108
　00～府詩集　109
　00～章集　878
　00～齋詞　902
　52～靜集　445
　80～全先生集　351
3311₁ 浣
　44～花集　725
3316₀ 治

33～述　628
3318₆ 演
　22～山集　490
3390₄ 梁
　07～詞人麗句　79
　10～元帝詩　633
　28～谿集　494、589
　33～補闕集　219
　88～簡文帝集　632
3411₁ 湛
　50～推官集　794
3411₂ 沈
　10～下賢集　258
　27～約集、別集　175
　28～佺期集　34、188
3411₃ 流
　91～類手鑑　976
3411₄ 灌
　60～園集　425
3413₄ 漢
　21～上題襟集　93
　27～名臣奏　942
　33～濱集　560
3414₀ 汝
　78～陰唱和集　112
3416₀ 渚
　30～宮集　862
3416₁ 浩
　17～歌集　900
3418₁ 淇
　12～水集　424
3426₄ 褚
　43～載集　724

22～山集　885

22～山雜著　620

72～隱集　585

9020₀　少

28～微集　350

9022₇　尚

01～顏供奉集　756

9022₇　常

15～建集　646

9060₂　省

00～齋詩餘　906

00～齋歷官表奏　963

9148₆　類

20～集詩史　651

9181₄　煙

44～花集　99

9403₂　懷

26～峴居士集　815

《直齋書錄解題集錄考證》著者索引

說　明

（一）本索引收錄本書第五章〈直齋書錄解題集錄考證〉中署稱之編、撰、
　　　述、注、譯、監修等人名。無編著者姓名而僅有鈔錄、刊刻者姓名，
　　　以鈔錄、刊刻者姓名編入索引。

（二）本索引一般僅錄編、撰、鈔、刊者之姓名（以字行者則爲姓字），如原
　　　目下僅署字號別稱，而在本書他處亦未出現姓名者，按原目下所用稱
　　　謂編列；如一人著書多種，原目或用姓名，或用字號別稱，則以其姓
　　　名爲正條，而列他稱爲參見條。凡僅於書目中出現之作者姓名，不予
　　　收入。

（三）同人異名者，分別列條，在人名後注明時代或籍貫。

（四）頁碼後以圓括弧注之「編」、「撰」、「注」、「修」等字樣，俱依本書著
　　　錄，本書無著錄而爲編製索引時所注者，加六角括號以示區別。原題
　　　中託名或存疑之作者，括弧中分別以「託名」或「？」等表示。

（五）本索引採用四角號碼檢字法編排。